D1693517

Carsten Wippermann

Milieus in Bewegung

Werte, Sinn, Religion und Ästhetik in Deutschland

Das Gesellschaftsmodell der DELTA-Milieus
als Grundlage für die soziale, politische,
kirchliche und kommerzielle Arbeit

Danke!
Katja
Thomas

Carsten Wippermann

Milieus in Bewegung

Werte, Sinn, Religion und Ästhetik in Deutschland

Das Gesellschaftsmodell der DELTA-Milieus als Grundlage
für die soziale, politische, kirchliche und kommerzielle Arbeit

echter

Bibliografische Information der Deutschen Nationalbibliothek
Die Deutsche Nationalbibliothek verzeichnet diese Publikation in der Deutschen Nationalbibliografie;
detaillierte bibliografische Daten sind im Internet über ‹http://dnb.d-nb.de› abrufbar.

© 2011 Echter Verlag GmbH, Würzburg
www.echter-verlag.de
Umschlag: Peter Hellmund (Foto: shutterstock)
Satz: Hain-Team, Bad Zwischenahn (www.hain-team.de)
Druck und Bindung: Druckerei Theiss GmbH, A-9431 St. Stefan
ISBN 978-3-429-03408-5

Inhalt

1 Einleitung 7

2 Religiöse und kirchliche Orientierungen in den Sinus-Milieus 2005 11
    Was sind die Sinus-Milieus? 12
    Dualismus von Lebenswelten 14
    Forschungsdesign: Methode und Stichprobe 15
    Zusammenfassung und zentrale Tendenzen 16

3 Was Milieus bewegt (hat) 25
    3.1 Alte und neue Mitte: Zwischen Anpassung und Distinktion 28
        Die Normalität bedrohter Existenz – aber keine Lethargie 31
        Zweifel am Zusammenhang von Leistung und Erfolg 33
        Schrumpfende Mitte? 36
        Neue Vielfalt und Dynamik bürgerlicher Normalität 39
    3.2 Verstärktes Elitenbewusstsein und Abschottung der Oberschicht 42
    3.3 Fatalismus und Immunisierung der Unterschicht 44
    3.4 Digitalisierung und Re-Analogisierung 45
        Verweigerung der Über-Digitalisierung des Alltags:
        Re-Analogisierung 45
    3.5 Ästhetisierung des Alltags – Umschlagen
        in selektive Anästhetisierung 47

4 Die Milieulandschaft 2011: DELTA-Milieus® 51
    4.1 Methodologischer Hintergrund: Theorien, Konzept, Daten 51
    4.2 Grafische Modellierung 54
    4.3 Dualismus der Lebenswelten 58
        Reale Unschärfe und Übergangsbereiche 58
        Soziokulturelle Eigenlogiken und Gravitationszentren 58
    4.4 Aktuelle Befindlichkeiten und Orientierungen in den DELTA-Milieus® ... 64
        DELTA-Milieu „Konservative" 64
        DELTA-Milieu „Etablierte" 66
        DELTA-Milieu „Postmaterielle" 66
        DELTA-Milieu „Performer" 67
        DELTA-Milieu „Traditionelle" 67
        DELTA-Milieu „Bürgerliche Mitte" 68
        DELTA-Milieu „Expeditive" 69
        DELTA-Milieu „Benachteiligte" 71
        DELTA-Milieu „Hedonisten" 72

5. Milieus und Lebensverläufe. 73
   5.1 Der Lebenslauf: Institutionalisierung und Individualisierung. 73
   5.2 Lebenslaufperspektive in den DELTA-Milieus® 77
          Werteabschnitt A: Gemeinsame Traditionen 78
          Werteabschnitt B: Selbstverwirklichung. 79
          Werteabschnitt C: Selbstmanagement 80
   5.3 „Milieuwanderungen" im Lebensverlauf?. 83

6 Was Werte in den Milieus bedeuten 93
   6.1 Etablierte. 102
   5.2 Postmaterielle 109
   6.3 Performer. 117
   6.4 Konservative. 125
   6.5 Traditionelle 132
   6.6 Bürgerliche Mitte. 138
   6.7 Benachteiligte 146
   6.8 Hedonisten 153
   6.9 Expeditive 161

7 Subdifferenzierung der Milieulandschaft. 169
   Konservative 170
   Etablierte 172
   Postmaterielle 174
   Performer 177
   Traditionelle 180
   Bürgerliche Mitte 184
   Benachteiligte 187
   Hedonisten 190
   Expeditive. 193

8 Methodologie. 197
   8.1 Forschungsprogramm zum soziokulturellen Wandel 197
   8.2 Wertestudie. 206

9 Exkurs: Warum keine Sinus-Milieus mehr 211
   Höchster allgemeiner Schulabschluss (in Sinus-Milieus 2011) 214
   Beruf (in Sinus-Milieus 2011) 215
   Haushaltsnettoeinkommen (in Sinus-Milieus 2011) 216

10 Literatur 219

Der Autor. 227

1 Einleitung

Was bewegt Menschen? Was bewegt soziale Milieus? Diese beiden Fragen zielen auf Unterschiedliches (Personen versus Kollektive) und sind doch engstens miteinander verwoben. Denn Menschen sind geformt von ihrer spezifischen soziokulturellen Lebens(um)welt und somit Repräsentanten und Manifestationen ihres sozialen Milieus. Zwar geht ein Individuum nicht in einem Milieu auf, aber die Milieuprägung ist die primäre Form seiner Vergesellschaftung. Um die Kant'sche Sentenz zu paraphrasieren, könnten wir sagen: Milieus ohne Menschen sind leer, Menschen ohne Milieuprägung sind orientierungslos. Wer Menschen verstehen und erreichen will, der muss das Milieu verstehen. Das ist entscheidend, wenn es darum geht, etwa als Kirche, als Wohlfahrtsverband, Ministerium, Partei oder Unternehmen die Menschen in den verschiedenen Milieus „zu erreichen". Menschen und Milieus *erreichen* verlangt mehr als bloßen Kontakt via Medium, nämlich auch Anschlussfähigkeit an die alltagsweltliche Befindlichkeit und Logik und Ästhetik des Milieus. Wer Menschen verstehen und erreichen will, muss ihr Milieu verstehen und erreichen; wer ein Milieu erreichen will, der muss die Menschen eines Milieus verstehen. Die Werte und Motive, Interessen und Sehnsüchte der Menschen sind nur im Horizont ihrer soziokulturellen Lebenswelt und Milieulogik zu begreifen. Ein vertieftes und konkretes Verstehen von Menschen in den verschiedenen Milieus ist heute für jeden Akteur (in kommerziellen wie in Non-Profit-Organisationen) eine nicht nur hilfreiche, sondern oft auch notwendige Voraussetzung, um erfolgreich zu sein. Das beginnt bereits bei der Definition der eigenen Ziele und Zielgruppen, der Entwicklung von Angeboten und Produkten und erstreckt sich auf den ganzen Bereich der Distribution und Kommunikation. Dabei gilt es beides in den Blick zu nehmen: die semantischen Botschaften *und* die ästhetische Stilistik.

Was bewegt Menschen, was bewegt Milieus? Die Formulierung impliziert eine nach innen und eine nach außen gerichtete Orientierung, eine aktive und eine passive Lesart. Sie verlangt zugleich Auskunft darüber, *warum* und *wohin* sich Menschen bewegen – und *womit* Menschen und Milieus bewegt werden (können). Darauf Antworten zu finden, bedarf in einer individualisierten, pluralisierten und komplexen Gesellschaft einer differenzierten Bestandsaufnahme, die zugleich (mehr) Klarheit und Entscheidungssicherheit bietet. Das setzt präzise Informationen über das materielle, soziale und kulturelle Kapital der Menschen in den einzelnen Milieus voraus, aber auch eine Vorstellung vom Gesamtgefüge der Gesellschaft, die sich in den vergangenen Jahren durch ökonomische Berg-und-Tal-Fahrten, durch technologische Innovationen und einen beschleunigten Werte- und Stilwandel insgesamt verändert hat. Die Gesellschaft ist vielfältiger geworden, sowohl in der Oberflächenstruktur (dies zeigt sich in der notwendig gewordenen Differenzierung der Milieus in Submilieus) als auch in der Tiefenstruktur eines Milieus. Es geht somit um das Gefüge und die Dynamik der Gesellschaft. Das in diesem Buch vorgestellte DELTA-Milieumodell bietet eine solche Beschreibung – und ist damit ein Gesellschaftsmodell.

Wir leben in einer komplexen Gesellschaft, in der die verschiedenen Milieus je eigene Logiken und Geschwindigkeiten haben. Wertbedeutungen und Wertearchitekturen, Lebensauffassungen und Lebensstile wandeln sich nicht für alle gleichzeitig und gleichartig, sondern nach Maßgabe der milieuspezifischen Ressourcen, Aspirationen und Rhythmen. Die Menschen und ihre Milieus verhalten sich zueinander durch Selbst- und Fremdbeobachtung, durch Prozesse der Imitation und Distinktion – und sie reagieren auf das, was sie in anderen Milieus beobachten, ihren Möglichkeiten und mit ihrer Logik. Um den archimedischen Punkt eines Milieus zu fassen, die Substanz im Fundament, die dort verankerten Scharniere, die Geometrie im Welt- und Selbstverhältnis, bietet die vorliegende Bestandsaufnahme zu den „bewegten Milieus" einen hilfreichen Zugang.

Ausgehend von der Studie „Religiöse und kirchliche Orientierungen in den Sinus-Milieus 2005", die der Autor im Auftrag der Katholischen Sozialethischen Arbeitsstelle (KSA) und der MDG durchgeführt hat, geht dieses Buch der Frage nach, wie sich die Milieulandschaft in den vergangenen Jahren verändert hat. Und nicht nur an den Rändern, sondern gerade in der Mitte der Gesellschaft hat sich einiges getan!

Ein besonderer Ansatz in der Weiterentwicklung der Milieuforschung besteht darin, die auf Strukturen von Ungleichheit fokussierte Querschnittsperspektive der Milieus mit der Lebenslaufperspektive (Längsschnitt, Zeitverlauf) der Milieus zu verbinden. Das geschieht in zwei Hinsichten: Zum einen werden die milieuspezifischen Perspektiven auf eigene Lebensverläufe identifiziert. Dabei zeigt sich, dass es soziokulturell sehr unterschiedliche Auffassungen, Wahrnehmungen und Entwürfe der eigenen Biografie gibt. Zum anderen wird die Milieumobilität näher beleuchtet: Gibt es im Verlauf des Lebens „Wanderungen" durch die Milieulandschaft? Die biografisch angelegten Rekonstruktionen zeigen, dass Milieumobilität im Lebensverlauf nicht die Regel ist, aber durchaus vorkommt und keineswegs diffus verläuft, sondern dass es abhängig von der „Milieu-Startposition" bestimmte Ziele, Richtungen und Pfade gibt.

Bewusst liegt ein besonderer Fokus des Buches auf dem Wandel von Werten. Im Unterschied zu konventionellen Wertewandelstudien, die in standardisierten Befragungen die subjektive Nähe zu Wertbegriffen abfragen (und in zeitlich oder international vergleichenden Studien einen Wertewandel ableiten), beschreibt dieses Buch, welchen Bedeutungsgehalt die Werte für die Milieus jeweils haben. Die für unsere Gesellschaft tragenden Begriffe *Freiheit – Gerechtigkeit – Solidarität – Leistung – soziale Sicherheit – Eigenverantwortung* haben in den sozialen Milieus eine je eigene Semantik. Es wird in der semantischen und ästhetischen Tiefenstruktur klar und plastisch, was die Milieus bewegt und in welchem Horizont sie sich bewegen. Wer also Werte reklamiert und proklamiert, wer die Menschen über ihre Werte erreichen will (in Bezug auf ihr Sozialverhalten, ihr Konsumverhalten, ihre Markenpräferenz), der muss zunächst verstehen, was die Werte den Menschen bedeuten.

Und schließlich haben die asynchronen und miteinander verschränkten Veränderungen durch technologische Innovationen[1], die Bewegungen auf dem Arbeitsmarkt, die Wertedebatte um

---

1 Beispielsweise durch ubiquitäre und persuasive, die Strukturen der Lebenswelt durchdringende und vielfach funktional und kulturell tragende Informations- und Kommunikationstechnologien.

die (schrumpfende?) Mitte, über die (verwahrloste!) Unterschicht sowie über die (Attraktivität der neuen) Eliten nicht zu einer Homogenisierung der Milieus geführt, sondern zur weiteren Ausdifferenzierung. So lassen sich innerhalb eines Milieus Submilieus identifizieren, die Auskunft geben über die soziokulturelle Vielfalt und Dynamik.

Dieses Buch hat nicht das Ziel, fertige Antworten zu liefern, Rezepte für Problembehandlungen zu geben oder der Praxis ein standardisiertes „Tool" zu reichen. Vielmehr ist das Buch inspiriert, die Menschen und ihre Lebenswelten zu *verstehen,* um sich in unserer komplexen Gesellschaft die *richtigen Fragen* zu stellen. Der Wert dieses Buchs liegt im Anstoß von Gedanken, die sich der Leser macht.

2 Religiöse und kirchliche Orientierungen in den Sinus-Milieus 2005

Der soziokulturelle Wandel stellt nicht nur die Unternehmen der Wirtschaft vor neue Herausforderungen, sondern auch die Kirchen. Kirchliche Massenevents können nicht darüber hinwegtäuschen, dass die Kirche in Deutschland viele Menschen in unserer Gesellschaft nicht mehr erreicht.[2] Zu beobachten ist, vor allem in der jüngeren und mittleren Generation, eine wachsende Distanz zur Amtskirche und zu kirchlichen Organisationen. Entsprechend zeigen sich eine Überalterung der Gottesdienstbesucher, ein Mangel an ehrenamtlich engagierten Mitarbeitern, ein Rückgang der Kirchenmitgliedschaften und die hohe Zahl von Kirchenaustritten (mit der ökonomisch ernsten Konsequenz massiver Steuerausfälle) u. v. m. Dabei ist evident, dass wir keineswegs im postreligiösen Zeitalter leben, sondern dass Religiosität in anderer Form derzeit Hochkonjunktur hat und es ein ausgeprägtes Bedürfnis nach Spiritualität gibt – die aber offenbar viele heute wie selbstverständlich außerhalb der Kirche(n) suchen. Insofern stellt sich die Frage, wie Religiosität im modernen bzw. postmodernen Zeitalter verstanden und gelebt wird und welche Anschlussmöglichkeiten es für die katholische Kirche in Deutschland gibt.

Will die katholische Kirche eine Volkskirche im besten Sinne sein, muss sie die Menschen, ihre Wertprioritäten, Einstellungen und Befindlichkeiten verstehen, um sie kommunikativ zu erreichen. Der rasante technologische und soziokulturelle Wandel der vergangenen Dekaden hat zu tief greifenden gesellschaftlichen Veränderungen geführt: Individualisierung und Pluralisierung von Lebensformen und Lebensstilen, dem multioptionalen Menschen, der Zersplitterung von Zielgruppen u. a.

Unsere soziale Wirklichkeit ist heute geprägt von Grundorientierungen, die in unterschiedlichen Etappen unserer Nachkriegsgeschichte entstanden sind und die soziale Identität der verschiedenen Lebenswelten bestimmten.

Eine Kernfrage heißt für die katholische Kirche: Wie kann sie die Menschen in den unterschiedlichen Lebenswelten heute erreichen? Erfolgreiche Angebotsentwicklung und Kommunikation setzten eine umfassende Zuwendung zum Menschen voraus. Es wird immer wichtiger, Zielgruppen über die herkömmlichen soziodemografischen Merkmale hinaus präziser zu klassifizieren. Mit dem vom sozialwissenschaftlichen Institut Sinus Sociovision entwickelten Gesellschaftsmodell der Sinus-Milieus steht der Entwicklung von Angeboten und der

---

2 Es war geplant, die Kirchenstudie in dieser Publikation komplett mit den Originaltexten und Bildern abzudrucken, um der breiten Öffentlichkeit und einem breiteren Leserkreis innerhalb der Kirche die Befunde zugänglich zu machen. Die von der MDG zunächst erteilte Genehmigung wurde wenige Tage vor Drucklegung überraschend zurückgezogen. Insofern wird hier nur eine Zusammenfassung der Studie abgedruckt, die 2006 in der Zeitschrift Lebendige Seelsorge erschien: Wippermann, Carsten: Lebensweltliche Perspektiven auf Kirche. In: Lebendige Seelsorge. Zeitschrift für praktisch-theologisches Handeln. Heft 4/2006. S. 226–234.

Der soziokulturelle Wandel in Deutschland
Entstehungsgeschichte heute wirksamer Grundorientierungen

50er Wiederaufbau und Restauration	60er Ära des sog. Wirtschaftswunders	70er Ära des sog. Wertewandels	80er und 90er Relativierung	21. Jahrhundert Entsublimierung vs. Sinnsuche
■ Pflicht- und Akzeptanz-Werte ■ Anpassung ■ Traditionelle Moral	■ Status und Besitz ■ Lebensstandard ■ Genuss	■ "Sein" statt "Haben" ■ Aufklärung ■ Emanzipation ■ Ökologie	■ Flexibilität, Mobilität, (Welt der Chancen) ■ Umgehen mit Komplexität, "Adaptive Navigation" ■ Ästhetizismus, Eklektizismus ■ Multimediale Wirklichkeit ■ Virtualisierung ■ Wissensgesellschaft	■ Unsicherheit als Grunderfahrung (Welt der Risiken) ■ Trashkultur, Enthemmung, Discount-Konsum ■ Reflexion von Paradoxien der Modernisierung ■ Re-Fokussierung, Ende der Beliebigkeit
↓ Stabilität	↓ Konsum-Materialismus	↓ Postmaterialismus	↓ Postmodernismus	↓ Metamorphose
A Traditionelle Werte *Pflichterfüllung, Ordnung Selbstkontrolle*	**B** Modernisierung *Individualisierung, Genuss Selbstverwirklichung*		**C** Neuorientierung *Multi-Optionalität, Experimentierfreude, Leben in Paradoxien Selbstmanagement*	

Kommunikationsplanung ein Methodenansatz für die Zielgruppenoptimierung zur Verfügung, der auf den Lebenswelten und Lebensstilen der Menschen basiert.

Das vorliegende Zielgruppen-Handbuch stellt die für ein modernes Kirchenmarketing benötigten Informationen bereit, bietet einen detaillierten Einblick in die heute in Deutschland existierenden Lebenswelten, ihre weltanschaulichen, religiösen und kirchlichen Orientierungen und gibt praktische Hinweise für eine effiziente Ansprache und einen erfolgreichen Umgang mit den verschiedenen Zielgruppen.

Was sind die Sinus-Milieus?

Die Sinus-Milieus sind das Ergebnis von mehr als 25 Jahren sozialwissenschaftlicher Forschung. Die Zielgruppenbestimmung des sozialwissenschaftlichen Instituts Sinus Sociovision orientiert sich an der Lebensweltanalyse unserer Gesellschaft. Die Sinus-Milieus gruppieren Menschen, die sich in ihrer Lebensauffassung und Lebensweise ähneln. Grundlegende Wertorientierungen gehen dabei ebenso in die Analyse ein wie Alltagseinstellungen – zur Arbeit, zur Familie, zur Freizeit, zu Medien, zu Geld und Konsum. Sie rücken also den Menschen und das gesamte Bezugssystem seiner Lebenswelt ganzheitlich ins Blickfeld und bieten deshalb mehr Informationen und bessere Entscheidungshilfen als herkömmliche Zielgruppenansätze.

Die althergebrachte Segmentation nach soziodemografischen Merkmalen oder sozialen Schichten reicht bei weitem nicht mehr aus, um seine „Kunden" kennen zu lernen. Soziodemografische Zwillinge können sich, manchmal überraschend und mit unangenehmen Folgen, als unterschiedliche Zielgruppen herausstellen. Formale Gemeinsamkeiten, eine vergleichbare soziale Lage können mit ganz unterschiedlichen Lebensstilen und Wertorientierungen verbunden sein. Angebotspräferenzen werden von Lebenszielen, Lebensstilen und ästhetischen Präferenzen deutlich mehr bestimmt als von der Soziodemografie. Nur die ganzheitliche Betrachtung des Individuums führt also zu realistischen Beschreibungen der Alltagswirklichkeit, zu Zielgruppen, die es wirklich gibt. Das Zielgruppenmodell von Sinus Sociovision orientiert sich deshalb an der Lebensweltanalyse unserer Gesellschaft. Zentrales Ergebnis dieser Forschung sind die Abgrenzung und Beschreibung von sozialen Milieus mit jeweils charakteristischen Einstellungen und Lebensorientierungen. Die Sinus-Milieus fassen Menschen zusammen, die sich in Lebensauffassung und Lebensweise ähneln, d. h. ähnliche Wertprioritäten, soziale Lagen und Lebensstile haben.

Die Unterschiedlichkeit von Lebensstilen ist für die Alltagswirklichkeit von Menschen vielfach bedeutsamer als die Unterschiedlichkeit sozioökonomischer Lebensbedingungen. Soziale Zugehörigkeit wird heute weniger von schichtspezifischen Merkmalen geprägt als von Lebensstil-Gemeinsamkeiten und deren Wahrnehmung. Das Sinus-Modell berücksichtigt in erster Linie die Dimensionen der Wertorientierungen, Lebensstile und ästhetischen Präferenzen, nimmt aber auch Bezug auf die Dimension der sozialen Lage. Im Unterschied zu Lifestyle-Typologien, die vergleichsweise rasch sich ändernde Oberflächenphänomene klassifizieren, erfasst das Milieumodell von Sinus Sociovision eher die Tiefenstrukturen sozialer Differenzierung. Aber es ist kein starres System, vielmehr verändert es sich mit dem gesellschaftlichen Wandel, dem es in Modell-Updates immer wieder angepasst wird.

Die Position der Milieus in der Gesellschaft nach sozialer Lage und Grundorientierung veranschaulicht die folgende Grafik: Je höher ein Milieu in dieser Grafik angesiedelt ist, desto gehobener sind Bildung, Einkommen und Berufsgruppe; je weiter rechts es positioniert ist, desto moderner ist die Grundorientierung. In dieser „strategischen Landkarte" können Produkte, Marken, Medien etc. positioniert werden. Mit der Integration der Sinus-Milieus in die wichtigsten Markt-Media-Studien, in das AGF / GfK-Fernsehpanel sowie in das mikrogeografische Instrument der MOSAIC Milieus sind – über Produktentwicklung und Marketing hinaus – unmittelbare Anwendungen für die Mediaplanung, für das Direktmarketing und für Standortanalysen möglich.

Die Bezeichnungen der Sinus-Milieus folgen einem länderübergreifend gültigen Ordnungssystem, das die Schichtachse (Soziale Lage) und die Werteachse (Grundorientierung) jeweils in drei Abschnitte einteilt. So repräsentiert beispielsweise Sinus A12 eine Lebenswelt mit traditioneller Grundorientierung (Werteabschnitt A) und mit mittlerer bis gehobener sozialer Lage (Schichtabschnitte 1 und 2). Die aus der soziologischen Forschungstradition hervorgegangenen Milieunamen (wie zum Beispiel „Konservative") können eine Lebenswelt letzten Endes nicht angemessen charakterisieren – weil sie zwangsläufig nur einen bestimmten Aspekt hervorheben, weil sie durch den gesellschaftlichen Wandel immer rasch überholt werden und auch, weil diskriminierende Konnotationen nicht immer zu vermeiden sind. Diese Namen haben deshalb in unserem Bezeichnungssystem nur illustrativen Charakter.

Dualismus von Lebenswelten

Moderne Gesellschaften sind komplex und dynamisch. Um zu verstehen, wie sie funktionieren, sind Analogien und Metaphern hilfreich. Moderne Gesellschaften, so könnte man sagen, ähneln einem Universum, das sich immer weiter ausdehnt und das aus Planetensystemen mit je eigener Umlaufbahn und Biosphäre besteht. Diese Lebenswelten sind durch einen soziokulturellen Dualismus gekennzeichnet: Analog zur Physik der Elektronen, die zugleich Teilchen *und* Welle sind, haben auch Lebenswelten *gleichzeitig* scheinbar unvereinbare Eigenschaften, die sich in folgenden sozialwissenschaftlichen Paradigmen der Moderne zeigen: Alle Lebenswelten sind Teil *einer* Gesellschaft und setzen dort soziokulturelle Schwerpunkte. Der Prozess der Individualisierung und Pluralisierung hat ein breites Spektrum an Lebenswelten hervorgebracht mit je eigener Grundorientierung, sozialer Identität und Alltagsästhetik.[3] Die Milieus bilden soziokulturelle Gravitationszentren, doch alle Lebenswelten bleiben Teil des Ganzen. Die Grenzen zwischen den Milieus sind fließend, denn Lebenswelten sind nicht so (scheinbar) exakt eingrenzbar wie soziale Schichten. Es gibt Berührungspunkte und Übergänge zwischen den Milieus (das signalisieren die grauen Flächen in der Milieugrafik). Dies ist nicht etwa Folge von unpräzisen Messinstrumenten oder Messungen, sondern gibt wirklichkeitsgetreu die reale Unschärfe in unserer Gesellschaft wieder. Kurzum: Es gibt graduelle Übergänge und subkulturelle Kohärenz zwischen den Milieus.
Jedes Milieu ist ein selbstreferenzielles System mit eigenen Codes und Programmen.[4] Jedes Milieu ist zwar umweltoffen, aber semantisch eine eigenständige Welt. Es kann seine Umwelt nur aus seiner Perspektive mit seinen spezifischen Wahrnehmungskategorien erfassen und operiert in seiner eigenen „Logik". Zwischen den Milieus besteht Inkommensurabilität in Bezug auf Werte, Bedeutungen, Stilistik, Sprache und Ästhetik. Durch die hohe Binnenkommunikation reproduziert und verstärkt jedes Milieu seine subkulturelle Logik und Semantik. Ein wirkliches wechselseitiges Verstehen zwischen Menschen aus verschiedenen Milieus ist nicht oder nur begrenzt möglich. Milieus bleiben in vielen Hinsichten einander fremd: Es besteht subkulturelle Differenz. Diese sozialwissenschaftliche Perspektive liefert ein Verständnis für die innere Logik eines Milieus. Daher ist es wichtig, die konstitutiven Kategorien der Selbst- und Weltwahrnehmung eines Milieus zu verstehen sowie deren funktionale Verknüpfung.[5]

---

3 Das theoretische Fundament dieser Perspektive gründet in der soziologischen Phänomenologie von E. Husserl, A. Schütz und Th. Luckmann.
4 Das Fundament dieser Perspektive ist die Theorie sozialer Systeme von N. Luhmann.
5 Es genügt nicht, nur die signifikanten Begriffe isoliert zu beachten. Jedes Milieu integriert alle konstitutiven Bausteine zu einem ganzheitlichen System seines typischen Weltverhältnisses. Beispiel „Sinnlichkeit": Während Sinnlichkeit für Etablierte Gourmet-Genuss, distinguierter Luxus und Erleben des gehobenen feinen Unterschieds bedeutet und die milieutypische Perspektive von Hierarchie und Rang stützt, ist Sinnlichkeit für Postmaterielle eine Dimension von Ganzheitlichkeit, der dialektische Gegenpol ihrer rational-intellektuellen Komponente, hat nichts mit

Erfolgreiche Kommunikationsmaßnahmen berücksichtigen und nutzen diese innere logische Struktur eines Milieus.

Forschungsdesign: Methode und Stichprobe

Die Studie ist eine qualitative Grundlagenstudie zu religiösen und kirchlichen Einstellungen in Deutschland vor dem Hintergrund der Sinus-Milieus. Die Grundgesamtheit ist die deutschsprachige Wohnbevölkerung ab 20 Jahren in Privathaushalten. Das Ziel ist keine Studie zum Katholizismus in Deutschland, sondern die Ermittlung der milieuspezifischen Perspektiven und Zugänge zu Religion und Kirche. Methodisch stand daher im Zentrum, milieutypische Fälle zu rekrutieren, die für die Kirche „grundsätzlich erreichbar" sind. Hintergrund ist die religionssoziologische Gegenwartsdiagnose, dass Religiosität und Kirchlichkeit bei vielen Menschen individualisiert und über formale Kriterien nicht mehr adäquat fassbar sind. Insofern wurden nur jene ausgeschlossen, die für die katholische Kirche absolut unerreichbar scheinen, z. B. Angehörige des Islam u. a. Religionen sowie „hartnäckige" Atheisten und „notorische Kirchenfeinde". Um die Relevanz der Befunde für die katholische Kirche sicherzustellen, wurde die Stichprobe so gesteuert, dass katholisch Getaufte überrepräsentiert sind. Es wurden auch bewusst jene mit einbezogen, die aus der Kirche ausgetreten sind, sowie Nichtgetaufte. Methodisch wurden sowohl Einzelexplorationen als auch Gruppendiskussionen durchgeführt:

- 70 Einzelexplorationen mit typischen Vertretern aller Milieus mit einer Dauer von jeweils 1,5 bis 2 Stunden. Dabei wurden je zur Hälfte Männer und Frauen mit milieutypischer Soziodemografie aus unterschiedlichen Regionen Deutschlands rekrutiert. Eine Woche vor der Befragung bekam jeder Proband ein leeres Heft mit dem Titel „*Das gibt meinem Leben (mehr) Sinn*" mit der Aufgabe, dieses bis zum Interviewtermin inhaltlich mit Texten oder Bildern zu füllen. Das eigentliche Interview fand in der Privatwohnung des jeweiligen Probanden statt. Im Anschluss an das tiefenpsychologische Gespräch wurden die Wohnung sowie signifikante Gegenstände mit einer für den Befragten „religiösen" Bedeutung fotografiert. Die transkribierten Interviews, das Fotomaterial sowie die Dokumentation „Das gibt meinem Leben (mehr) Sinn" wurden von Soziologen, Psychologen und Semiologen des Instituts Sinus Sociovision analysiert.
- 10 kreative Gruppensitzungen mit einer Dauer von 2,5 bis 3 Stunden. An diesen Gruppensitzungen nahmen jeweils 10 Personen teil. Die Gruppen waren milieuhomogen zusammengesetzt, je zur Hälfte Männer und Frauen, und fanden in Teststudios in verschiedenen Städten in Ost- und Westdeutschland statt. Im Anschluss an die Gruppensitzung nahmen die Probanden ein leeres Heft mit nach Hause mit dem Titel „Die ideale Religion und Kirche für mich", das sie binnen einer Woche ausfüllten und an das Institut zurückschickten. Diese Dokumentationen, die Videoaufzeichnungen, die transkribierten Texte sowie die in der Gruppe erarbeiteten Materialien wurden von den o. g. Experten von Sinus Sociovision analysiert.

Konsum und sozialer Abgrenzung zu tun, sondern ist eine wertvolle Facette ihrer Persönlichkeit sowie ein Zugang zu sich selbst und zur Welt.

Die Ergebnisse dieser Studie beruhen auf intensiven Befragungen von insgesamt ca. 170 Personen. Diese Studie ist im qualitativen Sinne repräsentativ, weil sie ein umfassendes Spektrum der Lebenswelten unserer Gesellschaft abbildet und dabei die relevanten Einstellungen zu Religion und Kirche mit den milieutypischen Affinitäten, Bedeutungen, Facetten und Nuancierungen beschreibt.[6]

Zusammenfassung und zentrale Tendenzen

Ausgangshypothese dieser Untersuchung war, dass die katholische Kirche im traditionellen Segment verankert ist und ihre Akzeptanz in den moderneren Segmenten sukzessive abnimmt: Die Milieus im Bereich der Grundorientierung A als weltanschauliche Phalanx des konventionellen Christentums, stehen den Milieus des Bereichs B als kritischen Protest- und Verweigerungspotenzials, und noch mehr der völligen Gleichgültigkeit in den soziokulturell modernsten und jüngsten Gruppen am rechten Rand der Milieulandschaft gegenüber. Kontrastierend zu dieser Hypothese: Die Pilgerströme zu den Weltjugendtagen oder nach Rom während des Papstwechsels 2005, die als Signal gelten könnten für eine neue Begeisterung gerade junger Leute für eine Kirche, die trotz oder gerade wegen ihrer konservativen Haltung den Menschen Halt und Orientierung gibt.

Diese Untersuchung zeigt aber deutlich, dass von Bewunderung oder gar Ehrfurcht vor der katholischen Kirche heute keine Rede sein kann. Bewundert werden allerdings die lange Geschichte, die großartigen Kathedralen und der gesamte hochkulturelle Fundus der Kirche. Doch der Kirche haftet das Image an, unbeweglich und nicht an den Bedürfnissen der Menschen orientiert zu sein. Es gibt eine Art Kirchenverdrossenheit, weil man der Kirche nicht zutraut sich zu verändern, oder ein Bemühen nicht erkennt.

Dramatisch ist der Befund, dass man Kirche in der Gesellschaft jenseits der loyalen Kirchgänger und Klischees („altes Muttchen") schlichtweg nicht wahrnimmt. Sie hat einen – für Unternehmen phantastischen und schier unerreichbaren – Bekanntheitsgrad von 100%, aber sie ist für viele, die nicht nahe bei der Kirche stehen, im Alltag nicht sichtbar. Die Wahrnehmungssensoren der meisten Menschen sind nicht mehr auf Kirche codiert. Öffentlich nimmt man von der „Kirche" die Kirchengebäude wahr, hört sonntagmorgens das Läuten, sieht im Fernsehen gelegentlich Repräsentanten (Kardinal Lehmann, Kardinal Meisner) – und verbindet mit der Kirche hauptsächlich den Papst.[7] Soziale Institutionen wie die Caritas, Beratungs-

---

6 Diese Studie kann und will eine *quantitative* Befragung nicht ersetzen. Qualitative und quantitative Untersuchungen lassen sich nicht gegeneinander ausspielen, sondern ergänzen sich. Die vorliegende qualitative Studie liefert einen umfangreichen Pool für alle relevanten Themen und Aspekte, die in eine standardisierte Repräsentativbefragung eingeschaltet werden können. Während eine qualitative Untersuchung offen exploriert, kann man aus einer quantitativen Studie nur etwas zu den Themen herausbekommen, die man vorher in Form von Fragen und Items hineingesteckt hat: Der Horizont ist prädeterminiert und zielt auf statistische Verteilungen und Zusammenhänge. Insofern ist diese qualitative Untersuchung als Grundlagenstudie zu verstehen, an die eine quantitative Untersuchung unmittelbar anschließen kann.

7 Trotz des dezidierten Hinweises, dass es nur um die katholische Kirche in Deutschland geht, kamen alle Befragten gleichsam automatisch auf das Thema „Papst".

stellen, Kindergärten und Krankenhäuser kennen nur wenige als Einrichtungen der katholischen Kirche; die meisten haben nur eine diffuse Ahnung oder wissen einfach nicht, dass diese etwas mit der katholischen Kirche zu tun haben. Ansonsten findet Kirche nicht statt und das Bild, das die meisten von der Kirche haben, besteht aus „eingefrästen" Klischees.
Nicht nur traditionelle Milieus, sondern auch moderne und in noch stärkerem Maße die postmodernen Milieus fordern aber, dass die Kirche in der Öffentlichkeit präsenter sein, „richtige PR-Arbeit" betreiben und vor allem selbstbewusster auftreten soll. Dazu ist es zunächst wichtig, die Erwartungen der Menschen in Bezug auf Kirche positiv zu „enttäuschen" und die Menschen zu überraschen. Ein wichtiges Mittel dazu könnten eine stilistische Öffnung, beispielsweise über Musik und Ästhetik, sowie mehr Partizipation sein. Es gibt ein ausgeprägtes Bedürfnis nach Beteiligung – und gerade die modernen und postmodernen Milieus entscheiden sich für jene Plattformen, die ihnen proaktiv anbieten, ihre Kompetenzen und Ideen einzubringen. Die Kirche steht hier in hartem Wettbewerb mit nichtkirchlichen Anbietern; und die meisten Menschen empfangen derzeit kaum Signale, dass die Kirche sie will (bzw. die vermuteten „Geschäftsbedingungen" schrecken die Menschen ab).
Nahezu flächendeckend werden die göttliche Legitimität und der absolute Wahrheitsanspruch der katholischen Kirche bestritten: Kirche gilt als etwas von Menschen Gemachtes und ist deshalb relativ. Ursache dafür ist nicht weltanschauliche Beliebigkeit, sondern die Wahrnehmung kirchlicher Enge und Engstirnigkeit. Dagegen haben die Menschen heute den Anspruch an sich und an ihre Kirche, etwas von anderen Religionen zu lernen und vor allem mit den anderen christlichen Konfessionen in einen engen Austausch zu treten. Es gilt als Skandal, als Ausdruck von Borniertheit und realitätsfremder Selbstverliebtheit, dass Ökumene noch immer ein Problem ist und es kaum interkonfessionelle Initiativen auf den verschiedenen Ebenen gibt, die offensiv und selbstbewusst beworben werden.
Überraschend ist der Befund, dass die Akzeptanz der katholischen Kirche mittlerweile auch in den traditionellen Milieus erheblich erodiert. Auf der einen Seite sieht man sie als notwendigen Pfeiler der sozialen Ordnung, auf der anderen Seite fordert man unbedingt eine innere Reform der Kirche und eine Ausrichtung an den Bedürfnissen der Menschen. Vielen Konservativen und Traditionsverwurzelten erscheint die katholische Kirche heute nicht mehr zeitgemäß: Der Zölibat, kein Priesteramt für Frauen, das Verbot der Empfängnisverhütung, Latein im Gottesdienst u. a. sind Reizthemen.[8] Andererseits distanziert man sich nicht öffentlich und nicht zu sehr von der Kirche, weil die Kirche auch ein Bollwerk gegen den – aus ihrer Perspektive – wachsenden kruden Hedonismus in unserer Gesellschaft ist. Doch die vormals enge Allianz zwischen katholischer Kirche und dem konservativen Milieu löst sich auf; die

---

8 Innerhalb der Milieus der Konservativen und Traditionsverwurzelten findet sich die Bastion eines erzkonservativen Katholizismus vorwiegend in der Alterskohorte der über 75-Jährigen (nur vereinzelt auch bei Jüngeren). Diese „Erzkonservativen" lehnen jede Veränderung ab, finden die heutige Kirche viel zu modern, halten Ökumene und Folgen des Zweiten Vatikanischen Konzils für „Unfug" oder ein „Werk des Teufels". „Jüngere" Traditionelle bis 65/70 Jahre wollen Kirche als Orientierung, Halt und verbindliche Moralinstanz, sehen aber auch, dass die Kirche junge Menschen und Familien zu verlieren droht, wenn sie deren Bedürfnisse und Alltagssorgen nicht versteht, respektiert und behutsam darauf reagiert.

katholische Kirche erscheint inzwischen allzu rückständig und muss aufpassen, vom traditionellen Segment nicht abgehängt zu werden. Es wäre ein Trugschluss zu meinen, dass Traditionelle unbeweglich wären: Auch Menschen im traditionellen Segment beobachten gesellschaftliche Trends und wollen modern sein. Sie tun dies zwar selektiv und mit geringerem Tempo – aber die Kirche droht den Anschluss an diese Milieus zu verlieren.

Überraschend ist umgekehrt, dass in den postmodernen Milieus hinter oft harscher Kritik an der katholischen Kirche auch ein gewisses Sympathiepotenzial erkennbar ist. So wünschen sie sich nicht selten eine Kirche, die in der Gesellschaft präsenter ist, sich nicht versteckt, sondern selbstbewusst auftritt und sich moderner Marketinginstrumente bedient (PR, klassische Werbung). Voraussetzungen für eine bessere Akzeptanz wären in jedem Fall stilistische Öffnung und missionarische Zurückhaltung. Dann würden diese Milieus die Kirche nutzen können, z. B. als „Heimathafen", den man immer wieder einmal anläuft, um „aufzutanken" oder als „spirituellen Therapeuten" in existenziellen Krisen. Vor allem wünschen sie sich eine Kirche, die signalisiert, dass sie sich verändern und nicht mehr allein von oben regieren will, dass sie sich an die wechselnden Bedürfnisse der Menschen anpasst (diese immer wieder neu verstehen will) und mehr Eigenverantwortung zulässt.

Die Menschen – ob in der Kirche oder außerhalb – sind aktiv auf der Suche nach Sinn, aber sie haben keinen Mangel an Sinn: Weder lässt sich ein Sinndefizit noch eine Sinnsättigung feststellen. Die Milieus im Bereich der Grundorientierung B und noch stärker die Milieus im C-Bereich sind sehr aktiv und sensibel für eine sinnvolle Lebensführung – einen Sinn, der nicht von einem übergeordneten Sinnhorizont abgeleitet wird. Man will sein Leben verstehen und selbst in der Hand haben. Man adaptiert nicht einfach vorhandene Sinnangebote, auch und gerade nicht der christlichen Kirchen, sondern stellt sie zur Disposition und in einen Wettbewerbsvergleich.

Von geringerer Bedeutung ist das Bedürfnis nach einer übergeordneten, die ganze Lebenszeit umfassenden und das eigene Leben überdauernden jenseitigen Sinninstanz. Man will sich selbst nicht nur in einen übergeordneten Sinnhorizont eingebettet wissen, sondern seinem Leben konkret in jeder einzelnen Lebensphase einen Sinn geben. Das Sinnangebot der Kirche (wie es wahrgenommen wird) und die alltäglichen Sinnkonstruktionen der Menschen haben sich erheblich auseinanderentwickelt. Die Distanz ist vielfach so groß, dass es besonderer Anstrengungen der Kirche bedarf, um die Menschen wieder zu erreichen. Denn kaum jemand sieht derzeit einen Bedarf und einen Nutzen im aktuellen Sinnangebot der Kirche – zumindest so, wie es semantisch und stilistisch kommuniziert wird. Allerdings schätzen auch moderne und postmoderne Menschen das grundsätzliche Sinnpotenzial der Kirche hoch ein.

Damit zusammen hängt die bemerkenswerte Renaissance urchristlicher Werte, die wir beobachten können: Liebe, Frieden, Solidarität, Nächstenliebe, Bescheidenheit. Allerdings hat die Kirche das Image, diese Tugenden zwar von anderen zu fordern, aber selbst das Gegenteil zu praktizieren. Die prachtvollen, „protzigen" Kirchen seien typisch für eine Institution, die Armut predigt und selbst im Reichtum erstickt. Hier werden nahezu standardisiert Begriffe gebraucht wie Doppelmoral, Machtmissbrauch, Menschenfeindlichkeit, Verrat an der Idee Jesu.

In den moderneren Milieus der Grundorientierung C hört man dagegen nicht selten, die Kirche solle bleiben, wie sie ist, nicht mit dem Zeitgeist gehen, sondern zeitlos bleiben. Abgesehen davon, dass man sich nicht – auch eine Kirche nicht – „zeitlos" verhalten kann, darf man sich von solchen Plädoyers nicht blenden lassen. Sie dokumentieren das für Milieus im Bereich C typische instrumentelle Verhältnis zur Kirche: Für Moderne Performer und Experimentalisten hat die Kirche die Bedeutung und Funktion einer virtuellen Option oder extraordinären Erfahrung. Die katholische Kirche wird neben andere Religionen, Weltanschauungen und Philosophien gereiht, mit denen man sich autonom und kreativ auseinandersetzt, um zu einer tieferen Sphäre vorzudringen. Man glaubt nicht, dass irgendeine Religion, Philosophie oder gar Kirche den alleinigen Zugang zur Wahrheit hat, sondern dass sie als verfügbare Medien und Instrumente von Einzelnen genutzt werden können – oder auch nicht: Es besteht weder der Zwang noch die Notwendigkeit, sich für ein bestimmtes Angebot zu entscheiden. Man nutzt die Kirche wie andere Religionen, Philosophien sowie wissenschaftliche und populäre Ratgeber als topografische Markierungen auf der individuellen Reise – aber nicht als Halt und nicht als Mitglied, sondern allenfalls zur Inspiration und als Fallback-Position. Man betont die gesellschaftliche Relevanz der Kirche – als Antipode zu Unternehmen und zum Staat, weil die Kirche für zeitlose Werte (Ehrlichkeit, Solidarität, Gerechtigkeit u.a.) steht und weil sie Anwalt und Sprachrohr für jene ist, die schwach, ohnmächtig oder orientierungslos sind – nur für sich selbst sehen die Milieus im Bereich C in der Kirche aktuell keinen Nutzen.

Daran schließt die Forderung nach Transparenz in der Verwendung von Steuereinnahmen an. Ein Motiv, aus der Kirche auszutreten, ist in der Tat die Kirchensteuer – dies ist i.d.R. kein vorgeschobenes Alibiargument. Vor allem Besserverdienende im Bereich der Werteachsen B und C treten aus oder planen dies, während Konsum-Materialisten diesen Schritt oft scheuen, weil sie sich nicht selbst eines möglichen Ankers berauben wollen. Aber das erodierende Image der Kirche in der Gesellschaft führt auch hier zu Überlegungen, ob man Kirche wirklich braucht, wenn sie nicht mehr Vehikel und Signum sozialer Akzeptanz ist. Die gehobenen Milieus erwägen einen Kirchenaustritt dagegen nicht finanzieller Engpässe oder des Images der Kirche wegen, sondern weil ihnen die Verwendung der Mittel nicht transparent ist. Man weiß schlichtweg nicht, wozu die Kirchensteuern eingesetzt werden, hat keine Kontrolle und das Misstrauen, dass sie für die Restaurierung jeder beliebigen Kirche verwendet werden, oder für Prunk im Vatikan und in der Verwaltung verschwinden. Es gibt auch in den Milieus im oberen und mittleren Bereich der Grundorientierungen B und C eine relativ hohe Spendenbereitschaft, aber nicht für eine kirchliche oder außerkirchliche Non-Profit-Organisation, sondern für konkrete Projekte, über deren Adressaten und Erfolg sie informiert werden wollen. Das derzeitige Kirchensteuersystem findet in allen Milieus nur noch geringe Akzeptanz.

Während man der Amtskirche wenig Bereitschaft zur Veränderung zutraut bzw. vermutet, dass die innerkirchliche Hierarchie solche blockiert, sieht oder vermutet man in den Ordensgemeinschaften und Klöstern eine interessante Innovationsbereitschaft: Es gibt in den Milieus der Achse C Sympathie für Menschen, die ihre persönliche Passion in dieser Berufs- und Lebensform umsetzen, ihren Lebensstil gefunden haben, dabei aber nicht den Anspruch haben, die Welt und jeden Gesprächspartner missionieren zu wollen. Vor allem wenn junge Mönche (ebenso wie junge Priester) selbstbewusst mit Kutte am öffentlichen Leben teilnehmen (ins Café gehen, entspannt im Park auf einer Wiese liegen, „sich selbst was Gutes tun"), würde man mit ihnen ins Gespräch kommen wollen.

Insgesamt zeigt diese Studie, dass die katholische Kirche in Deutschland erhebliche Image- und Kommunikationsprobleme in den Milieus der Grundorientierungen B und C hat. Mit ihrer Semantik und Ästhetik erreicht sie die Menschen nur zu seltenen, exponierten Gelegenheiten – Sterben des Papstes, Papstwahl, Weltjugendtag, Beerdigung eines Angehörigen, Hochzeit, Weihnachten –, aber nicht in deren Alltag, und bindet sie nicht an sich. In Bezug auf Ideal- und Wunschbilder der katholischen Kirche zeigen sich zwischen den Sinus-Milieus signifikante und relativ klar konturierte Positionierungen:

- Die katholische Kirche ist derzeit klar im traditionellen Segment der Grundorientierung A positioniert. Die Kirche ist hier Zentrum, Verwalter und Vermittler des Glaubens mit exklusiver Geltung. Alles religiös Bedeutsame findet im Rahmen der Kirche statt. Leitmotiv sind zum einen das „Befolgen" vorgegebener kirchlicher Normen und die Pflege der Kirchenkultur, zum andern die Sicherung und Verteidigung der Kirche nach außen.
  - Für Konservative sind Moral und Kultur der Kirche das Fundament unserer abendländischen Zivilisation. Ohne die Kirche als Bewahrer elementarer Werte würde unsere Gesellschaft nicht funktionieren, die Spaßgesellschaft würde sich endgültig durchsetzen. Das Resultat wäre eine oberflächliche Erlebnishysterie einer Gesellschaft der Anomie, Unordnung und Unkultur. Kirche ist gleichsam Baldachin, Quelle und Bewahrer der Moral vor dieser Erosion. Bei Konservativen findet man „erzkonservative" Katholiken (v. a. Ältere), die alle Rufe nach Aufhebung des Zölibats, mehr Ökumene u. a. rigoros ablehnen – aber dieses Segment scheint innerhalb dieses ohnehin kleinen Milieus in der Minderheit zu sein. Auffallend sind kritische Töne, weil die katholische Kirche in Deutschland stur an ihren Strukturen festhält und unter dem Diktat des Vatikans steht.
  - Bei Traditionsverwurzelten ist die Kirche die klassische Volkskirche mit dem Pfarrer als moralischer Autorität und als weltanschaulichem Experten. Für katholische Christen ist ihre konfessionelle Zugehörigkeit zugleich Identität und Verpflichtung. Man reflektiert das eigene Verhalten an den Grundsätzen der Kirche, von denen man fast nur über Predigten des Ortspfarrers und Ansprachen des Papstes weiß. Die institutionalisierten Rituale der Kirche sind normaler Bestandteil des Alltagslebens, werden befolgt und nicht kritisch reflektiert. Man ist Teil dieses Ganzen, passt sich an und fügt sich ein.
  Die ältere Generation der Traditionsverwurzelten jenseits der 75 Jahre ist noch stark in der Kirchenkultur vor dem Zweiten Vatikanischen Konzil verwurzelt. Die dort eingeleiteten Reformen und das Bemühen vor allem junger Priester nach stilistischer Öffnung stoßen bei diesen auf massive Reaktanz. Doch diese Generation mit ihrem Katholizismus hat selbst in diesem Milieu keinen Nachwuchs. Die jüngere Generation der Traditionsverwurzelten (bis 65 Jahre) zeigt einerseits unbedingte Loyalität zur Kirche, wünscht sich aber auch mehr strukturelle und stilistische Reformen: Attraktiv für die Kirche von heute und morgen fin-

den Traditionsverwurzelte die Generation der jüngeren Priester, die den Ritus nicht starr und steif praktizieren, sondern ihre eigene Persönlichkeit unautoritär („menschlich") einbringen, auch Neues ausprobieren (z. B. Kinder- und Jugendgottesdienste). Dieses Milieu sieht die Schwierigkeiten, vor denen die katholische Kirche heute steht, und rät zu einer moderaten Anpassung: Die Kirche darf weder dem Zeitgeist folgen, noch darf sie Bedürfnisse der Menschen ignorieren: Kirche als Volkskirche ist aus der Perspektive dieses Milieus ein Balanceakt.
- DDR-Nostalgische haben eine starke emotionale und rationale Distanz zu Religion und Kirche, erinnern sich aber nostalgisch an die Rolle der Kirche zu Zeiten der Wende.

- In den Milieus der Grundorientierung B gibt es festzementierte stilistische und semantische Barrieren zur katholischen Kirche sowie massive Kritik an inneren Strukturen der Kirche. Die Auseinandersetzung mit der Kirche ist in diesem Segment sehr engagiert, sowohl emotional als auch rational. Es besteht ein ausgeprägtes Interesse an der Umgestaltung der Kirche in Richtung mehr persönlicher Partizipation, Gestaltungsfreiheit und Verantwortung. Leitmotiv ist hier eine Utopie von Kirche. Das bedeutet keine pauschale und prinzipielle Ablehnung der Ämter und Kulturen der Ist-Kirche, sondern den nachdrücklichen Wunsch nach einer umfassenden Umgestaltung von Kirche, damit sie so werden kann, wie sie von Gott gewollt ist und für die Menschen gut ist.
  - Die nach Harmonie und sozialer Etablierung strebende Bürgerliche Mitte akzeptiert und befolgt die kirchlichen Rituale dort, wo die katholische Kirche das Vereins- und Dorfleben mitbestimmt (Kindergarten, Bildungsstätten etc.). Die Motivation ist soziale Erwünschtheit und Anpassung – von der kommunikativen Stilistik und den Themen sind sie nicht begeistert, sondern nehmen sie schlichtweg hin. Sinn und Moral speisen sich in diesem Milieu zunehmend aus anderen Quellen; der Einfluss der katholischen Kirche erodiert. Manifest wird das beispielsweise an jenen aus der Bürgerlichen Mitte, die zwar formal Kirchenmitglied sind, aber kaum noch Berührung mit der katholischen Kirche haben. Das Image der Kirche ist bei ihnen sehr negativ, die katholische Kirche in Deutschland gilt als unbeweglich, traditionsverhaftet, reformunwillig, unter dem Diktat aus Rom stehend und vor allem unmodern. Eine Chance hat die katholische Kirche in diesem Milieu, wenn sie sich als familiäre Nahwelt positioniert und als fortschrittliche Religionsgemeinschaft präsentiert.
  - Für Konsum-Materialisten gibt es derzeit kaum Bezüge zur katholischen Kirche: Es fehlt völlig eine Anbindung an und ein Verständnis für die Kultur der traditionellen Volkskirche. Grundwissen über Jesus Christus, die Bibel, das Christentum, die Kirche und andere Religionen ist kaum vorhanden bzw. wird nur über kommerzielle Medien (TV- und Kinofilme) konsumiert. Man sieht sich auf der Verliererseite der Gesellschaft und kann sich allenfalls vorstellen, dass die Kirche mit ihrem Grundsatz der „Nächstenliebe" für sie selbst mehr da ist und ihnen anders als staatliche Institutionen tatkräftig hilft, um in dieser Gesellschaft über die Runden zu kommen.
  - Postmaterielle sind ein gesellschaftliches Leitmilieu und haben für viele angrenzende Milieus eine (meist latente) Vorbildfunktion. Insofern kommt diesem Milieu besondere Bedeutung zu. Es gibt in diesem hoch gebildeten, intellektuell interessierten, die Gesellschaft und

sich selbst stets kritisch reflektierenden Milieu ebenso überzeugte Atheisten wie überzeugte Katholiken. In keinem Milieu ist das rationale und emotionale Engagement für Fragen nach dem Sinn des Lebens so ausgeprägt. Auch die Kritik an der Kirche ist hier ebenso massiv wie konstruktiv. Zentral ist für christlich Interessierte eine Utopie des Christentums, das die Botschaft Jesu in unsere Zeit übersetzt, von volkskirchlichem Ballast befreit und die Menschen mit ihren Bedürfnissen heute ernst nimmt. Das verlangt zum einen weit reichende Reformen mit der – längst überfälligen – Durchsetzung der Ökumene, der Emanzipation der Frauen in der Kirche, des Priesteramts für Frauen, der Aufhebung des Zölibats, von demokratischen Strukturen sowie der stilistischen Öffnung. Zum anderen bedeutet es die Intensivierung des interreligiösen Dialogs sowie die Rezeption von Erkenntnissen aus anderen Disziplinen wie der ganzheitlichen Medizin, Pädagogik, Psychologie. Dieses Milieu bezieht sich mehr als alle anderen auf das urchristliche Modell der Basisgemeinden, das wieder Vorbild für die Kirche heute sein könnte. Dabei wäre es ein Fehler zu meinen, Postmaterielle hätten eine feste Vorstellung von ihrer Kirche: Für sie ist Kirche ein Projekt von Menschen auf der Suche nach dem richtigen Leben – insofern ist sie immer auf dem Weg. Es gehört zum Selbstverständnis, dass es nicht das eine ideale Konzept von Gemeinde gibt, sondern dass Gemeinden Spielraum brauchen, um mit den Menschen vor Ort Gemeindeleben auszuprobieren. Ein vielfältiges Spektrum an Gemeindekonzepten und Gemeindekulturen, Antiperfektionismus und immer neue Reflexion über weitere wichtige Schritte sind für Postmaterielle wichtig. Dieses Milieu stellt den Kern und die Rekrutierungsbasis der innerkirchlichen Bewegung „Kirche von unten".

- Etablierte dagegen halten Kirche zwar für gesellschaftlich notwendig; Kirche ist wichtig, um Basiswerte und Tugenden über Generationen hinweg zu sozialisieren und um schwachen Menschen Halt zu geben. Sie selbst aber brauchen die Kirche nicht oder kaum – Religiosität ist auch bei Kirchenverbundenen weitgehend privatisiert. Allerdings schätzt man die Kirche als Hüter hochkultureller Errungenschaften, die man in Kathedralen und in der Kunst bewundert – hier spürt man Resonanz auf gleicher Augenhöhe; nur hier akzeptiert man, dass es etwas Höheres gibt –, sowie als gesellschaftlichen Machtfaktor, der lokal und global viel bewegt. Man sieht sich – wie in anderen Lebensbereichen – primär als Gebenden und nur sehr selektiv als Empfangenden.

■ In den Milieus in der Grundorientierung C zeigen sich neue und eigentümliche Verhältnisse zu Religion und Kirche. Die Milieus sind sehr weit von der Kirche entfernt, es gibt kaum Kontakt. Ein Indikator dafür ist, dass es sehr schwierig ist, katholisch Getaufte aus diesem Wertebereich zu finden, die sich mit ihrer Kirche verbunden fühlen und regelmäßig Kontakt haben. Aber es gibt sie – doch für diese bedeutet „Verbundenheit" mit der katholischen Kirche nicht, den Regeln der Kirche zu folgen, sondern Kirche zu einem variablen Parameter ihres eigenen Regelwerks zu machen – das schließt die gleichzeitige Verbundenheit auch mit anderen Religionen, Philosophien und Lebenshilfen ein. Die christliche Religion und die katholische Kirche sind in diesem Wettbewerbsumfeld eine wenig attraktive Option, der man unabhängig von theologischen oder kirchenrechtlichen Direktiven eine eigene Funktion gibt: Typisch in diesem Wertesegment ist ein autonomes, individuelles und instrumentelles Verhältnis zur Kirche. Die emotionale und auch rationale Distanz zur Kirche zeigt sich auch daran, dass es in diesem Wertebereich – im Unterschied zu den Milieus in der Grundorientierung B – kaum Vorstellungen darüber gibt, was die Kirche für sie tun könnte. Oft werden als Alibi nur klischeebehaftete Forderungen genannt, etwa nach Aufhebung des Zölibats oder mehr Gleichberechtigung. Dies dokumentiert einmal mehr das unengagierte Verhältnis zur Kirche. Diese Milieus stellen sich die katholische Kirche dann vor allem als Dienstleister vor, den man je nach Qualität und Nutzen des Angebots in Anspruch nimmt oder nicht. Von dieser Warte aus erscheint es diesen Milieus gleichgültig, wie das Unternehmen Kirche intern strukturiert und organisiert ist, wenn nur das Angebot stimmt (Partizipation als selektiver Konsum). Andererseits arbeiten viele Menschen dieser Grundorientierung oft in Start-up-Unternehmen, Konzernen oder Netzwerken in verantwortlicher Position. Insofern wird ihnen die Struktur und Unternehmenskultur der katholischen Kirche nicht gleichgültig sein, sondern sie erwarten nach dem Vorbild eines professionellen Unternehmens oder ihrer Subkultur, dass ihre spezifische Kompetenz nachgefragt wird, dass sie diese in einer Funktion einbringen können und auch Entscheidungen mit treffen können (Partizipation als Engagement).

- Für Moderne Performer sind Religion und Kirche virtuelle Basisstationen, die man nur dann beansprucht, wenn man seine innere Kraft und Orientierung verloren hat. Das ist bei ihnen aktuell nicht/selten der Fall, aber man will auf einen solchen „Hafen", in den man jederzeit einlaufen könnte, nicht verzichten: Kirche als Hüter und Verwalter einer Wahrheit, auf die man nicht endgültig verzichten will, die aber von ihrem aktuellen Leben so weit entfernt ist, dass man in ihr derzeit keinen Bedarf und keinen Nutzen sieht.
- Für Experimentalisten ist die Kirche der Anbieter eines existenziellen Zugangs neben anderen philosophischen, religiösen und künstlerischen Zugängen. Typisch ist die parallele und autonome Rezeption verschiedener Sinnkonzepte. Es geht ihnen nicht darum, aus der Vielzahl irgendwann das wirklich Wahre zu finden, sondern durch exotische und extraordinäre Grenzerfahrungen das dahinterliegende Prinzip zu entdecken – und sei es auch nur für einen Moment: Kirche als eine Option für den Zugang zum Eigentlichen.
- Hedonisten zeigen eine sehr krude und provokante Kritik an der katholischen Kirche, die als Teil des gesellschaftlichen Establishments und der Leistungsgesellschaft notorisch abgelehnt wird. Zugleich haben Hedonisten ein ambivalentes Verhältnis zur Kirche: Sie repräsentiert idealtypisch die zwanghafte Leistungsgesellschaft, die moralisierend all dem entgegensteht, was das Leben schön und spannend macht. Gleichzeitig steht sie für jene Sicherheit und Geborgenheit, nach der man sich – heimlich – sehnt.

3 Was Milieus bewegt (hat)

Die Kirchenstudie 2005 basierte auf der Modellierung der Gesellschaft, wie sie vom Sinus-Institut im Milieuupdate 2001 vorgenommen worden war. Die 2005 beschriebenen milieuspezifischen Orientierungen und Logiken, Weltanschauungen und Sinndeutungen wurden seitdem nicht aufgelöst oder ausgehebelt. Zwischen 2005 und 2010 hat es in der Milieulandschaft keine Verwerfungen gegeben. Aber es gab signifikante Verschiebungen in und zwischen den Milieus. Hier hat es eine Vielzahl von Ereignissen und Faktoren gegeben, die teilweise miteinander in Wechselwirkung standen: die Debatten zur Neuen Bürgerlichkeit, zur (schrumpfenden?) Mitte, zum Prekariat sowie zur neuen Elite; die Finanz- und Wirtschaftskrise 2008/2009 – sowie die überraschend schnelle Erholung in 2010; der Boom digitaler Netzwerke; die zunehmende Digitalisierung der Alltagswelt (sowie als Gegenströmung die Re-Analogisierung); verschiedene Lebensmittelskandale; der Überdruss gehobener moderner Milieus an Multioptionalität mit dem Bedürfnis nach qualitativ hochwertiger Optionalität; weiter zunehmende Mediatisierung und Ästhetisierung (mit der Gegenreaktion von bewusst gesuchten kostbaren Sphären der Reizreduktion). Parallel dazu ist vor allem die Zunahme von geringfügigen Beschäftigungsverhältnissen sowie die Perforation von Lebensverläufen (mit der Erwartung biografischer Brüche) zu beobachten.

Dabei haben die ökonomischen Krisen(bedrohungen) nicht zu einer Harmonisierung, nicht zu einem „Zusammenwachsen" der Milieus geführt, sondern zur Besinnung auf das ihnen Eigentliche und Wichtige. Kristallin wurde in den Milieus das spezifische materielle, soziale und kulturelle Kapital – das man hat (oder nicht hat), das man erwerben könnte (oder nicht) und mit dem man sich von anderen absetzt. Reichtum und Armut treten stärker hervor als in vorhergehenden Dekaden. In soziokultureller Hinsicht waren die letzten Jahre eine Phase der Klärung und Refokussierung. Die Folge ist eine weitere *sozialhierarchische und soziokulturelle Spreizung*.[9] Weder im gehobenen Segment, noch in der Mitte oder am unteren Rand der Gesellschaft konnten wir eine Fusion von Milieus feststellen, sondern statt dessen eine stärkere Konturierung, ohne jedoch extreme Formen auszubilden. Dabei sind die meisten der bekannten Milieus bestehen geblieben.[10] Gleichwohl gibt es instruktive Verschiebungen in der Milieulandschaft bezüglich der relativen Positionierung der Milieus zueinander wie auch in ihrem Selbstverständnis und ihrer Ausrichtung. Das hatte zur Folge, dass die Milieulandschaft neu zu modellieren war und die Achsen der Grundorientierung präzisiert werden mussten. Die wichtigsten Prozesse dabei waren:

---

9 Diese Veränderungen im Gefüge geben Anlass, über neue Impulse und über Variationen von Werten und Präferenzen, von Sinn- und Weltzugang, von Imitationen und Distinktionen nachzuforschen.

10 Ausnahme ist das Milieu der DDR-Nostalgischen. Dieses hatte seine Konturen verloren, die DDR als kollektiv-biografischer Topos ist mittlerweile für die Menschen zu weit weg, um weiter identitätsstiftend zu sein, und wurde für die meisten aus diesem (ehemaligen) Milieu zunehmend eine ferne Vergangenheit. So ist dieses Milieu diffundiert in die umgebenden Milieus der „Traditionellen", „Bürgerlichen Mitte" und „Benachteiligten".

- Die gehobenen Milieus setzen sich (bewusst) weiter ab, pflegen exklusive Zirkel und leben zunehmend in einer geschlossenen Welt. Die Elite ist dabei keineswegs homogen. Ein Wettbewerb zwischen „alten Eliten" und „neuen Eliten" sorgt für Spannung sowie für Strategien der Selbstpositionierung. So sind die Eliten in den gehobenen Milieus primär nur den normativen und stilistischen Imperativen aus den eigenen Zirkeln ausgesetzt
- Bei immer mehr Menschen in *Milieus am unteren Rand* der Gesellschaft verstärkt sich die Erfahrung, am ökonomischen Existenzminimum zu leben und dass dies ihr unabänderliches Lebensschicksal ist: ausweglos. So entwickeln sich soziokulturell verschiedene Formen, mit dauerhafter ökonomischer und sozialer Deprivation umzugehen, den Alltag zu bewältigen, Situationen auszuhalten und auf „andere" zu reagieren
- Ein erheblicher Teil der „*Performer*" ist in der Familienphase angekommen und adaptiert bürgerliche Normalitätsvorstellung in seiner Identität als flexible, mobile, professionelle Avantgarde
- Parallel dazu sind junge Menschen aus dem bürgerlichen Mainstream sehr stark von Werten, Ausdrucksformen und Stilen der „Performer" fasziniert. Das führt dazu, dass die Grundorientierung der „Performer" in die Mitte der Gesellschaft diffundiert ist. Sozialer Aufstieg ist – das ist die Erfahrung der jungen Generationen – nicht mehr über klassische Verhaltensmuster und Statusmentalitäten der „Bürgerlichen Mitte" zu erreichen, sondern über das Vehikel permanenter Selbstmodernisierung
- Die Folge ist, dass die *Mitte der Gesellschaft* nicht mehr eindeutig besetzt und bestimmt ist von der „Bürgerlichen Mitte", die auf „ankommen" programmiert ist, sondern auch von einem Submilieu, das wir als „Bürgerliche Performer" charakterisieren, für das mentale und geografische Flexibilität Teil ihres Lebenskonzepts ist. Damit verändert sich auch sozialpolitisch „die Mitte"
- Das Milieu der „*Traditionsverwurzelten*" ist (längst schon) heterogener geworden, weil ein Teil der Traditionellen „verwurzelt" und unbeweglich bleibt, ein anderer Teil der jüngeren Generationen sich dagegen bewusst sukzessive modernisiert: Wandel und Neues werden in Maßen akzeptiert; aber man will auch etwas erleben, unternimmt Städtereisen und interessiert sich für neue Technologien in Haus und Garten. Ein drittes Teilsegment hingegen ist aus dem Blick der Öffentlichkeit nahezu verschwunden (für Konsum- und Werbeindustrie wenig interessant), sozial oft vereinsamt und sehr zurückgezogen

Das Selbstverständnis und die Orientierungen der verschiedenen Milieus haben sich in den vergangenen Jahren sowohl substanziell als auch an der Oberfläche verändert. Es hat Verschiebungen in der Ausrichtung und Bewertung des eigenen wie fremden materiellen, sozialen und kulturellen Kapitals gegeben; ebenso neue Akzentuierungen von Imitation und Distinktion der Milieus zueinander. Vieles ist (natürlich) relativ konstant geblieben. Aber die Verschiebungen und Verstärkungen sind für die Konfiguration der Milieulandschaft erheblich und für das Verstehen der einzelnen Milieus instruktiv. Die Veränderungen wurden im Rahmen mehrerer qualitativer und quantitativer Forschungsprojekte identifiziert. Sie sind statistisch signifikant und inhaltlich relevant, weil sie grundlegende Koordinaten, Bewegungen und Orientierungen der Lebenswelten der Menschen beschreiben. Die Konsequenz war, dass die Milieulandschaft neu zu bestimmen war.[11]

Die großen Bewegungen erscheinen dabei paradox: Zum einen die Wiederentdeckung und positive Neubewertung von „Bürgerlichkeit", verbunden mit einer Sehnsucht nach Normalität: Tendenz zur „Mitte". Zum anderen die zunehmende vertikale *und* horizontale Spreizung und Ausdifferenzierung der Milieulandschaft: Sowohl in der Achse der objektiven sozialen Lage (wachsende Wohlstandspolarisierung) als auch in der soziokulturellen Grundorientierung hat sich das Spektrum erweitert, wurden „die Ränder weiter nach außen verschoben", weil die vorher exponierten jungen Milieus („Experimentalisten", „Performer") für jüngere Menschen in den Mainstreammilieus Leitbildcharakter bekamen, was für einen Teil der „Performer" und „Experimentalisten" wiederum ein Katalysator für Steigerung war und eine weitere Ausdifferenzierung zur Folge hatte.

Weil demografische und kulturelle Entwicklungen dann eine besondere Bedeutung haben, wenn sie die Mitte der Gesellschaft erreichen, einige Veränderungen auch ihren Ursprung im Zentrum der Gesellschaft haben, werden die folgenden Ausführungen die „Mitte" vertieft behandeln und Veränderungen am oberen und unteren Rand der Gesellschaft in dieser Studie nur kursorisch beschreiben.

---

11 Zur Beschreibung des neuen Gesellschaftsmodells sozialer Milieus siehe die Kapitel 4 (Die Milieulandschaft 2011: DELTA-Milieus®) sowie Kapitel 7 (Subdifferenzierung der Milieulandschaft). Zu Methoden und Daten siehe Kapitel 8 (Methodologie).

3.1 Alte und neue Mitte: Zwischen Anpassung und Distinktion

Das demografische und kulturelle Zentrum unserer Gesellschaft ist der Kern dessen, was als „soziale Mitte" oder „Mittelschicht" bezeichnet wird. Aufmerksam beobachtet man dort, was sich in der Gesellschaft und vor allem an ihren modernen Rändern tut. Groß ist das Bestreben, nicht altbacken, sondern modern zu sein, mit der Zeit zu gehen, Trends nicht zu verpassen, Bewährtes und Zukunftsfähiges in moderater Form zu adaptieren. Zwar springt man nicht auf den ersten Trend(Zug) auf, möchte aber auch den letzten nicht verpassen. Insofern kennzeichnet dieses Milieu zugleich Robustheit wie auch Sensibilität für gesellschaftliche Strömungen und Stimmungen.

Im Unterschied zu „Konservativen", die sich einsetzen für den Erhalt und die Weiterentwicklung des sozialen, moralischen und kulturellen Fundaments, im Unterschied zu „Etablierten", die sich als überlegt-überlegene Lenker und als erfolgreiche Macher der Gesellschaft sehen, im Unterschied zu „Postmateriellen", die ihre relativ klar konturierte Vision vom richtigen und guten, reflektierten Leben durch grundlegende Gegenwartskritik artikulieren und halbwegs in ihrem eigenen Alltag umsetzen, sowie im Unterschied zu Performern, die sich als dynamische, flexible, unideologische und pragmatische Avantgarde begreifen, ist die „Bürgerliche Mitte" *das* Integrationsmilieu von gesellschaftlichen Trends unterschiedlicher Provenienz. Auch wenn das auf den ersten Blick durch die harmonische Ummantelung nicht leicht zu erkennen ist: Dieses Milieu praktiziert im Alltag prototypisch und systematisch Patchwork und sorgt damit maßgeblich dafür, dass extreme Positionen gefiltert, modifiziert und gesellschaftsfähig werden.

Die kollektive Biografie, die die Mittelschicht schreibt, ist aus ihrer Sicht eine Geschichte zunehmender Enge. Die moderne „Bürgerliche Mitte" hat Konkurrenz bekommen durch „Bürgerliche Performer", die das Modernitätsverständnis der konventionellen modernen Mitte überholen, zur Disposition stellen und anachronistisch erscheinen lassen. Im soziokulturellen Rückblick hat die Mittelschicht seit den 1970er Jahren vier Stadien erfahren:[12]

1) Aufstieg
2) Status
3) Distinktion
4) Bifurkation

1.) Die aufstiegsorientierte Mitte der 1970er/1980er Jahre

Vom Wiederaufbau der 50er Jahre bis in die späten 80er Jahre war die deutsche Gesellschaft von realistischen Aufstiegsaspirationen geprägt. Soziokulturelles Gravitationszentrum war im Zentrum der Milieulandschaft das sogenannte „Aufstiegsorientierte Milieu". Die Mittel-

---

12 Vgl. Wippermann, Carsten (2010): „Gespannte Mitte: Die Mitte der Gesellschaft auf der Suche nach Balance von Sicherheit und Flexibilität". Auftrags-Expertise, Manuskript. Der Autor hat vom Auftraggeber dieser exklusiven Expertise das Einverständnis, Passagen der Expertise für diese Buchpublikation zu verwenden.

schicht, die der Bundesrepublik in jener Zeit ihren Stempel von Modernität aufdrückte, begnügte sich nicht mit dem, was man hatte. Mit einer guten Schul- und Berufsausbildung sowie mit Fleiß konnte man es auch aus kleinbürgerlichen Verhältnissen kommend zu etwas bringen und in der Gesellschaft bis in hohe Kreise aufsteigen. Der Blick auf Gegenwart und Zukunft war von Optimismus und Aufbruchstimmung geprägt: Man baute oder kaufte Eigentumswohnungen oder Einfamilienhäuser, schloss Bausparverträge und Lebensversicherungen ab, gründete Vereine und engagierte sich vielfältig, spielte Tennis und auch Golf, sammelte Statussymbole und Ansehen, entdeckte für Urlaubsreisen auch außereuropäische Ziele: Die Welt war prinzipiell offen, Fernes war erreichbar, noch nicht Erreichtes ein Antrieb.
Das wichtigste Kapital war eine souveräne Selbstsicherheit und die Gewissheit, dass Aufstieg für jeden möglich ist, der Talent hat und sich anstrengt. Wie beim erfahrenen Bergsteiger ging der Blick nach oben, nicht nach unten. „Ohne Fleiß kein Preis" – diese traditionelle Maxime aus dem kleinbürgerlichen Milieu übernahmen deren Kinder mit der Erwartung, dass sich für sie Fleiß sicher auszahlen werde, wenn man die modernen Entwicklungen im Bereich Technologie, Konsum, Lebensstil mitmacht, einen höheren Bildungsabschluss und Fachwissen *hat*. Wer besonders begabt war („intelligent"), konnte weit nach oben kommen. Traditionelle Arbeiterfamilien waren stolz, wenn es ein Kind auf das Gymnasium schaffte: Eine längere Schulausbildung war finanzierbar; durch bereitwillige Selbsteinschränkungen der Eltern auch ein Studium mittels BAföG – auch wenn ein Studium durchaus eine fremde Welt für die ganze Familie darstellte. Im Gegenzug war der höhere Abschluss des Kindes für die Eltern ein Symbol des Erfolgs ihrer gelungenen Erziehung, wurde vor der Verwandtschaft, der Nachbarschaft und im weiteren sozialen Umfeld stolz demonstriert als Insignien des sukzessiven Aufstiegs für die ganze Familie. So strebte die untere Mittelschicht in die mittlere Mittelschicht, die mittlere Mittelschicht in die obere Mittelschicht und die oberste nach ganz oben. Der Weg nach oben war – oder schien zumindest – breit, und es gab „unterwegs" vielfältige Unterstützung und ein Netz. Auf Dauer abstürzen und haltlos sein: Das gab es nur als tragisches oder selbstverschuldetes Schicksal einzelner weniger.

2.) Die statusorientierte Mitte der 1990er Jahre

Die Aufstiegserfolge auf der einen Seite, der Zusammenbruch der New Economy auf der anderen Seite führten in den 1990er Jahren zu einer tiefgreifenden Transformation im Selbstverständnis der gesellschaftlichen Mitte: Aus der Aufstiegsorientierung erwuchs eine Statusorientierung, so dass in den 90er Jahren der moderne Mainstream als „Statusorientiertes Milieu" bezeichnet wurde. Daneben etablierten sich das „Moderne bürgerliche Milieu" sowie das dynamische „Adaptive Milieu", ein neues Arbeitnehmermilieu, das primär in neuen Dienstleistungsberufen tätig war, wie Neue Medien, New Economy, Marketing (und aus dem später nach einer Phase des Aufstiegs das Milieu der „Modernen Performer" hervorgehen sollte).
Dieser Wandel von der Aufstiegs- zur Statusmentalität ist signifikant, denn er hat eine Vielzahl von Konsequenzen für die Konturen der eigenen Identität, für das Verständnis

von Arbeit und Bildung sowie für die soziale Selbstverortung. Es war spürbar, dass der Weg nach oben nicht mehr eine breite (Volks-)Autobahn für jeden war, sondern aus einer Vielzahl enger Korridore bestand, die man mit Geschick und Flexibilität finden musste. Umso mehr wuchs das Bestreben, die erworbenen Pfründe abzusichern, zu bewahren, was man sich aufgebaut hatte, und vor allem nach außen selbstbewusst zu demonstrieren, dass man es geschafft hat.

3.) Die Druck aushaltende und um Distinktion bemühte Mitte 2000 bis 2010

Die Gesellschaft zu Beginn des 21. Jahrhunderts war in Deutschland keine Aufstiegsgesellschaft mehr. Das Mainstream-Milieu der „Bürgerlichen Mitte" hatte die leidvolle Erfahrung machen müssen, dass seine bürgerlichen Tugenden wie Fleiß, Solidarität, Engagement und Bildungsbeflissenheit einen Aufstieg längst nicht mehr garantieren, sondern nun notwendige Voraussetzung geworden waren, um den Arbeitsplatz nicht zu verlieren. So sah die Mitte immer weniger die Chancen, ihren Status zu verbessern, sondern primär das Risiko des sozialen Abstiegs. Sie fühlt sich seitdem unter Druck, alle Kräfte und Kompetenzen mobilisieren zu müssen, um in der globalisierten, neoliberalen Gesellschaft bestehen zu können. Mehr denn je empfindet die „Bürgerliche Mitte" die eigene Familie und das Zuhause als Oase und Zuflucht vor der kalten Leistungswelt „draußen". Aber die zentralen Lebensziele (Familie, Eigenheim) sind bedroht: Es gibt keine Arbeitsplatzgarantie mehr, täglich kann man seinen Arbeitsplatz verlieren mit der Konsequenz, Kredite nicht mehr zahlen und seiner Familie nicht mehr das bieten zu können, was zu einem „schönen Leben" dazugehört. Und mehr denn je muss man flexibel und mobil sein – was dem Bedürfnis nach lokaler sozialer Etablierung entgegensteht.
In gut gesicherten Verhältnissen zu leben, ist das Ziel. Je unsicherer die Zeiten, desto stärker versucht man, sich durch Leistung, Zielstrebigkeit und Anpassung zu behaupten und beruflich erfolgreich zu sein. Jedoch realisiert man zunehmend die Grenzen und den Grenznutzen noch so intensiver Anstrengungen. Durch immer neue wirtschaftliche Anforderungen und politische Reformen brechen immer mehr Sicherheiten und Wohlstandsgarantien weg.
All dies führt im Milieu der „Bürgerlichen Mitte" zu einer allmählich wachsenden diffusen Frustration über die herrschenden Verhältnisse. Mehr und mehr hat man den Eindruck, dass die eigenen Anpassungsleistungen, die individuelle Einsatzbereitschaft als Arbeitnehmer, die Opfer der Familie nicht honoriert werden. Und immer mehr Milieuangehörige fragen sich, ob sie nicht in der „falschen Gesellschaft" leben. Trotz hoher Leistungsbereitschaft, Anpassung und Flexibilität fühlt sich die „Bürgerliche Mitte" in der wirtschaftlichen und politischen Entwicklung benachteiligt: Eigenheimzulage, kostenloses Studium für die Kinder, Krankenversicherung, Altersvorsorge – alles gekürzt oder gestrichen. Angesichts der Massenentlassungsschübe auch profitabler Unternehmen sieht das Milieu seine Zukunft und die Zukunft seiner Kinder bedroht. Konsumpriorität haben in der „Bürgerlichen Mitte" ein gemütliches Zuhause, ein gepflegtes Outfit, Insignien für Wohlstand und Partizipation, und vor allem das Fortkommen der Kinder. Die strategische Nutzung der Freizeit gewinnt an Bedeutung und gilt oft

als notwendig. Die Unterstützung der Kinder in der Schule, die eigene Fortbildung und bezahlte Nebentätigkeiten nehmen immer mehr Raum ein.

Parallel dazu gibt es eine wachsende Kultur bürgerlicher Distinktion. Der gehobene und mittlere Teil der „Bürgerlichen Mitte" zeigt verstärkt Signale der *Abgrenzung gegenüber der unteren Mitte und der Unterschicht*. Bildung ist ein wirksames Mittel zur Distinktion gegenüber jenen, die weiter unten stehen. Das Motiv ist, sich und den anderen die eigene Arriviertheit zu beweisen. Das geschieht vor allem in den Bereichen Wohnen, Auto, Urlaub, Wissen. Bildung durch konventionelle Curricula in staatlichen Schulen ist längst keine Garantie mehr für sozialen Aufstieg. Mittlerweile ist selbst ein Studium kein Statussymbol mehr. Wer es sich aus der gehobenen bürgerlichen Mitte leisten kann und entsprechende Angebote in der Nähe hat, schickt sein Kind nicht mehr in staatliche, sondern in konfessionelle oder private Kindergärten und Schulen. Dazu kommen vielfältige Initiativen, die eigenen Kinder in ihrer Ausbildung zu fördern, um ihnen Wettbewerbsvorteile zu verschaffen. „PISA" war der Katalysator für umfangreiche Bildungsinvestitionen in Form von Geld und Freizeit und auch für den Verzicht auf umfangreichere Berufstätigkeit der Mutter. Der mediale und politische Hype um die je neuen PISA-Resultate (v. a. die Defizitmeldungen zu Hauptfächern) zementiert in der gesellschaftlichen Mitte den Eindruck, dass private Investitionen in die Bildung der eigenen Kinder unbedingt notwendig sind, um sozial akzeptiert und anerkannt zu sein, den eigenen Kindern die Chancen zu bewahren und nicht zuletzt, weil dieses für eine gute Mutter/einen guten Vater moralisch und sozial zwingend ist.

Die Normalität bedrohter Existenz – aber keine Lethargie

Die Welt ist für die „Bürgerliche Mitte" zum Risiko geworden. Das von latenten Abstiegsängsten geplagte Milieu reagiert auf die ökonomische Krise durch den Zusammenbruch der New Economy mit tiefer Verunsicherung und verstärkten Anpassungsbemühungen – bis hin zur demonstrativen Übernahme neoliberaler Forderungen. Man war und ist bis heute bereit, die Sozialreformen von SPD/Grünen, Union/SPD, Union/FDP als notwendigen und befristeten „Kraftakt" zur Sanierung des Sozialstaats zu unterstützen – mit dem Ziel, Sicherheit auf modernisierter Basis wiederherzustellen und der heranwachsenden Generation gute Startvoraussetzungen zu verschaffen.

In den vergangenen zehn Jahren haben die Menschen der gesellschaftlichen Mitte fast alles (mit)gemacht, was ihnen die meinungsführenden Eliten aus Wirtschaft, Politik und Wissenschaft gepredigt haben: Sie wurden beruflich flexibel und mobil, passten sich an Markterfordernisse an, organisierten ihre Altersvorsorge in Form privater Fonds sowie in der Riester- oder Rürup-Rente, nahmen zur Sicherung ihres Arbeitsplatzes und im Interesse ihres Unternehmens in Kauf, immer weniger Zeit für Familie und Freizeit zu haben. Doch aus dem „Sprint" wurde für die „Bürgerliche Mitte" ein Mittelstreckenlauf – und erscheint zunehmend als ein Marathon, dessen Ende nicht absehbar ist. Man wünscht sich die Regierung als Anwalt der solidarischen Mittelstandsgesellschaft und sieht ihre vordringliche Aufgabe darin, soziale Fahrstuhleffekte zu verhindern. *„Hartz IV"* ist eine Horrorvokabel für die „Bürgerliche Mitte", denn „Hartz IV" ist die umfassende Chiffre für die reale drohende Erosion der materiellen und sozialen Existenzgrundlage.

Die Menschen in der „Bürgerlichen Mitte" haben die politische Botschaft wahrgenommen und akzeptiert, dass der klassische Wohlfahrtsstaat der Nachkriegsgeschichte nicht mehr finanzierbar ist. Doch sie haben nicht das Gefühl, dass ihre Anpassungsbemühungen in Einstellung und Verhalten honoriert worden sind, sondern sehen sich als die eigentlichen Verlierer, weil „die oben" nicht verzichtet haben und „die am unteren Rand" auf Kosten der Mitte subventioniert werden. Gerade in Zeiten zunehmender Enge und existenzieller Bedrohungsszenarien wächst das Gefühl, dass das elementare Prinzip der Leistungsgerechtigkeit unterminiert wird. Es wachsen Wut und Neid auf jene:

1.) ... am oberen Rand der Gesellschaft (ikonografisch repräsentiert in Gestalt populärer Vorstandsvorsitzender von Konzernen), die unverhältnismäßig viel Geld bekommen, das in keiner Relation zu irgendeiner Leistung stehen kann. Hier findet man seinen Eindruck bestätigt, dass die herrschenden Eliten sich bewusst abgekoppelt haben, keine Kritik an sich zulassen oder solche an sich abperlen lassen, Gespür für Maßhalten und für gerechte Verhältnisse verloren haben und somit nicht mehr – im umfassenden Sinne – „normal" sind. Normal zu sein, wird so zur wiederentdeckten Maxime der Mitte.

2.) ... am unteren Rand der Gesellschaft, die vom Staat (und damit primär von der breiten Mittelschicht) sehr viele Zuschüsse und Transferleistungen bekommen, obwohl die Mitte selbst an der Grenze der Belastungen angelangt ist und der Unterstützung bedarf. Die Solidarität mit jenem ebenso traditions- und pflichtvergessenen wie erlebnis- und konsumversessenen „Mob" am unteren Rande der Gesellschaft schwindet. Die Statussymbole dieser Menschen wirken in der Mitte gleichsam als Stigmata der Geschmacklosigkeit, von denen man sich distanziert.

Es dominiert die Sorge um die Existenzsicherung der eigenen Familie und es wachsen deprimierende Perspektiven: (1.) Was man sich aufgebaut hat (Haus, Garten, Familie, soziale Einbettung), kann plötzlich – unverschuldet – verloren gehen, weil man den Arbeitsplatz verliert, weil man arbeitsplatzbedingt den Wohnort wechseln muss, weil die eigenen Geldanlagen durch Bankenspekulation von heute auf morgen verloren gehen können. Die für ein gutes Leben notwendige materielle, soziale und emotionale Sicherheit wird es wohl nie mehr geben. (2.) Man kann aus dem Räderwerk der ökonomischen Wettbewerbslogik und politischen Dauerreformen mit immer neuen Zumutungen für die Mittelschicht nicht aussteigen, auch wenn man persönlich ganz andere Vorstellungen von Verteilung hat. Es gilt zunehmend als Schimäre, dass wir in einer gerechten Gesellschaft leben. Immer mehr setzt sich auch die Einstellung durch, dass Wirtschaft und Politik ihren je eigenen Logiken folgen und nicht mehr den Blick für die Befindlichkeiten und Bedürfnisse der Menschen haben (können). Der wachsende materielle und soziale Druck, das subjektive Gefühl von zunehmender Leistungs- und Verteilungsungerechtigkeit führen in der Mitte aber nicht zu persönlicher Verweigerung oder gar zu einer kollektiven Protestbewegung. Im Gegenteil dominiert die Lebensregel, dass man nicht in Lethargie oder Larmoyanz versinken darf. Die Mitte hat ein ausgeprägtes Gespür für den Zusammenhang von innerer Haltung und Ausstrahlung. Sie hat sich selbst verordnet, gegen die gelegentlich empfundene Existenzangst anzukämpfen, keine Schwächen zu zeigen (nur unter engen Freunden – dort aber ist das ein wichtiges Ventil), sondern nach außen Toughness, Leistungswillen und Professionalität zu demonstrieren. Man hat gelernt, dass ein dauerhaftes An-sich-Zweifeln bereits ein psychologischer Nachteil in der Wettbewerbsgesellschaft ist.

Zweifel am Zusammenhang von Leistung und Erfolg

Anfangs verwundert, mittlerweile entsetzt nimmt die Mitte wahr, dass Leistung und Gratifikation heute entkoppelt scheinen. Das erfährt man durch Meldungen der Wirtschafts- und Boulevardpresse über Managergehälter; das demonstrieren die Medien im sogenannten Unterschichtfernsehen mit Sendungen wie „Deutschland sucht den Superstar". Solches festigt den Eindruck, dass nicht mehr klassische und politisch geforderte Tugenden wie Kompetenz, Solidität, Engagement, Bildung und Leistung, sondern kurzfristige (Markt-)Erfolge prämiert werden. Aus Beobachtungen der modernen Unterschicht wie der Oberschicht hat die Mitte zunehmend den Eindruck, dass „Wissen über Gelegenheit" zum eigentlichen Erfolg führt. Gerade in der aktuellen Zeit wirtschaftlich schlechter Aussichten scheint es wichtig zu wissen, wo und wie man sich Ressourcen sichert. Die kurzfristige Perspektive unterminiert die mittelfristige Perspektive.

Wenn aber der Tüchtige weniger Erfolg hat als der Raffinierte (Freche, Vorlaute, Gerissene), dann verändert sich die Vorstellung von der Wettbewerbsgesellschaft. Dadurch ist ein Prozess der kritischen Selbstreflexion in der Mitte angestoßen, der zu massiver Verunsicherung und Neuorientierung führt: Wenn Leistung nicht mehr adäquat belohnt wird, wenn die leistungsunwillige Unterschicht subventioniert wird und die Oberschicht mit exorbitanten Gehältern honoriert wird, dann steht das Leistungsprinzip selbst zur Disposition und wird die Frage nach der sozialen Gerechtigkeit gestellt. In welchen Teilen der Gesellschaft und bei welchen Entscheidungen orientiert man sich an Leistungsgerechtigkeit, wann an Verteilungsgerechtigkeit, wann an Bedürfnisgerechtigkeit? Die Mitte hat den Eindruck, dass die Schichten und Milieus um sie herum von dem für sie jeweils günstigsten Gerechtigkeitsbegriff profitieren – nur sie selbst geht weitgehend leer aus, wird ausgesaugt und muss es aushalten.

Weil man sich mit der Unterschicht nicht solidarisieren will und keine Solidarität von der Oberschicht erfährt, weil nichts vormals Sicheres heute noch sicher ist, weil die (Fern-)Welt für den Einzelnen unübersichtlich, unberechenbar und riskant geworden ist, sucht man Solidarität nurmehr in der Nahwelt im Kreis der Familie und von Gleichgesinnten. Gerade weil man sich „draußen" dem Leistungsdenken und dem Wettbewerb auf allen Feldern ausgesetzt sieht, gibt es eine massive Tendenz zur sozialen Schließung. Die soziale Schließung der Mitte ist eine innere Kündigung der Solidarität mit den Menschen am oberen und unteren Rand der Gesellschaft. Diese Distinktion findet somit in beide Richtungen statt.

4.) Bifurkation und Pluralität der Mitte seit 2010

In der aktuellen Situation allseitiger Bedrängung gibt es den Trend zu mehr „Bodenständigkeit" und zur Mobilisierung der eigenen Ressourcen (Fähigkeiten, Talente, Netzwerke). So lässt sich in der „Bürgerlichen Mitte" ein Bedürfnis nach Konstanz, Verlässlichkeit und Orientierung feststellen – nach Erdung, nach Pausen im stetigen Fluss der Komplexitätszumutungen. Diese Suche nach Verwurzelung, nach einer neuen Balance führt natürlich *auch* zu der Option, sich wieder die traditionellen Rollenmuster anzuschauen und auf ihre Alltagstauglichkeit neu zu überprüfen. Es sind Grabungen nach alter, bewährter Substanz, deren Legitimität und Attraktivität für die Mitte der Gesellschaft daraus erwachsen, dass sie mit *modernen Werten gefüllt und auf diese Weise neu interpretiert werden*. Darin liegt die besondere Kompetenz und Alltagsphilosophie der Mitte: Spannungen von außen aushalten, sich mit neuen Rahmenbedingungen abfinden und sich auf sie einstellen können. Vor diesem Hintergrund sind zwei paradigmatische Orientierungen „der Mitte" kristallin geworden, haben zu einer weiteren Ausdifferenzierung und Bifurkation[13] von „Mitte" geführt:

1. Man muss alle Energie einsetzen, sich weiterbilden und höchsten Einsatz für den Arbeitgeber zeigen, um seine soziale Position und seinen Lebensstil halten zu können und nicht abzustürzen und herauszufallen. Diese Status- und Standesorientierung hängt nostalgisch an der Aufstiegsgesellschaft; aber man begreift es selbst als Illusionen, dass „jeder" den Aufstieg schaffen könnte. Ziel ist es, den Lebensstandard zu sichern, eingebunden zu sein in die lokale Nahwelt und sich einen modernen Lebensstil leisten zu können: Es geht darum, „anzukommen und aufgehoben zu sein". Stabilität und Erhalt stehen im Zentrum der Alltagsphilosophie der konventionellen „Bürgerlichen Mitte". Die je neuen Modernitätsanforderungen (und Anforderungen, *sich* zu modernisieren) werden zutiefst ambivalent empfunden: Einerseits sind sie Gelegenheiten der ideellen, materiellen und symbolischen Abgrenzung vom traditionellen Segment wie von der sozialen Unterschicht. Andererseits sind sie eine Bedrohung des Status quo. Erreichte Positionen haben ein immer früher ablaufendes „Verfallsdatum", müssen in immer kürzeren Schüben aktualisiert werden mit dem Rattenschwanz notwendiger Außendarstellung und Selbstanpassung: eine fremdbestimmte, unbehagliche Notwendigkeit, die nicht zur Ruhe kommen lässt. Be-

---

13 Als Bifurkation (von lat. bi „zweifach" und furca „Gabel") versteht man in den Kulturwissenschaften den Moment bzw. die historische Phase der Teilung einer vormals großen Hauptströmung in mindestens zwei Teilströmungen, die fortan verschiedene Richtungen einschlagen. Im Unterschied zu natürlichen Bifurkationen (wie bei natürlichen Gabelungen eines Flusslaufs) oder mathematischen Bifurkationen (nichtlineare Systeme, deren Verhalten von einem Parameter abhängt, können bei einer Änderung des Parameters ihr Verhalten plötzlich ändern. Zum Beispiel kann ein System, das zuvor einem Grenzwert zustrebte, nun zwischen zwei Werten hin- und herspringen, also zwei Häufungspunkte aufweisen: Der Begriff der Bifurkation wurde von Henri Poincaré eingeführt, haben wir es im Bereich von sozialen und kulturellen Bifurkationen mit der Tatsache zu tun, dass die Teilströme sich nach der Gabelung wechselseitig beobachten und aufeinander reagieren. Die eigene Orientierung, die sich ausprägenden neuen Lebensstile und Identitäten sind somit nicht unabhängig voneinander, sondern werden durch die wechselseitige Beobachtung konstituiert. Das hat katalysatorische Effekte für Prozesse der Imitation und Distinktion.

unruhigend ist vor allem, dass die soziokulturell jungen Lebenswelten immer machtvoller definieren und demonstrieren, welche Kompetenzen zukunftsfähig sind und neues Prestige ausmachen.

2. Man muss flexibel und mobil in vieler Hinsicht sein. „Nach vorn" kommt man heute nicht mehr, wenn man den Anforderungen des Arbeitsplatzes gerecht wird, sondern wenn man – schneller als andere – die Erfordernisse, die neuen Chancen und Nischen des Marktes erkennt und aktiv nutzt. Dazu gehören Innovationsfähigkeit und Risikobereitschaft. Die zentrale Kernkompetenz im Wettbewerb ist, an den „*skills*" für seinen individuellen USP (unique selling proposition) zu arbeiten. Diese Maxime, ständig an sich selbst zu arbeiten, mobiler und flexibler, innovativer und schneller als andere zu sein, stellt die Anpassungsbereitschaft der konventionellen bürgerlichen Mitte auf den Kopf: Es geht nicht darum, von außen herangetragene Trends und Normen aufzunehmen und umzusetzen (das Verlangte zu tun), sondern selbst und selbstbestimmt *Teil der Avantgarde* zu sein und zugleich *eingebunden in die soziale Nahwelt* mit Familie.[14] Strategische Selbstmodellierung bestimmt die Alltagsphilosophie der neuen soziokulturellen jungen Mitte, die wir als „Bürgerliche Performer" bezeichnen.

Das Ergebnis ist eine größere Vielfalt der Mitte. Sie betrifft das Selbstverständnis und die gesellschaftliche Selbstverortung als Mitte. Insofern ist es immer weniger korrekt, von „*der*

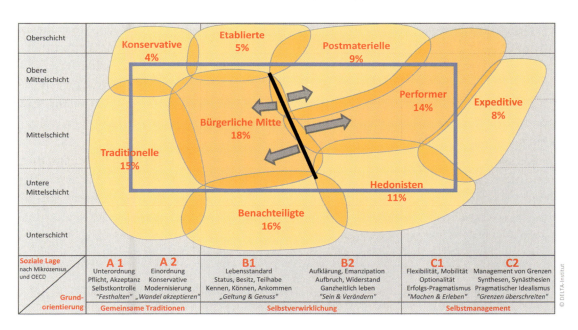

---

14 Es ist eine soziokulturelle Synthese von Aspirationen der „Bürgerlichen Mitte" und den Grundhaltungen der „Modernen Performer", die biografisch in der Familienphase angekommen sind.

Mitte" zu sprechen. Vielmehr ist die konventionelle moderne „Bürgerliche Mitte" unter kulturellen Modernisierungsdruck geraten.[15]

Wer gehört zur Mitte der Gesellschaft? Diese Frage zielt nicht nur das empirische Faktum, wie Mitte abzugrenzen ist, sondern auch darauf, welche gesellschaftliche und kulturelle Funktion die „Mitte" hat, welche sie selbst haben will, mit den Konnotationen: Mittelpunkt und Mehrheit der Gesellschaft, Maßstab und Definitionsmacht für Normalität und Modernität, für Inklusion und Integration.

Wer sich selbst in der Mitte verortet, will aber nicht unbedingt jeden anderen auch zur Mitte gehörig wissen (Distinktion). Wer unterprivilegiert ist, strebt und sehnt sich zur Mitte, um akzeptiert und nicht ausgeschlossen zu sein (Aspiration). Für andere hingegen ist Mitte der schale, fade, langweilige, bemühte Mainstream, von dem sich die Oberschicht, aber auch Menschen in den soziokulturell jungen und individualistischen Milieus („Expeditive") stilistisch und im Habitus abgrenzen. Zugleich erfährt die Mitte in den Zeitläuften wechselnde Konjunkturen der Attraktivität. Während in den 1990er Jahren die Mitte wenig erstrebenswert erschien und man sich an den gehobenen modernen Leitmilieus orientierte, erfährt „Mitte-sein" seit Beginn des Jahrhunderts wieder erhebliche positive, normative Bedeutungsaufladung.

Schrumpfende Mitte?

Das zentrale gesellschaftliche und politische Nervensystem wird seit Beginn des neuen Jahrhunderts von dramatischen Meldungen beunruhigt: Auf der Grundlage verschiedener Sozialstatistiken wird der „Niedergang der Mittelschicht" diagnostiziert, so dass „die bisher staatstragende Mittelschicht zerbröselt" (SZ, 7. Mai 2008). Nach einer etablierten Konvention zählen Statistiker all jene Menschen zum Mittelstand, die zwischen 70 und 150 Prozent des Durchschnittseinkommens verdienen. Damit ist „die Mitte" *relativ* definiert. Nach dieser Definition umfasste diese Gruppe im Jahr 2000 nach Daten des Deutschen Instituts für Wirtschaftsforschung (DIW) 66,5 Prozent der deutschen Bevölkerung, jedoch im Jahr 2007 nur noch 60,4 Prozent. Die Besorgnis wird dadurch gesteigert, dass auch das Durchschnittseinkommen sinkt, also der Maßstab, an dem die Mittelschicht ausgerichtet wird.

Unternehmensberatungen wie McKinsey gehen so weit zu prophezeien, dass bis zum Jahr 2020 nicht einmal 50 Prozent der Bevölkerung noch ein Einkommen auf Durchschnittsniveau haben werden – das wären zehn Millionen weniger als Anfang der 1990er Jahre. Verantwortlich für diese Entwicklung sei das unzureichende Wirtschaftswachstum – was ein reflexhaft von Unternehmensberatungen herangezogener Erklärungsfaktor ist. Fazit dieser Meldungen ist: Millionen Menschen sind objektiv vom sozialen Abstieg bedroht; ein erheblicher Teil der bürgerlichen Mitte rutscht in die relative Armut – mit erheblichen (in keinem Fall guten) Folgen für ihr politisches Bewusstsein und mit erheblichen Belastungen für die Sozialsysteme. Auf der anderen Seite steigt

---

15 In der grafischen Visualisierung des seit 2011 geltenden, vom DELTA-Institut entwickelten Milieumodells bildet die vertikale Achse die soziale Lage ab, die horizontale Achse die Grundorientierung (Werte, Lebensstil, Alltagsästhetik).

die Zahl der Millionäre in Deutschland. Müssen wir uns also auf eine neue, schleichende Armut in Deutschland einstellen, auf eine sozial-hierarchische Differenzierung, (1.) in der die monetäre Oberschicht fast 80 % aller Einkommen erhält, aber den Kontakt zur Mitte weitgehend verliert; (2.) in der immer mehr Menschen in die Unterschicht abrutschen – in eine Schicht bzw. soziale Lage, in der sie noch nicht zur Unterschicht gehören, aber auch nicht mehr zur Mittelschicht? Entsteht zwischen der weiter abrutschenden Unterschicht, deren Armuts*ursachen* und Armuts*formen* immer vielfältiger werden, und der unteren Mittelschicht eine neue intermediäre Schicht? Begreift sich die Mehrheit der Gesellschaft künftig als Verlierer der Gesellschaft?

Die Frage, wer zur Mitte gehört, wird verknüpft mit der Frage, ob „die Mitte" im Zeitverlauf gewachsen oder geschrumpft ist. Kommt es zur Stauchung oder zur Spreizung im Einkommensspektrum? Das Deutsche Institut für Wirtschaftsforschung (DIW) kommt 2010 zu dem Befund: „Seit 2000 nimmt die Einkommensdifferenzierung aber auch in Deutschland ohne Zweifel spürbar zu."[16] Im längerfristigen Trend seien auf der einen Seite nicht nur die Zahl der ärmeren Haushalte stetig gewachsen – sie würden im Durchschnitt auch immer ärmer. „Die Einkommensschere zwischen den Beziehern von niedrigen und hohen Einkommen hat sich in Deutschland weiter geöffnet. [...] Im Trend wurden damit die Reicheren in Deutschland nicht nur immer mehr, sie wurden im Durchschnitt auch immer reicher."[17] Diese *Einkommenspolarisierung* führt zu dem Befund, dass langfristig vor allem die mittlere Einkommensgruppe kleiner geworden ist.[18]

Blickt man auf die langfristige Entwicklung der Einkommensmitte, dann hatte diese im Jahr 1984 einen Anteil von 64,7 %, im Jahr 2008 „nur" noch einen Anteil von 60,9 %; im Jahr 2009 einen Anteil von 61,5 %. Angesichts dieser Schwankungen und moderaten Verschiebungen scheinen Meldungen über eine „schrumpfende Mitte" dramaturgisch übertrieben.

Wenn die bundesrepublikanische Sozialstruktur vom gesellschaftlichen Zwiebelmodell (Schelskys Vision der nivellierten Mittelstandsgesellschaft) stabil im Sanduhrmodell bleibt, degeneriert das Durchschnittseinkommen zum rein statistischen Wert, der Lebenswirklichkeit nicht mehr spiegelt.

An dieser Stelle sollen keine ermüdenden Diskussionen über statistische Berechnungsmethoden geführt werden. Auffallend aber ist in der politischen und medialen Diskussion, dass die Mitte gelegentlich (zu) schlicht und einfach über das *Nettoeinkommen* definiert ist. Unbestritten sind materielle Ressourcen ein zentraler Baustein für die soziale Lage. Aber warum werden nicht auch andere soziodemografische Merkmale berücksichtigt wie etwa *Bildung*? Und was ist mit dem Alter, der Familienstruktur, dem erlernten Beruf und dessen Nachfragepotenzial? Der Verdacht ist, dass diese Vernachlässigung anderer soziodemografischer Aspekte

---

16 Wochenbericht des DIW Berlin 24, 2010, S. 2.
17 Ebd. S. 5.
18 Es gibt empirische Studien (z.B. der Herbert-Quandt-Stiftung unter dem Titel „Zwischen Erosion und Erneuerung" unter der Autorenschaft von Stefan Hradil, Paul Nolte, Martin Werding) darüber, dass die Mittelschicht nicht abrutscht und Deutschland im internationalen Vergleich keineswegs eine unrühmliche Ausnahme ist, sondern der Trend einer sozialhierarchischen Spreizung der Gesellschaft ein Befund ist, der in fast allen westlichen Gesellschaften zu beobachten ist.

Entwicklung der Einkommensmitte
Größe der Unter- Mittel- und Oberschicht (in Prozent)

Jahr	Niedrige Einkommen (<70% Median)	Mittlere Einkommen (70-150%)	Hohe Einkommen (>150%)
2009	21,7	61,5	16,8
2008	20,3	60,9	18,8
2007	20,7	60,4	18,9
2006	20,6	61,2	18,2
2005	20,2	61,9	17,9
2004	19,0	62,6	18,4
2003	19,4	63,7	16,9
2002	19,2	64,4	16,5
2001	18,9	65,4	15,8
2000	17,8	66,5	15,6
1999	17,9	64,8	17,3
1998	18,4	64,6	17,0
1997	18,1	66,2	15,6
1996	18,5	65,6	15,9
1995	18,4	64,9	16,7
1994	19,9	63,4	16,6
1993	21,1	62,2	16,8

selbst ein Symptom ist für die ökonomistische Verengung in der Perspektive auf unsere Gesellschaft. Die Mitte auf Einkommen und Kapitalvermögen zu reduzieren ist ein sehr verkürzter, eindimensional-ökonomischer Gesellschaftsbegriff, der einen ganzheitlichen Blick verstellt und damit eine bestimmte Art der Diagnose präjudiziert. Diese Eindimensionalität, die Verhaltensweisen nur auf objektive materielle Umstände kausal zurückführt, muss aufgebrochen werden. Unsere Gesellschaft ist komplexer und die Sozialstrukturforschung hat schon vor mehr als drei Dekaden erkannt, dass man die Vielfalt und Komplexität unserer traditionell-modern-postmodernen Gesellschaft nicht ausreichend erfasst, wenn man sich nur am klassischen Schichtenmodell orientiert. Um unsere Gesellschaft und deren Mitte einigermaßen adäquat zu begreifen, sollten drei elementare Dimensionen gleichzeitig in den Blick genommen werden, die zwar eng zusammenhängen, aber keine auf die je andere(n) reduziert

werden kann. Die Lebenswelten der Menschen in unserer modernen Gesellschaft konstituieren sich durch:
- Soziale Lage: *Objektive* materielle und sozialräumliche Rahmenbedingungen und Ressourcen in Form von Einkommen, Bildung, Beruf, Wohn-/Arbeitsumfeld
- Werte: *Subjektive* Einstellungen und mentale Muster in Form von Orientierungen, Interessen, Präferenzen, Maximen, Werturteilen, Zielen
- Lebensstil: Verhalten, Gewohnheiten, Routinen, Rituale, ästhetische Expressionen, Habitus; korporiertes und inkorporiertes kulturelles Kapital

Genau diese drei Dimensionen formieren und konturieren, was sozialwissenschaftlich als soziale Milieus bezeichnet wird. Diese fassen Menschen zusammen, die sich in ihrer Lebensauffassung und Lebensweise ähneln. Ein solch ganzheitlicher Blick ist notwendig, denn (1.) öffnet er den Horizont der Diskussion für gesellschaftspolitische Implikationen und warnt vor stereotypen Kurzschlüssen; (2.) liefert er Einblicke und Einsichten in die Alltagswirklichkeit und Lebenslogiken der Menschen und ergänzt die (notwendige) Statistik mit Informationen aus der Lebenswelt der Menschen. Damit ist das Wort von „der Mitte" nicht mehr anonyme statistische Abstraktion, sondern es wird konkret, was die gesellschaftliche Mitte wirklich ist und was sie bewegt. Ein solches Gesellschaftsmodell ist das Lebensweltenmodell z. B. des DELTA-Instituts.

Neue Vielfalt und Dynamik bürgerlicher Normalität

Soziodemografisch ist der über Einkommen und Kapitalvermögen gemessene Anteil der Mitte relativ stabil (bei nur sehr geringer Tendenz einer Abschmelzung). Doch *soziokulturell* gibt es eine spannende gegenläufige Tendenz: Die Mitte wächst, weil sie Zulauf bekommt durch Milieus vom postmodernen Rand der Gesellschaft, die zunehmend Gefallen finden an Normalität. Durch diese kulturelle Vielfalt und quantitative Dichte heterogener Verständnisse und Expressionen bürgerlicher Normalität entsteht Unruhe, Ausdifferenzierung und eine Dynamik, die auch eine neue Aufstiegsmentalität erkennen lässt (nämlich bei den „Bürgerlichen Performern").

Es gab während und nach der weltweiten Finanz- und Wirtschaftskrise 2008/2009 eine ebenso symptomatische wie groteske Orientierung hin in Richtung Mitte: Seit der Phase erheblicher ökonomischer Unsicherheiten gewinnt für viele Menschen ausgerechnet jene Lebenswelt (heimlich oder subkutan) an Orientierung und gewinnt an Attraktivität, die noch bis vor wenigen Jahren als langweilig und spießbürgerlich stigmatisiert war. Heute sind in den Lebenswelten jenseits der „Bürgerlichen Mitte" die Lust zu ökonomischen Risiken, zu subkultureller Provokation und stilistischer Exzentrik gedämpft. Im intellektuell, gesellschaftspolitisch und ökologisch ambitionierten „Widerstandsmilieu" der „Postmateriellen", die sich stets als Gegenentwurf angepasster Bürgerlichkeit verstanden, aber vor allem im jungen, dynamischen Milieu der „Performer" hat „*Normal sein*" heute Wohlklang. Die heftigen Abwehrreflexe gegen „Bürgerlichkeit" sind verschwunden, bürgerliche Normalität ist für einen Teil erstrebenswert. Die Mitte als Gravitationszentrum – das ist nach drei Dekaden zentrifugaler Dynamik ein erheblicher Epochenwandel.

Die Diffusion von bürgerlichen Werten und Lebensauffassungen in andere (modernere) Schichten und Milieus ist dort verbunden mit einer machtvollen Neuinterpretation dessen, was „Mitte" ist. Wenn Teile der „Postmateriellen" und „Performer" sich selbst als Mitte begreifen, die Mitte neu entwerfen, und Mitte-sein dynamisch und selbstbewusst praktizieren, gerät der Kern der „Bürgerlichen Mitte" unter erhöhten Druck. Denn jene Milieus der „Postmateriellen" und „Performer" haben für sie Leitbildfunktion. Aufgrund der besseren Ausstattung an materiellem, sozialem und kulturellem Kapital haben sie ganz andere Möglichkeiten, in ihre eigene Bildung und die Bildung ihrer Kinder zu investieren. Und die „Bürgerliche Mitte" steht unter dem Druck, hier mitzuziehen. Das wiederum wirkt als Katalysator der Abgrenzung von Menschen am unteren Rand der Gesellschaft.

In einer ganzheitlichen Perspektive gehören *nicht* zur Mitte somit jene Menschen, Gruppen und Milieus, die an den soziodemografisch vertikalen Rändern („oben und unten") sowie an den soziokulturellen horizontalen Außenpositionen quasi an den traditionellen und postmodernen Rändern der Gesellschaft positioniert sind und somit eine ex-zentrische Positionalität (Plessner) darstellen. Folglich gehören im heutigen Gesamtgefüge nicht zur soziokulturellen Mitte:

- In demografisch-vertikaler Positionierung am oberen Rand der Gesellschaft die Submilieus: „Standesbewusste Repräsentanten" (im Basismilieu „Konservative"), „Technokratisch-Distinguierte" und „Arriviert-Kosmopolitische" (im Basismilieu „Etablierte"), „Individualistisch-Intellektuelle" (im Basismilieu „Postmaterielle"), „Liberale Performer" (im Basismilieu „Performer")
- In demografisch-vertikaler Positionierung am unteren Rand der Gesellschaft die Submilieus: „Zurückgezogene Traditionelle" (im Basismilieu „Traditionelle"), „Robuste Konsum-Materialisten" und „Defensiv-Prekäre" (im Basismilieu „Benachteiligte") sowie „Subkulturelle Hedonisten" (im Basismilieu „Hedonisten")
- In soziokulturell-horizontaler Positionierung im traditionellen Segment die Submilieus: „Traditionsverhaftete (im Basismilieu „Traditionelle")
- In soziokulturell-horizontaler Positionierung im sogenannten postmodernen Segment die Submilieus: „Kreative Avantgarde" und „Experimentalisten" (im Basismilieu „Expeditive"), die qua sozialer Identität und Lebensführung nicht zur Mitte der Gesellschaft gehören wollen und werden, sich in subkulturellen Nischen und Szenen einrichten und sich als Counterpart explizit in Abgrenzung zur Mitte definieren

Vor diesem Hintergrund können und müssen wir differenziert über „die Mitte" sprechen und damit die Dynamik der Gesellschaft erfassen. Denn „Konservative" und „Traditionsverwurzelte", die sich in ihrem Selbstverständnis im moralischen Fundament unserer Gesellschaft verorten, sind durch den Wertewandel heute ein schwindender Teil am Rand der Mitte. Auf der anderen Seite haben die historisch und biografisch jungen Milieus der „Postmateriellen", „Performer" und „Expeditiven" das Selbstverständnis, Antipoden und Überwinder der Mitte („gutbürgerlicher Mittelmäßigkeit") zu sein – und stellen doch aufgrund ihres quantitativen Wachstums immer mehr das dar, was Mainstream ist. Diese drei Milieus sind zugleich Katalysatoren des soziokulturellen Wandels, der Weiterentwicklung und Ausdifferenzierung – und sind für das große

Milieu der „Bürgerlichen Mitte" die Avantgarde, an der man sich einerseits orientiert und von der man sich andererseits mit dem Habitus modern-situierter Normalität abgrenzt. Nurmehr partiell bewundernd orientiert sich das Submilieu „Statusorientiertes Bürgertum" am über ihr gelagerten Milieu der „Etablierten" – doch zeigen „Etablierte" zunehmende Absetzbewegungen in Form von materieller, sozialer und kultureller Distinktion.

Vor diesem Hintergrund können folgende Submilieus als Kern der Mitte identifiziert werden:[19]

- Humanistisch Bildungsbürgerliche
- Junge Traditionsbewusste
- Statusorientiertes Bürgertum
- Modernes Harmoniemilieu
- Sozial-Ökologische
- Bürgerliche Performer
- Lifestyle-Hedonisten

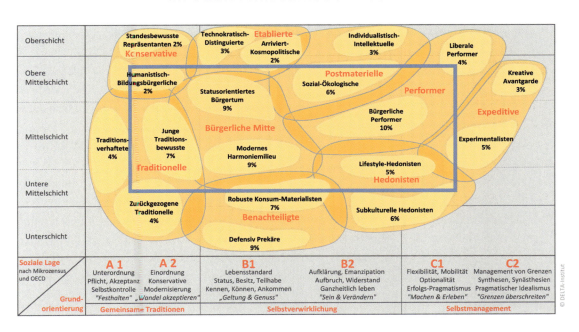

Die Mitte der Gesellschaft in Deutschland im DELTA-Milieumodell® 2011

---

19 Nach dieser Berechnung wären das in der Summe 48% der Bevölkerung ab 18 Jahren. Dieser Wert liegt um ca. 10 bis 12 Prozentpunkte unter dem Anteil der Einkommensmitte. Es ist plausibel, dass dieser demografisch-kulturell bestimmte Anteil der Mitte geringer ist, weil nicht nur ein monetäres „oben" und „unten" abgeschnitten ist, sondern auch kulturell „links" und „rechts" in Bezug auf die Grundorientierung.

3.2 Verstärktes Elitenbewusstsein und Abschottung der Oberschicht

Menschen mit sehr hohem Einkommen und Vermögen, beruflich in höchsten Führungspositionen, sozial gelagert in der Oberschicht, verstehen sich zunehmend selbstbewusst als Elite unserer Gesellschaft, welche die notwendigen und zukunftsweisenden Entscheidungen für ihr Unternehmen, ihren Verband, ihr Amt – und auch für die Gesellschaft insgesamt – klug, verantwortlich und weise trifft. Angesichts ihrer Stellung, ihrer Verantwortung und ihres Erfolgs sind sie überzeugt, dass sie ihre monetären Einkünfte selbstverständlich verdienen. Diese Menschen haben das Selbstbild, trotz ihres Erfolgs bodenständig geblieben zu sein. Bei allem Luxus, den man sich leisten und unprätentiös genießen könne, schätze man doch vor allem die einfachen Dinge des Lebens: ein gutes Gespräch mit vertrauten Freunden, Zeit haben, Spaziergang in der Natur, ein gutes einfaches Essen. Zugleich ziehen sie sich in soziale und kulturelle Enklaven zurück. Es ist eine Kultur exklusiver Selbst-Ghettoisierung entstanden. Sie sind im Alltag persönlich abgeschirmt und nahezu unsichtbar: „Man" begegnet ihnen nur als ausgesuchte Person in distinkten Kreisen bei exklusiven Gelegenheiten (höchst selten auf der Straße). Als Legitimation für die berufliche Abschirmung und den Rückzug in die private Enklave galten stets die gehobene Position, das knappe Zeitbudget, das Recht auf selbstbestimmte Privatsphäre.

Neu ist die Emanzipation von jeglicher Rechtfertigung gegenüber Menschen aus anderen Schichten und Milieus: Die Abschottung erfolgt nicht mehr nur in sozialer Hinsicht durch lebensweltliche Distanzierung, sondern zunehmend durch Verzicht auf Rechtfertigung. Damit einher geht die neue positive Bewertung des vormals diskreditierten Begriffs „Elite". Was in den 1980er und 1990er Jahren für arrogante Abgehobenheit stand, ist heute rehabilitiert, wird goutiert – und innerhalb der Oberschicht durch Markierung der Binnenhierarchien etabliert, ritualisiert und kultiviert.

In der Folge ist der Referenzrahmen von Elite und Leistungsgerechtigkeit immer weniger der nationale gesamtgesellschaftliche Kontext, sondern ein Benchmarking innerhalb der europäischen und globalen Wirtschaftselite. Das wird begleitet von einer einseitigen Aufkündigung von gesellschaftlicher Solidarität: Ein erheblicher Teil der Oberschicht reklamiert für sich Autonomie sowie Wahlfreiheit in Bezug auf die Reichweite und Art, Teil der Gesellschaft zu sein. Im Zuge dieser Loslösung vom „Rest" der Gesellschaft (von der „Masse") sind fast ausschließlich nur noch Menschen gleicher Ebene relevant und werden ernsthaft wahrgenommen. Die Mitte der Gesellschaft wie die Unterschicht werden zur abstraktiven Information. Das Selbstbild wird daher nicht mehr gespiegelt und geformt von der Mitte und Unterschicht der Gesellschaft (allenfalls als abstrakte Bewunderungs- oder Neidvermutung).

So wird im *inner circle* der elitären Oberschicht eine Steigerungskultur dominant, deren Folge eine Subdifferenzierung der ökonomischen, technologischen, politischen und auch hochkulturellen Elite ist. Wettbewerb in der Binnenschau ist der Katalysator weiterer Abschottung und setzt den Einzelnen unter Druck. Es dominieren gleichzeitig Stolz, Ehrgeiz und Angst, angesichts der immer schnelleren Dynamik der globalen Wettbewerbsgesellschaft möglicherweise schon übermorgen abgelöst zu werden, „zum alten Eisen" zu zählen und nicht mehr zu einer der neuen Eliten von morgen zu gehören.[20] Die Konzentration – jedes Einzelnen – gilt der Bündelung und Erweiterung des sozialen und kulturellen Kapitals: Netzwerke, neue Kompetenzen, Positionierung, Strategie. Eine Situation, die vom Einzelnen keineswegs als komfortabel, sondern – zusätzlich zum beruflichen Druck und zur Verantwortung – als erheblicher persönlicher Druck erlebt wird. Zugleich gibt es keine „Erlaubnis" und keinen sozialen Schutzraum, dies zu kommunizieren: Larmoyanz verbietet sich ebenso wie Schwungverlust: Ständig stark sein müssen ist Goldene Regel und Schicksal zugleich.

---

20 Vgl. Gushorst/Vogelsang 2006; Gabriel/Neuss/Rüther 2006.

3.3 Fatalismus und Immunisierung der Unterschicht

Der hierarchisch von oben nach unten gerichtete Erwartungsdruck vervielfältigt sich für die moderne Unterschicht. Neben Forderungen der herrschenden Führungskräfte und Organisationen aus Politik, Wirtschaft, Verwaltung und Wissenschaft kommen Erwartungen des traditionellen, modernen und postmodernen Mainstreams dazu. Das erzeugt vielfältige und oft gegensätzliche Erwartungen, die natürlich nicht abgestimmt und moderiert sind und die für die Betroffenen als ein massiver (mächtig wirkender) und kaum zu kalkulierender bitterer Cocktail erscheint. Vermittelt wird ihnen zum einen eine massive und pauschale Defizitdiagnose. Zum anderen werden sie zu Lösungswegen aufgefordert, gerade auf jenen Gebieten (Bildung, Motivation, Eigeninitiative), auf denen sie täglich erfahren, dass sie abgehängt sind und scheitern.

Die Mischung aus erfahrender soziokultureller Diskriminierung, kommunizierter Defizitperspektive sowie einem erheblichen Mangel an materiellen, sozialen und kulturellen Ressourcen führt bei vielen zu Resignation und Fatalismus. Es gibt wenig Selbstzutrauen, dass sich an der eigenen Lage etwas ändert: Jene Kräfte, die ihnen moralische Vorhaltungen und Verhaltensvorschriften machen, wollen eigentlich nicht, dass es ihnen wirklich besser geht. In dieser Situation des Überschusses paradoxer Komplexität gibt es eine bemerkenswerte Reaktion der Emanzipation von externen Erwartungen. In zunehmendem Maße werden Menschen am unteren Rande der Gesellschaft immun gegen Imperative aus der Mitte und aus öffentlichen Institutionen.

3.4 Digitalisierung und Re-Analogisierung

Ältere und bildungsferne Menschen werden durch die rasche Ausbreitung moderner Informations- und Kommunikationstechnologien verunsichert und überfordert. Wenn die nötige Informationskompetenz fehlt, gelingt es immer weniger, das eigene Leben in einer komplizierten und unübersichtlicher werdenden Welt selbstbestimmt zu gestalten. Die Folge ist eine digitale Spaltung der Gesellschaft, in der – trotz weiter steigender Internet-Raten – ganze Bevölkerungssegmente vom Modernisierungsprozess ausgeschlossen werden. Mehrheitlich (insbesondere in den gut ausgebildeten jüngeren Segmenten) befördert die Digitalisierung des Alltags aber neue Kompetenzen und Werte wie Autonomie, Flexibilität, interkulturelles Wissen, Polysensualität, Transparenz, die ganz neue wirtschaftliche und soziale Perspektiven eröffnen.

Vor allem die *digitalen sozialen Netzwerke* sind für einen erheblichen Teil der Bevölkerung zu einem normalen, notwendigen und unverzichtbaren Kommunikationsmedium geworden. Beispielsweise hat Facebook (gegründet 2004) nach eigenen Angaben weltweit mehr als 660 Millionen aktive Nutzer (Stand Mai 2011), von denen sich jeder zweite täglich einloggt: Wäre der Dienst ein Staat, so wäre er noch vor den USA der drittbevölkerungsreichste der Welt. In Deutschland hat Facebook ca. 18,5 Millionen Nutzer (Stand Mai 2011), mit etwa gleichem Anteil von Frauen und Männern. 83 % der deutschen Nutzer sind zwischen 18 und 65 Jahre alt; die stärksten Wachstumsraten verzeichnet diese Plattform bei den über 45-Jährigen. In jüngeren Alterskohorten ist das Symptom typisch, in mehreren digitalen sozialen Netzwerken gleichzeitig angemeldet und aktiv zu sein. Begeisterte Anhänger von Facebook, Twitter, StudiVZ, SchülerVZ, Lokalisten.de, MySpace.com, Wer-kennt-wen.de u. a. bezeichnen diese als „soziale Netzwerke": Dieser Sprachcode illustriert die Implementierung solcher Kommunikationsformen in den Alltag, weil nicht mehr zwischen digitalen und lebensweltlichen Netzwerken unterschieden wird. Zugleich verschieben sich durch die Form des Mediums auch Bedeutungen von Sozialformen (und diese begründende Werte). So hat der Begriff „Freundschaft" via Facebook etwas andere Bedeutungen als in natürlichen, rein „analogen" Lebensweltkontexten; zumal die Art und Weise, wie Freundschaften in digitalen sozialen Netzwerken begonnen, vergewissert oder beendet werden, binär codiert sind.

Verweigerung der Über-Digitalisierung des Alltags: Re-Analogisierung

Einige aus den gehobenen Milieus, vor allem Postmaterielle, zeigen individuellen Widerstand gegen die zunehmende Beschleunigung und Flüchtigkeit von Sozialbeziehungen, von Handlungen und ihren Wirkungen. Beruflich nutzen sie selbstverständlich die digitalen Kommunikationsmedien – aber sie ziehen zunehmend selbst die Grenzen, schalten Geräte nach der Arbeitszeit sowie am Wochenende bewusst ab, um nicht permanent erreichbar zu sein und nicht reagieren zu müssen: Es geht um Autonomie und Zeitsouveränität, aber auch um mentale Offenheit für andere Reize und Themen.

Manifestation und Katalysator dieser Tendenz identifizieren sie vor allem im Internet (Chats, Foren, digitale Netzwerke). So setzen sie sich selbst das *Projekt der Widerständigkeit* gegen die zunehmende Digitalisierung ihres Alltags, die ihnen letztlich als Räuber von Zeit und Autonomie erscheint. Man will – gegen die betörende Faszination der Ästhetik, der Leistungsfähigkeit und auch der Nützlichkeit digitaler Geräte (z. B. Blackberry, iPhone, iPads) – sich von der Informations- und Kommunikationstechnologie (hinter der eine global orientierte Fabrikation nach Maßgabe der Gewinnmaximierung steht) nicht länger verführen, kontrollieren und steuern lassen. Das eigene Leben soll nicht länger durch Daten im Internet (Facebook, Google Street View) digital erfasst, dem eigenen Wissen und Zugriff entzogen sein (gerade weil die Verwertungs- und Verfügungsrechte nicht beim Individuum, sondern bei jenen Unternehmen liegen). Man will weder, dass Unternehmen aufgrund verfügbarer und intelligent verknüpfter Daten Persönlichkeitsprofile für das Marketing erstellen, noch für Unbekannte auf Straßen jederzeit (durch Gesichtsscan) erkennbar sein.

Stattdessen motiviert das Bestreben, dem eigenen Alltag *einen ganzheitlichen Rahmen* zu geben, sich dem Diktat moderner Informations- und Kommunikationstechnologien bewusst auszusetzen *und* zu entziehen (soweit es praktischerweise und vernünftig geht). Wenn das Mobiltelefon für viele Menschen die Rolle eines Concierge übernommen hat, eines Dieners in allen Lebenslagen, wenn es wie ausgelagerte Teile ihres Gehirns genutzt wird, dann ist es, als wenn sie ein zweites Ich mit sich herumtragen (müssen), um im Alltag zurechtzukommen. Wie „vollwertig" und handlungsfähig ist man ohne dieses Gerät mit all seinen Informationen und Zugängen? Hier stellen sich vor allem Postmaterielle die Frage, ob das Handy wirklich nur dazu *dient*, die alltäglichen Belange überhaupt oder effizienter zu organisieren, oder ob der/die Einzelne durch die Logik solcher Geräte organisiert und fremdbestimmt wird – und in seinem Denken determiniert und manipuliert. Hier kehrt sich – so der Verdacht – zwischen Mensch und Gerät die Dialektik von Herr und Knecht um!

In Bezug auf die Milieulandschaft ist in diesem Zusammenhang bedeutsam, dass die Milieus in ihrer eigenen Logik bestimmen, inwieweit Digitalität für sie Funktion ist und inwieweit Lebensstilemblem. Dabei ist entscheidend zu sehen, dass Funktion und Lifestylesymbol nicht zwei Pole einer Skala sind, sondern zwei eigenständige Dimensionen. Und die Milieus unterscheiden, für welche Gelegenheiten und Sphären (privat, beruflich) sie diese Funktionalität bzw. dieses Lifestylesymbol einsetzen.

3.5 Ästhetisierung des Alltags – Umschlagen in selektive Anästhetisierung

Die Alltagswirklichkeiten der Menschen sind in der modernen Welt vor allem ästhetisch verfasst – in der fortgeschrittenen Moderne mit immer stärkerer Kraft. Ästhetisierung der Lebenswelt meint nicht, dass über allem der hochkulturelle Anspruch des Schönen läge, sondern dass Lebensweisen, Sozialbeziehungen und Sinnkonstruktionen heute im Horizont der sinnlichen Wahrnehmung mit Versatzstücken der medialen Fabrikation stattfinden; dass Botschaften ästhetisch inszeniert werden müssen, um überhaupt wahrgenommen zu werden, als relevant und attraktiv gelten: Zielgruppenspezifische Ästhetik ist nicht nur eine notwendige, sondern eine in zunehmendem Maß ausreichende Form von Information und Kommunikation.

In der letzten Dekade des ausgehenden zwanzigsten Jahrhunderts hieß die an Baudrillard[21] anschließende Diagnose der Milieuforscher Flaig/Meyer/Ueltzhöffer „Visualität wird zum Charakter der sozialen Welt und gleichzeitig zum beherrschenden Medium ihrer Deutung. Die Sinneswahrnehmung der bildlichen Repräsentation wird zur Sinnwahrnehmung der Welt. Die Sinnlichkeit der produzierten Bildeindrücke beansprucht in der sozialen Welt immer mehr den Rang ihres letzten Sinnes."[22] Die Tendenz zum inszenierten Bilderkreislauf ohne festen Boden verschafft den Bildern eine hochgradig soziale Eigenrationalität.[23] Dabei verdrängt der Stil der visuellen Eindrücklichkeit die diskursive Erfahrung der sozialen Welt, die rationale Verständigung und den kritischen Diskurs aus dem Kernbereich der sozialen Welterfahrung.[24] Die Dominanz des Bildes bedeutet die Vorherrschaft der Logik der Bildunterhaltung über diejenige des verbalen Dialogs und der semantischen Rationalität. An deren Stelle tritt eine ästhetische Rationalität.

Das Bild *ist* die Botschaft. Das lässt Sprache nicht unberührt: „Sprache wird verkürzt und verformt, als wenn sie sich selber an den herrschenden Stil kontextloser, eindrücklicher Bildlichkeit anpassen müsste, um in einer sozialen Welt überleben zu können."[25] Die Logik der bilddominanten Information und Unterhaltung entwickelt sich zunehmend zur Logik von Welterfahrung überhaupt. Eine Folge ist, dass die Urheberschaft der willentlich produzierten Weltbilder unsichtbar wird. Der Urheber bleibt (abgesehen von Starfotografen) anonym. An die Stelle von Urheberschaft mit dem Sinn der Möglichkeit von persönlich identifizierbarer Verantwortung und Rechtfertigung treten Verwertungsrechte an Bildern, die meist in den Händen von Organisationen liegen. Eine zweite Folge ist, dass es mit der Ästhetisierung von Kommunikation kaum mehr eine Trennung gibt zwischen deskriptiver Weltwahrnehmung und normativer Botschaft. Es bedarf der wissenschaftlichen Expertise, die ihrerseits strittig ist, um Beschreibung und Norm zu trennen. Damit werden Bilder zu einem hochgradig pro-

---

21 Vgl. Baudrillard 1978.
22 Flaig/Meyer/Ueltzhöffer u. a. 1993, S. 12.
23 Baudrillard spricht in diesem Zusammenhang von der „Prozession der Simulakra".
24 Vgl. Postman 1985; Bolz 1990.
25 Flaig/Meyer//Ueltzhöffer u. a. 1993, S. 13.

fessionell produzierten Instrument der Zielgruppenansprache – und sind zugleich der öffentlichen Rechtfertigung und Kontrolle entzogen.[26] Rechtfertigen müssen sich allenfalls die Zuständigen gegenüber ihrem Arbeitgeber, warum eine Werbung nicht funktioniert hat. Eine dritte Folge ist, dass Kritik absurd wird und wirkt,[27] dass sie gehalten ist, sich auf das Terrain der künstlerischen Machart zu beschränken oder die Grenzen des guten Geschmacks zu ziehen. An die Stelle inhaltlicher Kritik tritt die subjektivistische Positionierung des persönlichen Geschmacks („Ich finde ..."). Worte und Sätze stehen per se im Horizont der Rechtfertigung; einmal ausgesprochen, ist der Inhalt fragwürdig, der kritischen Auseinandersetzung ausgesetzt, der Dialog eröffnet und das Ende abhängig von Machtpositionen der Kommunizierenden und den Argumenten. Wer argumentiert, setzt den Zweifel voraus und muss sich auf ihn einlassen. Dagegen ist das Bild als Abbild seine eigene fraglose Beglaubigung, ein Stück realster Realität selbst. Wer Bilder zeigt, kann auf die Gewissheit des Augenscheins vertrauen, Realität ohne Mittlerdienste fremder Urheberschaft zu erfahren.

Vor allem Milieus mit kulturkritischer Identität nehmen trotz der großen Faszination, die die künstlerische und kommunikative Kraft der Bilder ausübt, seit einigen Jahren die quantitative Dominanz und suggestive Kraft der Bilder mit wachsendem Unbehagen wahr, wollen sich von ihnen nicht überwältigen, führen und verführen lassen. Menschen aus diesen Milieus sind einerseits sehr interessiert an (für sie) schöner Ästhetik, andererseits haben sie den Eindruck, dass ästhetische Kommunikation als Normalfall in professioneller Fabrikation entsteht und verbreitet wird – teils als banal-vulgäres Massenprodukt, teils als zielgruppenspezifisch designtes High-end-Kunstwerk. Ihre eigentliche Kritik ist nicht die ästhetische Entwicklung und Kommunikation von Botschaften, sondern die omnipräsente Flut der Bilder mit nur wenigen Sphären, die nicht ästhetisch durchgestylt sind, so dass der Einzelne in der Überfülle ästhetischer, komplex komponierter und kaum mehr zu dechiffrierender Reize zu ertrinken droht und ihnen ohnmächtig ausgeliefert ist. Sie schärfen bewusst ihre kritische Wahrnehmung für die vorbewussten und latenten Wirkungen von auditiven und visuellen Reizen, deren situationsstrukturierende und die Wahrnehmung und Orientierung des Einzelnen präjudizierenden Effekte. Groß bleibt ihre Sympathie für multisensorische Wahrnehmungen und Expressionen – aber sie wollen Wissen und Kontrolle in Bezug auf direkte und indirekte Wirkungen. Es geht ihnen um *Verantwortung* der Produzenten und um *Autonomie* der Rezipienten der Bilder(welten). Ausgeprägt ist ihre Sensibilität für die ambivalenten Wirkungen der Bilder auf Menschen, die Lebenswelten und Selbstkonzepte. Dies wird gestützt durch die Modernitätsdiagnose dieser Milieus, dass das Leben des Einzelnen in der Spät- oder Postmoderne immer mehr fragmentiert wird. Sie formulieren dies vor dem Hintergrund ihrer Vision vom ganzheitlichen Leben und sind bemüht, ihren durch Beschleunigung, Flexibilisierung, Mobilisierung und Professionalisierung (in Beruf, Familie, Erziehung, Freizeit) zerklüfteten Alltag zu defragmentieren mit dem Ziel einer selbstbestimmten, konsistenten Lebensführung.

---

26 Instanzen zur Beratung und Branchenkontrolle, wie der „Rat für Formgebung" (gegründet bereits 1953 auf Initiative des Deutschen Bundestages) sind eine Bestätigung und Folge dieses Befunds.
27 Oft selbst ihrer eigenen Rechtfertigung bedarf und unter dem Risiko der moralischen Lächerlichkeit steht.

Hier werten sie die visuellen Medien und die zunehmende Ästhetisierung des Alltags als mächtigen dysfunktionalen Faktor, dem sie ihre individuelle Selektion ästhetischer Reize entgegensetzen mit den Maximen: Sich medialen Reizen bewusst entziehen; die Semantik vor die Form stellen. In diesem Bereich verstehen sie sich selbst als Counter-Culture.

Diese empirisch gemessene Orientierung lässt sich in Beziehung setzen zur kulturphilosophischen These von Wolfgang Welsch: Die Folge und Kehrseite eines Zuviel an Ästhetik ist die Anästhetik (Reizreduktion). In der Ästhetik werden Empfinden und Empfindungsfähigkeiten gestärkt. Die Anästhetik bewirkt eine Empfindungslosigkeit auf allen Ebenen; es kommt zu Verlust und Unterbindung der Sensibilität, quasi zu geistiger Blindheit und physischer Stumpfheit.[28] „Je mehr Ästhetik, desto mehr Anästhetik."[29] Die Folge einer immensen Ästhetisierung kann ein Umschlagen in eine Anästhetisierung sein. Die Inszenierung wirkt durch die Unaufhörlichkeit und Penetranz plötzlich fad und eintönig. „Wo alles schön wird, ist nichts mehr schön. Dauererregungen führen zu Abstumpfungen."[30] Durch die mediale Bilderflut werden die Menschen zunehmend kontakt- und gefühlloser gegenüber der eigentlichen Wirklichkeit. Dies kann als Anästhetisierung gegenüber der Realität verstanden und zu einem Strukturmerkmal der Lebenswelt werden.[31]

Ob es diese Anästhetisierung in allen Milieus gibt, kann durch quantitative standardisierte Befragungen nicht festgestellt werden; aber ethnomethodologische Studien zeigen, dass es in jenen Milieus, die für starke, intensive, krude Reize besonders empfänglich sind (Hedonisten, Experimentalisten, Benachteiligte), Phasen einer Anästhetisierung gibt, die in der Selbstbetrachtung aber oft als Langeweile, Leere und Defizit wahrgenommen werden.[32] Anästhetisierungen zeigen sich in reflektierter Form vor allem im Milieu der Postmateriellen, aber auch bei Konservativen und Etablierten. Doch während Welsch aus einer philosophischen Warte normativ forderte, der Mensch solle in Kenntnis des möglichen Umschlagens der Ästhetisierung in Anästhetisierung sensibilisiert werden und auf diese Prozesse kritisch reagieren,[33] um die Empfindungsfähigkeit zu bewahren, suchen die Menschen in postmateriellen, konservativen und etablierten Milieus bewusst die *relative Anästhetisierung*, um wahrnehmungsfähig zu bleiben.[34]

---

28 Vgl. Welsch 1990, S. 10f.
29 Welsch 1990, S. 16.
30 Welsch 1996, S. 208.
31 Vgl. Welsch 1990, S. 13–16.
32 Dabei lassen sich zumindest drei Ursachen von Anästhetisierung unterscheiden: 1.) Die durch überbordende Reizüberflutung einsetzende „Taubheit" als Schutzreaktion der Sinnesorgane (Hedonisten, Konsum-Materialisten); 2.) Die durch mangelnde Fähigkeit zur Komplexitätsverarbeitung überforderten Menschen in einer pulsierenden Informations- und Bildergesellschaft (Traditionelle): kulturelle Schutzbarriere; 3.) Die aktive Selektion bestimmter Reize als Bedingung der Möglichkeit zur bewussten und autonomen Lebensführung (gehobene Leitmilieus, v. a. Konservative, Etablierte, Postmaterielle).
33 Zur Illustration verweist Welsch auf die Medizin: Die Anästhetik meint besonders die Anästhesie, das Ausschalten der Empfindungsfähigkeit des Realen. Die Anästhesie schaltet die Empfindungsfähigkeit aus und somit auch die erkenntnishafte Wahrnehmung der Person.
34 Welsch 1990, S. 64.

Welsch gibt selbst auch Hinweise in diese Richtung: „Anästhetik ist oftmals notwendig, um bedrohliche und eindringliche Wahrnehmungen zum Selbstschutz ignorieren zu können. Das Wegsehen dient der Ermöglichung der Selbsterhaltung. In manchen Situationen sind Wahrnehmungsverweigerungen ein Überlebensschutz vor ästhetischer Unerträglichkeit." Was Welsch als *situative Reaktion* bewertet, ist in weiten Teilen der postmateriellen, konservativen und etablierten Milieus ein *konstitutives Element der lebensweltlichen Orientierung* geworden.

4 Die Milieulandschaft 2011: DELTA-Milieus®

4.1 Methodologischer Hintergrund: Theorien, Konzept, Daten

Mit repräsentativen Befragungsdaten der Bevölkerung ab 18 Jahren wurde vom DELTA-Institut im Jahr 2011 das Gesellschaftsmodell der sozialen Milieus entwickelt (im Folgenden DELTA-Milieus®)[35]. Datengrundlage sind zum einen Primär- und Reanalysen von ca. 350 narrativen Einzelinterviews, 40 mehrstündige Kreativgruppenwerkstätten sowie etwa 20 000 Repräsentativinterviews in mehreren unabhängigen geschichteten Zufallsstichproben;[36] zum anderen Sekundäranalysen veröffentlichter Studien zu sozialen Milieus. Die Daten wurden gemäß den soziodemografischen Verteilungen von Mikrozensus und OECD gewichtet, daraufhin wurden die Positionen der sozialen Milieus im sozialen Raum, insbesondere ihre Ausdehnungen und Relationen zueinander, ermittelt und modelliert.

Themen der sozialwissenschaftlichen Studien waren: Beruf und Freizeit, Einstellung zu Bildung und Wissen; politische Bildung; Lesen – Bücher – Internet – E-Books; Kinder- und Jugendbücher; Ästhetik von Buchläden; Partnerschaft, Ehe und Familie; Erziehungsziele und Erziehungsstile; Selbstverständnis und Befindlichkeiten von Eltern; geschlechtsspezifische Rollenbilder und Rollenverhalten; Gleichstellung; Frauen und Männer in Führungspositionen; Entgeltungleichheit; Diskriminierung im Alltag; Umweltbewusstsein und Umweltverhalten; Ernährung; Einstellung zu Bioprodukten und Bio-Kaufverhalten; Biodiversität; Gesundheitsbewusstsein und Gesundheitsverhalten; Menschen am Rande der Gesellschaft; Armut; Reichtum und Luxus; Neue (ubiquitäre und persuasive) Informations- und Kommunikationstechnologien; Einstellungen zum Wald und zur nachhaltigen Waldwirtschaft; Naturbewusstsein; Konzeptionen von Gerechtigkeit im Alltag; Zukunftsfähige Sozial- und Wirtschaftsmodelle. Dieses breite Spektrum der Themen und die Tatsache, dass das Erkenntnisinteresse nicht auf „Verkauf von Produkten" fokussiert war, sondern alle gesellschaftlichen Segmente (auch für das Marketing relativ unattraktive Bereiche der Gesellschaft: Traditionelle und Unterschicht) systematisch und wertfrei[37] in den Blick nimmt, begründet seinen Stellenwert als „Gesellschaftsmodell" und gewährleistet eine ganzheitliche, alltagsnahe Differenzierung.

---

[35] „DELTA-Milieus" ist ein geschützter Begriff, eingetragen beim Deutschen Patent- und Markenamt. Verwendungen dieses Namens bedürfen unbedingt der schriftlichen Einwilligung des DELTA-Instituts.

[36] Dies sind zum einen Daten aus Untersuchungen des DELTA-Instituts und der Katholischen Stiftungsfachhochschule München, Abteilung Benediktbeuern (KSFH); zum anderen öffentlich zugängliche Daten verschiedener Studien, erhältlich über „GESIS – Leibniz-Institut für Sozialwissenschaften" (z. B. ALLBUS 2006, 2008; European Values Study 2008: Germany u. a.).

[37] Wertfrei meint hier nicht nur wissenschaftliche Objektivität bei der Generierung der Befunde, sondern auch Vermeidung von Präjudizierungen, Rankings und Klassifikationen der Milieus als attraktive Zielgruppe.

Methodologische Grundlage ist zum einen die Grounded Theory (Glaser/Strauss) sowie die Triangulation (Denzin 1970; Flick 2004). *Konzeptionell* steht das DELTA-Milieumodell nicht im Dienst einer exklusiven Theorie, sondern integriert Theorien und Paradigmen der Soziologie, Psychologie, Semiotik, Kunstästhetik und Ökonomie. Damit ist das DELTA-Milieumodell theoriegeleitet und theorieoffen. Diese theoretische und empirische Multireferenzialität ist erkenntnistheoretisch instruktiv, weil sie vielfältige Perspektiven auf den Gegenstand Gesellschaft eröffnet und weil damit nicht nur „blinde Flecken", die jede Theorie hat, sichtbar werden, sondern insgesamt eine dichte und ganzheitliche Beschreibung entsteht. Das impliziert eine prinzipielle Unabgeschlossenheit im Sinne von Offenheit für weitere theoretische Bezüge und andere wissenschaftliche Disziplinen.[38] Für das DELTA-Milieumodell haben besondere Relevanz: 1.) Phänomenologie und Ethnomethodologie (Husserl, Schütz, Luckmann, Garfinkel); 2.) Lebensstil-Analysen (Simmel, Weber, Lüdtke, Müller); 3.) Wertorientierung und Wertewandel (Inglehart, Klages); 4.) Subkultur und neuere Klassentheorien (Bourdieu, Vester); 5.) Semiologie (Barthes, Eco, Hawkes); 6.) Funktionalismus und Systemtheorie (Parsons, Luhmann).

In der Modellbildung distanziert sich das DELTA-Institut von Ansätzen einer kulturalistischen oder subjektivistischen Verengung, die die soziale Lage (also die materiellen Ressourcen) vernachlässigt oder gering achtet und die primär nach Einstellungen modelliert (typisch für Einstellungs-Typologien). In der Milieutheorie gibt es drei Dimensionen, die für ein Milieu konstitutiv sind und von denen keines vernachlässigt oder durch ein anderes substituiert werden kann:

1.) Werte (subjektive Einstellungen: Kognitionen, Orientierungen, Interessen, ästhetische Urteile und Präferenzen);
2.) Lebensstil (Verhalten und Handeln; Gewohnheiten, Routinen, Rituale);
3.) Soziale Lage (objektive materielle und sozialräumliche Lage: Einkommen, Bildung, Beruf, Wohn-/Arbeitsumfeld).

Grundlage des DELTA-Instituts ist die Annahme, dass die soziale Lage auch in fortgeschrittenen modernen oder „postmodernen" Gesellschaften eine wesentliche Voraussetzung und Einflussgröße für Orientierungen und Verhalten von Frauen und Männern ist. Insofern bedarf die „Achse" der sozialen Schichtung einer besonderen Aufmerksamkeit. In der soziologischen Schichtungstheorie und -forschung werden drei Kerndimensionen der sozialen Schichtung bestimmt: Bildung, Haushaltsnettoeinkommen (Äquivalenzeinkommen, das die Zahl der Haushaltsmitglieder mit berücksichtigt) und berufliche Position. Der Vorteil des Milieumodells im Unterschied zum Schichtungsmodell: Es belegt empirisch, dass ...

- ... innerhalb einer Schicht verschiedene Milieus existieren mit einem breiten Spektrum von verschiedenen Orientierungen und Verhaltensweisen. Das ist relevant für die thematische

---

38 Hradil (1992, 2006) gibt einen Überblick über die begriffliche Entwicklung des Milieubegriffs von den soziologischen Klassikern bis in die 80er Jahre sowie zur Unterscheidung von „Milieu", „Subkultur" und „Lebensstil". Vgl. auch Müller 1992; Klocke 1993; Ebertz 2006.

und mediale Erreichbarkeit der Menschen in der politischen, ökonomischen, rechtlichen, pädagogischen, religiösen u. a. Kommunikation

- ... soziale Milieus teilweise schichtenübergreifend sind. Das beruht auf dem Kernbefund der Individualisierungstheorie[39] von der sozialen Aufstiegs- und Abstiegsmobilität. Diese ist – abgesehen von biografischen Einbrüchen – aber keineswegs grenzenlos (das würde die Schichtungsdimension nivellieren), sondern bewegt sich innerhalb eines Korridors. Das hat zur Konsequenz, dass Milieus im Raum eine klare Lagerung haben,[40] aber teilweise in über- und untergeordnete Schichten hineinreichen (sich aber nicht von der Oberschicht bis zur Unterschicht erstrecken). Dies ist ein empirischer Befund und gilt als ein wesentlicher Grund dafür, dass wir nicht (mehr) in einer hermetischen Klassengesellschaft leben, sondern dass soziale Milieus Ausdruck einer perforierten Klassenstruktur sind (vgl. Bourdieu, Vester, Hradil)

Mit dem Milieumodell werden einerseits Formen der Abgrenzung und Distinktion der Milieus präziser erfasst, und zwar (a) innerhalb einer Schicht sowie (b) der höher gelagerten Schichten gegenüber darunter gelagerten Schichten. Andererseits haben einzelne gehobene Milieus eine Leitbildfunktion für bestimmte darunter gelagerte Milieus, so dass Prozesse und Richtungen der Diffusion (Adaption und Imitation) von Einstellungen und Verhaltensmustern identifiziert und daraufhin Programme und Maßnahmen initiiert und gesteuert werden können (z. B.: Avantgarde, Multiplikatoren, Late Adopters; Widerstandsmilieus u. a.).

Eine weitere, ausführliche Beschreibung der Methodologie der DELTA-Milieuforschung findet sich in diesem Buch in Kapitel 8.1: „Forschungsprogramm zum soziokulturellen Wandel".

---

39 Z. B. Beck 1983.
40 Vgl. Mannheim 1964.

4.2 Grafische Modellierung

Das Gesellschaftsmodell der DELTA-Milieus® ist für die grafische Visualisierung ähnlich aufgebaut wie die Milieumodelle der Institute Sinus, Sigma oder Sociodimensions. Es positioniert die sozialen Milieus in einem zweidimensionalen Raum, der durch zwei Achsen aufgespannt ist: 1.) Die vertikale Achse der sozialen Lage (klassisches Schichtungskonzept). Die Merkmale Bildung, Einkommen und Berufsposition werden verdichtet zu einer Dimension, die differenziert wird in Unterschicht, Mittelschicht und Oberschicht (jeweils mit Unterdifferenzierungen). 2.) Die horizontale Achse der Grundorientierung, in der unterschiedliche Modernitätsverständnisse und Alltagskulturen von Modernität erfasst werden (und die sich manifestieren in je eigenen Wertearchitekturen und Lebensstilen). Diese Achse gliedert sich in drei große Abschnitte:

- *Gemeinsame Traditionen:* Im weltanschaulichen und moralischen Zentrum steht, was die Gemeinschaft und Gesellschaft zusammenhält. Unbedingte Pflicht des Einzelnen ist es, sich einzufügen und anzupassen. Keimzelle einer richtigen, funktionierenden, guten Gesellschaft ist die (heile, harmonische) Familie. Hier hat jeder seinen Platz, seinen Schutzraum und seine Pflichten – ist geborgen und gefordert. Auch außerhalb der Familie muss jeder einen Platz haben (das ist die Verantwortung des Gemeinwesens) und seinen Beitrag leisten. Das Gefüge steht fest und ist dem Einzelnen vorgegeben. Ordnung bedeutet Sicherheit und Sinn. Menschen mit dieser Grundorientierung haben eine *komplementäre* Vorstellung von Ehe (und Familie): Mann und Frau haben unterschiedliche (teilweise von Natur festgelegte) Fähigkeiten, die sich ergänzen und arbeitsteilig je andere Aufgaben und Rollen in Familie und Gesellschaft verlangen. „Natürlich" ist daher die traditionelle Rollenteilung (Haupternährermodell); Gleichstellung von Frau und Mann in allen Belangen und Bereichen wäre „widernatürlich" (und hat vielfältige negative Nebenfolgen). Dominant ist die Vorstellung, dass wir *alle* in *einer* Gesellschaft leben (bzw.: wollen, sollen). Moralische Maximen sind *Maßhalten* und *Einsatz für das Gemeinsame* – vor diesem Hintergrund bestehen große Sorgen, was an den modernen Rändern der Gesellschaft (unten wie oben) geschieht. Das paradigmatische Selbstkonzept ist *Selbstkontrolle*
- *Selbstverwirklichung:* Keimzelle einer richtigen und guten Gesellschaft ist das von überkommenen Strukturen und Moralvorstellungen befreite (aufgeklärte, emanzipierte) Individuum. Bedürfnisse des Einzelnen sind per se zu respektieren. Selbstentwicklung und Selbstbestimmung des Individuums sind kollektiven Interessen und Erwartungen nicht untergeordnet, sondern sind genuin menschlich und haben legitimen Anspruch auf Anerkennung und Förderung. Das paradigmatische Selbstkonzept ist Selbstverwirklichung. Primäre Referenz ist das Individuum mit seinen Ansprüchen, Bedürfnissen und Arten zu leben. Ein Teil dieser Milieus hat hier eine eher materialistisch geprägte Wertearchitektur, ein anderer Teil dieser Milieus eine eher postmaterielle Wertearchitektur
- *Selbstmanagement:* In eklektizistischer Pragmatik greifen hier gelagerte Milieus auf verschiedene Werte, Stile und Bedeutungen zu, die in den verschiedenen Etappen der Nachkriegsgeschichte gesellschaftlich virulent wurden und verknüpfen (scheinbar) Gegensätz-

liches zu neuen Mustern, Orientierungen, Perspektiven. Bewusst emanzipiert und frei von eineindeutigen Identitätsentwürfen und den weltanschaulichen (politischen, moralischen, stilistischen) Grabenkämpfen „älterer" Milieus (und auch im Habitus der Überlegenheit etablierter und postmaterieller Milieus) kombinieren sie virtuos, ohne Anspruch auf *endgültige* Wahrheit (nach dem Wahrheitsverständnis von Milieus in der A- und B-Achse), wohl aber mit Anspruch auf eine Wahrheit, die momenthaft und im praktischen Tun kristallin wird und sich zeigt. Menschen in diesen Milieus ist bewusst, dass sie nicht die logische Eineindeutigkeit der Milieus nach der Logik „Gemeinsame Traditionen" und „Selbstverwirklichung" teilen, dass aber diese sich in der Moderne entstandenen Lebensauffassungen und Lebensweisen notwendige Voraussetzungen und Übergangsstadien waren, damit ihre eigene Welt- und Sinnperspektive überhaupt möglich wurde. Insofern kann dieser neue Abschnitt der soziokulturellen Orientierung als dialektische Synthese der vorher bestehenden antipodischen Grundorientierungen (traditionelle Einbindung versus individuelle Freisetzung) begriffen werden. Sie überwinden diese Gräben und heben sie im dreifachen Sinne auf.[41] So haben diese Milieus kein Problem damit, konservative Werte und traditionelle Stilelemente mit postmateriellen und hedonistischen zu verknüpfen und in einen individuellen Bedeutungs- und Funktionszusammenhang zu stellen. Aber dieses Management ist mehr als nur stilistisches Verknüpfen nach subjektiv-individueller Maßgabe, sondern hat den Anspruch von Konstitutivität und Intersubjektivität.[42] Das ist aus ihrer Sicht die Grundlage ihrer moralischen, rationalen und sozialen Legitimation. Allerdings gibt es zwei einschränkende Präzisierungen: 1.) Die Lebenslogik dieser Milieus hat *keinen gesamtgesellschaftlichen Legitimationsanspruch* mehr. Sie hat auch nationalstaatliche und administrative Grenzen längst perforiert, überwunden und relativiert, weil aufgrund der kulturellen Fragmentierung der Gesellschaft und ihrer multiplen Sinninstanzen ein gemeinsamer, verbindender Legitimationshorizont nicht gesehen oder anerkannt wird. 2.) Diese Lebenswelten haben einen anderen *Wahrheitsbegriff*. Das Wahre ist nicht einfach da und zugänglich, sondern muss von den Einzelnen erspürt, provoziert, erkundet werden – und lässt sich nicht auf eine Formel bringen. Wahrheit ist keine Konserve, sie lässt sich ihrer nicht habhaft werden und ist von Einzelnen und Gruppen nicht „besitzbar"[43], sondern entzieht sich dem Zugriff, entgleitet immer wieder, was erfordert, sich immer wieder auf die Expedition zu machen. Dazu muss man die behagliche Normalität verlassen und aus ihrem Alltagsrahmen heraustreten (daher der Name dieses Milieus, „Expeditive"). So sehen sich Individuen und

---

41 Das Wort Aufheben ist hier in Anlehnung an die Dialektik Hegels zu verstehen: 1.) Aufheben im Sinne von „Beseitigen"; 2.) Aufheben im Sinne von „Bewahren"; 3.) Aufheben im Sinne von „Hinaufheben". Bei der Beurteilung eines Menschen, eines Dinges oder eines Ereignisses schlagen wir oft von einem Extrem ins andere, um dann am Ende zu einer „goldenen Mitte" zu finden, die aber mehr ist als einfach nur ein Kompromiss zwischen den anfänglichen Extrempositionen. These und Antithese werden „aufgehoben". Es entsteht die Synthese.

42 Daran wird deutlich, dass diese Milieus nicht durch einen radikalen Subjektivismus gekennzeichnet sind – ein häufiges Missverständnis, das aber primär aus der Alltagslogik von Milieus im Achsenabschnitt „Selbstverwirklichung" kommt, die die neue dialektische Synthese nicht verstehen können (bzw. wollen) und diese neuen Lebenswelten oft nur – verkürzt und einseitig – als Radikalisierung von Selbstverwirklichung begreifen.

43 Dies ist durchaus ein Schutzfaktor vor konventionellen Ideologien.

Gruppierungen in diesem oszillierenden Ich-Welt-Bezug gezwungen, sich zu positionieren und dauerhaft zu manövrieren – wobei die Risiken nahezu vollständig vom Individuum gemanagt und im „Schadensfall" getragen werden müssen. Das paradigmatische Selbstkonzept ist Selbstmanagement

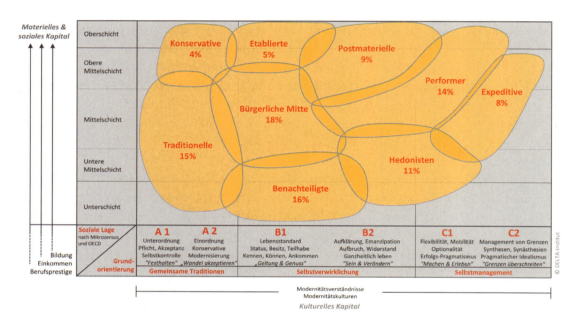

Die Grafik veranschaulicht die soziale Lagerung der Milieus in der deutschen Gesellschaft nach sozialer Schichtung und Grundorientierung: Je höher ein Milieu in dieser Grafik angesiedelt ist, desto gehobener sind Bildung, Einkommen und Berufsgruppe; je weiter es sich nach rechts erstreckt, desto moderner ist die Grundorientierung. Im Vergleich zur bisherigen Milieu-Landkarte wird deutlich, dass die Achse der Grundorientierung entsprechend den realen historischen und soziokulturellen Veränderungen im Zuge der Modernisierung weiter ausdifferenziert wurde. Dieses führt zu dem, was mit Ernst Bloch[44] als *Gleichzeitigkeit des Ungleichzeitigen* bezeichnet werden kann: das Nebeneinander von soziokulturellen Orientierungen und Lebensstilen, die in verschiedenen Etappen der Nachkriegsgeschichte in Deutschland entstanden sind und wirkmächtig wurden, die *neben* (und nicht anstelle) bestehende Muster rückten, Konkurrenz zu diesen bildeten, die schon bestehende Vielfalt weiter erhöhten, aber auch die Komplexität der Orientierungsmöglichkeiten der Menschen in den verschiedenen Segmenten der Gesellschaft. Denn die Errungenschaften des technologischen Fortschritts, des demografischen Wandels und der neuen soziokulturellen Paradigmen (Logiken, Perspek-

---

44 Ernst Bloch: Erbschaft dieser Zeit. Zürich 1935.

tiven) erreichen die verschiedenen gesellschaftlichen Schichten und Milieus nicht gleichzeitig, sondern zeitlich versetzt, mit unterschiedlichen Tempi, durch je andere „Vermittlungen" und werden nach Maßgabe der eigenen Logik wahrgenommen und interpretiert, fragmentarisch adaptiert und implementiert. Die Auseinandersetzung mit „dem Neuen" führt somit nicht nur zu einer Ergänzung der Milieulandschaft am soziokulturell jungen rechten Rand der Milieugrafik, sondern stets reflexiv zu Prozessen der Auseinandersetzung in den bestehenden Milieus. So wie neue Lebensauffassungen und Lebensweisen ihre eigene Form und Identität nur in Abgrenzung vom Bestehenden finden, erfährt das Bestehende die Vergewisserung seiner Identität, Berechtigung und Zukunftsfähigkeit nur in Auseinandersetzung mit „dem Anderen". Daher sind auch die traditionellen Milieus nicht zeitlos fixiert, ihre Grundorientierung nicht „in Blei gegossen". Vielmehr kommt es neben der *Ausdifferenzierung* durch „das Neue" auch zu *Binnendifferenzierungen* bestehender Milieus, was zu einer Veränderung der Milieueinheit, der Milieulagerung und des Milieuzusammenhangs führt.[45]

„Modernität" wird hier *nicht* als dichotomes Merkmal begriffen, das einer Gruppe von Milieus zukommt und anderen nicht (traditionelle versus moderne Milieus). Vielmehr wird Modernität als graduelles Merkmal begriffen, das alle Milieus erfasst, weil jedes Milieu in der Gegenwart der Moderne lebt (und in verschiedenen Etappen der Modernisierungsgeschichte sozialisiert wurde) je eigene Modernitätsverständnisse und Modernitätskulturen entwickelt und diese in Imitation und Distinktion bezüglich der (beobachteten, gedeuteten) Modernitätskulturen anderer Milieus pflegt und fortschreibt. Insofern kann Modernität begriffen werden als *eine* Dimension, die bei Milieus im Achsenabschnitt A geringer ausgeprägt ist als bei den Milieus im Abschnitt B; Milieus im Abschnitt C sind noch „moderner" als in B und den höchsten Modernisierungsgrad haben Milieus im Abschnitt C2. In einer alternativen Lesart unserer Gesellschaft kann „Modernität" als kategoreal je eigene Dimension begriffen werden, so dass die Milieus in den einzelnen Achsenabschnitten je eigene Verständnisse, Zugänge und Alltagskulturen von Modernität haben. Dieses unterläuft die wertende Vorstellung von „mehr" oder „weniger" Modernität (und damit eine oft implizierte Abwertung traditioneller Milieus).

---

45 Vgl. Mannheim: 1964, S. 509–565.

4.3 Dualismus der Lebenswelten

Reale Unschärfe und Übergangsbereiche

Milieus sind keine „Klassifikation". Menschen werden Milieus nicht eindeutig wie zu Klassen („Schubladen") zugeordnet; das Milieumodell verpasst Individuen keine soziokulturelle Uniform oder Zwangsjacke. Für Menschen typisch ist ja gerade die Gleichzeitigkeit einer Vielzahl von Werten, die in einer spezifischen Hierarchie und einem spezifischen Beziehungsgefüge stehen. Insofern entsteht oft der (richtige) Eindruck, dass man selbst Anklänge aus verschiedenen Milieus hat.[46] Das zeigt sich u. a. darin, dass wir Individuen einem Milieu *primär* zuordnen, darüber hinaus aber auch Übergangswahrscheinlichkeiten berechnen.

Betont wurde von uns daher stets das Phänomen der realen Unschärfe: Aus der Perspektive der Ethnomethodologie sind die Grenzen zwischen den Milieus fließend. Es liegt in der Natur der sozialen Wirklichkeit, dass soziokulturelle Orientierungen nicht so (scheinbar) exakt abgrenzbar sind wie soziodemografische Einzelmerkmale (Alter, Bildung, Einkommen). Wir nennen das die Unschärferelation der Alltagswirklichkeit. Das heißt, nicht das Messinstrument ist unscharf, sondern die Wirklichkeit selbst. Das ist ein grundlegender Bestandteil des Milieukonzepts: Zwischen den verschiedenen Milieus gibt es Berührungspunkte und Übergänge. Diese sind in der bekannten Darstellung der Milieulandschaft auch grafisch angedeutet und signalisieren unscharfe Grenzen und Überlappungen durch gemeinsam geteilte Werte und ähnliche Lebensstilambitionen. In der praktischen Anwendung erlaubt dies, benachbarte Milieus zu einem Segment zusammenzufassen. So illustrativ das Milieumodell ist, haben grafische Darstellungen auch Grenzen, denn natürlich gibt es inhaltliche Überschneidungen auch zwischen grafisch weit voneinander entfernt positionierten Milieus – nur sind diese eben geringer und oft spezifischer Art.

Soziokulturelle Eigenlogiken und Gravitationszentren

Die Betonung des Spektrums innerhalb eines Milieus sowie der realen Unschärfe und der Übergänge zwischen den Milieus darf nicht darüber hinwegtäuschen, dass es Lebenswelten mit eigener „Soziologik" sind. Milieus unterscheiden sich nicht einfach im stetigen, quantitativ auf einer metrischen Skala messbaren Mehr oder Weniger einzelner Werte, Motive, Ziele, Stile. Man kann mit quantitativen Methoden die einzelnen Dimensionen zwar messen und miteinander vergleichen, doch entgehen dabei die eigentliche Konstitution und Identität eines Milieus sowie die Differenz zu anderen Milieus: Solches erschließt sich nur in *qualitativen* Lebensweltexplorationen.

---

46 So reizvoll es ist, sich und Bekannte im Milieumodell einzuordnen bzw. einem Milieu zuzuordnen, so wichtig ist zu sehen, dass ein Milieumodell ein Instrument zur Strukturierung von Kollektiven/Gesellschaft ist und eben nicht zur Persönlichkeitsdiagnostik.

Dabei zeigt sich, dass die konstitutiven Elemente einer Lebenswelt a) eine milieuspezifische Bedeutung haben: anderes semantisches Umfeld, spezifischer Verweisungszusammenhang; b) diese individuell miteinander in spezifischer Weise vernetzt und somit komplex sind. Man kann durch ein mechanistisches „Mehr" auf einer oder mehreren Dimensionen nicht zu einem anderen Milieu kommen, weil die Strukturaufstellung eines Milieus entscheidend anders, in der ganzheitlichen Betrachtung nahezu inkommensurabel ist. Es ist daher wichtig zu *verstehen*, dass jedes Milieu anders „tickt", einen anderen „Rhythmus" hat oder auch für andere – je nach eigener Milieuprovenienz – sich „anders anfühlt". Daher sind auch expressive Artikulationen eines Milieus keine nichtigen und belanglosen Äußerlichkeiten, sondern verweisen auf den Kern.[47] Jedes Milieu hat seine eigene milieutypische Perspektive und Soziologik, die in Wertorientierungen, Lebensstilen, der sozialen Lage sowie zum Teil auch in der Generationenlage ihre Anker hat.

Die Konstitution eines Milieus erfolgt also nicht über die Addition von Merkmalsausprägungen, sondern über deren Konfiguration und Architektur. Das Ganze ist mehr als die Summe seiner Teile; Milieus reproduzieren ihre Architektur von Werten und Lebensstilen umweltoffen und selbstreferenziell. Das macht den *systemischen Charakter* eines Milieus aus – wobei betont werden muss, dass ein Milieu natürlich kein funktionales System im Sinne der Luhmann'schen Systemtheorie ist. Dabei ist es reizvoll, darüber nachzudenken, ob die verschiedenen sozialen Milieus in ihrer Gesamtheit und spezifischen Ausprägung eine Funktion für die Gesellschaft oder für bestimmte Teilsysteme erfüllen. Zweifellos haben sich bestimmte soziale Systeme auf einzelne soziale Milieus fokussiert und diese priorisiert (durch Differenz und Selektion).

Wir sprechen auch von „Gravitationszentren der Milieus", um deutlich zu machen, dass die sozialen Milieus nicht zufällige soziale Formationen, sondern soziokulturelle Anker und Attraktoren sind. Dies gründet in der empirischen Beobachtung, dass in der soziokulturellen Landschaft dynamische Zentren (Milieus) kristallin werden, die nicht nur reale Lebenswelten sind, sondern auch idealtypische Orientierungsmuster darstellen. Es besteht subkulturelle Differenz. Diese sozialwissenschaftliche Perspektive liefert ein Verständnis für die soziokulturelle Logik eines Milieus. Daher ist es wichtig, die konstitutiven Kategorien der Selbst- und Weltwahrnehmung eines Milieus sowie deren funktionale Verknüpfung zu verstehen.[48] Auch

---

47 Dabei ist zu beachten, dass Expressionen, wie sie etwa bei Wohnbildern deutlich werden, keine eineindeutige Milieucharakteristik sind (bei der man vom rein Äußerlichen sicher auf das Milieu schließen könnte), sondern dass an der Stilistik deutlich und sichtbar wird, was ein Milieu bewegt und wie es sich ausdrückt.

48 Es genügt nicht, die signifikanten Begriffe isoliert zu beachten. Jedes Milieu integriert alle konstitutiven Bausteine zu einem ganzheitlichen System seines typischen Weltverhältnisses. Beispiel „Sinnlichkeit": Während Sinnlichkeit für Etablierte Gourmet-Genuss, distinguierter Luxus und Erleben des gehobenen feinen Unterschieds bedeutet und die milieutypische Perspektive von Hierarchie und Rang stützt, ist Sinnlichkeit für Postmaterielle eine Dimension von Ganzheitlichkeit, der dialektische Gegenpol ihrer rational-intellektuellen Komponente, hat nichts mit Konsum und sozialer Abgrenzung zu tun, sondern ist eine wertvolle Facette ihrer Persönlichkeit sowie ein Zugang zu sich selbst und zur Welt. Ähnliches gilt z. B. für den Begriff „Hunger": Ein Hedonist verbindet damit ganz andere Assoziationen als etwa ein von der Kriegs- und Nachkriegszeit geprägter Traditionsverwurzelter. Instruktiv ist dieses Beispiel nicht nur, um auf den unterschiedlichen Verweisungs- und Bedeutungshorizont hinzuweisen. An dem Beispiel wird auch der Einfluss

bei anderen Milieutheoretikern und Forschern, wie etwa Gerhard Schulze, gibt es Formulierungen, die die Eigenlogik und hohe Binnenkommunikation eines Milieus betonen:

> *„Soziale Milieus seien demnach definiert als Personengruppen, die sich durch gruppenspezifische Existenzformen und erhöhte Binnenkommunikation voneinander abheben" (Schulze 1992, S. 174).*
> *„Öffnung oder Abgrenzung in der Alltagsinteraktion, Angleichung oder Distanzierung von Persönlichkeiten und subjektiven Standpunkten, Gefühle von Vertrautheit oder Nähe, Akklamation des Passenden und Mißbilligung von Stilbrüchen – all diese milieuerzeugenden Handlungstendenzen setzen voraus, dass sich Menschen gegenseitig einordnen." (Schulze 1992, S. 277).*

Diese Formulierungen heben darauf ab, dass Milieus selbstbestätigende und sich reproduzierende Mentalitäten, Rituale und Kommunikationsformen sind. Die deutsche Milieulandschaft ist keine homogene Fläche mit Feldern jeweils nur anderer Präferenzordnungen gleicher Werte. Vielmehr sind die semantischen, expressiven, kognitiven und stilistischen Unterschiede von qualitativ anderer Art, haben spezifische Bedeutungen und spannen je andere Verweisungshorizonte auf.

Das hat methodologisch zur Folge, dass man Milieuunterschiede nicht durch standardisierte Befragungsinstrumente adäquat erfassen kann, denn diese setzen Bedeutungsäquivalenz der Items voraus. Das lässt sich anschaulich belegen etwa beim Versuch, die Dimension „Grundorientierung" in unserer Milieubeschreibung in eine Skala zu übersetzen, die all diese Aspekte für alle Milieus misst – allein dafür wäre für eine standardisierte Befragung ein überlanger Fragebogen nötig, was methodisch und forschungsökonomisch sinnlos wäre.[49]

Das hat inhaltlich zur Folge, dass Kommunikation und wechselseitiges Verstehen – unter der Alltagsbedingung einer knapp bemessenen Zeit – nicht vollständig gelingt. Die angesprochene Inkommensurabilität zwischen den Milieus meint *nicht*, dass die Grenzen zwischen den Milieus hermetisch verriegelt wären. Solches anzunehmen wäre wirklichkeitsfremd – denn immerhin laufen sich Milieuvertreter im Alltag andauernd über den Weg und beugen so der Bildung von Milieuenklaven vor. Inkommensurabilität meint in diesem Zusammenhang, dass der Aufwand für die Verständigung umso größer ist, je weiter zwei Milieus voneinander entfernt bzw. je unterschiedlicher ihre lebensweltliche Konfiguration ist.

Wesentlich ist der Befund, dass es keine „nicht-modernen" Milieus gibt. Alle leben unter den Rahmenbedingungen einer funktional differenzierten Gesellschaft und haben je eigene Arrangements und Lösungen entwickelt. Von Individualisierung und ihren Folgen sind sie je nach sozialer Lage *und* Grundorientierung in unterschiedlichem Maße betroffen, haben je eigene Reaktions- und Bewältigungsmuster entwickelt.

---

der Generationenlage deutlich, der sich auch innerhalb eines Milieus verschiebt. Beispielsweise stirbt (wörtlich) im traditionsverwurzelten Milieu allmählich die Kriegsgeneration aus. Die „jüngeren" Traditionsverwurzelten (ca. 40 bis 65 Jahre) haben andere Sozialisationserfahrungen als ihre Eltern und Großeltern.

49 Lebensstil-Forschungen, die sich primär auf quantitative Daten stützen (und qualitative Vorstudien allenfalls zur Ideengebung nutzen), sind aufgrund dieser Untersuchungsanlage strukturell und perspektivisch verkürzt.

4.3 Dualismus der Lebenswelten

Im Folgenden eine Kurzcharakterisierung der sozialen Milieus 2011.[50]

Klassische gehobene Leitmilieus	
Konservative 4%	Das klassische deutsche Bildungsbürgertum: konservative Kulturkritik, humanistisch geprägte Pflichtauffassung und Verantwortungsethik; gepflegte Umgangsformen; klare Vorstellung vom richtigen Leben und Auftreten sowie von einer guten und richtigen Gesellschaft.
Etablierte 5%	Das selbstbewusste Establishment: Erfolgsethik, Machbarkeitsdenken, Exklusivitätsansprüche und ausgeprägte Clanning- und Distinktionskultur. Stolz darauf, dank eigener Leistung an der Spitze zu stehen und zur Führungselite des Landes zu gehören. Eingebunden in vielfältige Aufgaben mit großer Verantwortung für andere; Normalität des Drucks, die richtige Entscheidung für Gegenwart und Zukunft zu treffen. Kosmopolitischer Habitus des Entrepreneurs und Topmanagers für das Unternehmen, für Deutschland, für Europa.
Postmaterielle 9%	Aufgeklärte Nach-68er: konstruktiv-kritisch gegenüber Neoliberalismus und Globalisierung; postmaterielle Werte und anspruchsvoller (bewusster) Lebensstil. Die Welt ist nicht in Ordnung, daher „*Change the world!*": Verhältnisse in der Welt, wie sie derzeit sind, nicht akzeptieren, sondern visionär und ursächlich verändern. Für mehr Gerechtigkeit, Frieden, Individualität, Selbstverwirklichung, Subsidiarität, Nachhaltigkeit und eine gerechte Zukunft müssen gesellschaftliche Strukturen *und* die Lebensstile der Einzelnen geändert werden. Entschleunigung: Widerstand gegen modernistische Alltagsideologien.
Soziokulturell junge gehobene Milieus (neue Leitmilieus)	
Performer 14%	Die multioptionale, effizienzorientierte, optimistisch-pragmatische neue Leistungselite mit global-ökonomischem Denken und stilistischem Avantgarde-Anspruch: hohe IT- und Multimedia-Kompetenz. Mental, geografisch und kulturell flexibel, Geschwindigkeit und Know-how als Wettbewerbsvorteile. Freude am hohen Lebensstandard, mit Lust am Besonderen positiv auffallen. Klare Positionen beziehen, aber sich nichts – aus Prinzip – verbieten oder verbauen.
Expeditive 8%	Die unkonventionelle kreative Avantgarde: programmatisch individualistisch, mental und geografisch mobil; stets auf der Suche nach neuen Grenzen und ihrer Überwindung; hohe Investitionsbereitschaft und Kompromisslosigkeit für eigene (temporäre) Projekte und Passionen; in anderen Bereichen hohe Anpassungsfähigkeit und Frustrationstoleranz.

---

50 Vergleichend dazu Merkle/Wippermann 2008, S. 76 ff.

Milieus im konventionellen Mainstream	
Traditionelle 15 %	Die Sicherheit und Ordnung liebende Nachkriegs- und Wiederaufbaugeneration: beheimatet in der traditionellen kleinbürgerlichen Arbeiterkultur sowie in der traditionell-bürgerlichen Welt: sich einfügen und anpassen. Versuch der jüngeren Generationen zu mehr Mobilität und Flexibilität in Bezug auf Einstellungen, Lebensstil, Reisen, Arbeit.
Bürgerliche Mitte 18 %	Der leistungs- und anpassungsbereite bürgerliche Mainstream: Streben nach beruflicher und sozialer Etablierung, nach gesicherten und harmonischen Verhältnissen; Erhalt des Status quo; Wunsch, beruflich und sozial „anzukommen", um beruhigt und aufgehoben ein modernes Leben führen zu können; die zunehmend verlangte Flexibilität und Mobilität im Beruf sowie biografische Brüche (perforierte Lebensläufe) werden jedoch als existenzielle Bedrohung erfahren.
Milieus der modernen Unterschicht	
Benachteiligte 16 %	Die um Orientierung und Teilhabe bemühte Unterschicht; starke Zukunftsängste und Ressentiments: Anschluss halten an die Ausstattungsstandards der breiten Mitte als Kompensationsversuch sozialer Benachteiligungen. Geringe Aufstiegsperspektiven; teils frustrierte und resignative, teils offensiv delegative Grundhaltung, Rückzug ins eigene soziale Umfeld.
Hedonisten 11 %	Die spaß- und erlebnisorientierte moderne Unterschicht / untere Mittelschicht: Leben im Hier und Jetzt, Verweigerung von Konventionen und Verhaltenserwartungen der Leistungsgesellschaft einerseits; Genuss der Angebote der Medien- und Eventgesellschaft andererseits.

Im Folgenden sind die Milieus weiter und tiefergehend charakterisiert in Bezug auf ihren Kern, ihren „archimedischen Punkt" bzw. das „Scharnier" ihres Selbst- und Weltbezugs: Auf den Begriff gebracht sind hier zum einen der milieutypische Impuls (Art und Richtung ihres Sehens) sowie zum anderen Telos und Topos („Gegenstand") ihrer spezifischen Sensibilität, Wahrnehmung und Deutung (die Farbe ihrer „Brille").

4.3 Dualismus der Lebenswelten

Milieu	Impuls (Motivation)	Topos (Gegenstand)
Konservative	Bewahren, Weitergeben: Sorge und Pflege	Wahres und Kultiviertes
Etablierte	Erfolg haben, Bestimmen: Dominanz und Führung	Produktives und Exklusives
Postmaterielle	Widerständig sein, Welt verbessern: Kritik und Vision	Gerechtes und Richtiges
Performer	Weiterkommen (als andere, als bisher): Erfolg und Innovation	Chancen
Expeditive	Sich auf die Reise machen: Aufbrechen und Ausprobieren	Unbekanntes Terrain
Traditionelle	In Harmonie eingebunden sein: Akzeptanz und Sicherheit	Vertrautes und Nahes
Bürgerliche Mitte	Ankommen und modern sein: Balance und Modernität	Verlangtes und Zukunftsfähiges
Benachteiligte	Mithalten und Teilhaben: Problemfreiheit und Genuss	Einfaches und Unmittelbares
Hedonisten	Spaß haben, kein Stress: Unterhaltung und starke Reize	Spannendes und Krasses

4.4 Aktuelle Befindlichkeiten und Orientierungen in den DELTA-Milieus®

Die Bezeichnungen („Namen", „label") der einzelnen DELTA-Milieus® sind mit denen im vormaligen Sinus-Modell meistens identisch. Nur an signifikanten Stellen wurde die Bezeichnung verändert („Traditionsverwurzelte" ➔ „Traditionelle"[51]; „Moderne Performer" ➔ „Performer"[52]; „Experimentalisten" ➔ „Expeditive"[53]). Der Kern der Grundorientierung, des Lebensstils, der Alltagsästhetik und der sozialen Identität verändert sich in kurzer Zeit nicht substanziell. Aber es kommen wichtige Facetten hinzu, andere verblassen – oder es kommt zur Verschiebung in der Architektur der Grundorientierung. Im Folgenden sind die wesentlichen *ergänzenden* Merkmale beschrieben.

DELTA-Milieu „Konservative"

- Konservative haben das Selbstverständnis als nachdenkliche Vorausdenker unserer Gesellschaft für eine zukunftsfähige Gesellschaft (und Bürgerlichkeit): *Bewahrende Werte* wie Pflicht, Selbstdisziplin, Anstand, Solidarität, Partizipation; *stilistische Normen* nach Haltung und Würde; *gesellschaftspolitische Visionen* von der Zukunftsfähigkeit unserer Gesellschaft, die sich verändern muss, damit sie Bestand haben kann
- Keimzelle einer richtigen, guten und dauerhaft funktionierenden Gesellschaft ist die Familie – und doch muss man auf die Veränderungen in der Gesellschaft (Pluralisierung der Lebensstile; Zunahme unsicherer und prekärer Arbeitsverhältnisse, Alleinerziehende, gescheiterte Ehen, biografische Brüche, Bildungsprekariat, Erziehungsprobleme, im Zeitvergleich sinkende Schulerfolge etc.) konstruktiv und mit Bedacht reagieren. Ein Festhalten an bisherigen Mustern ist nicht die Lösung; aktives Handeln und Verändern ist notwendig. Der primäre Reflex ist nicht die moralisierende Kritik des Einzelnen, sondern Forderung nach gesellschaftlicher Arbeit an Werten und an strukturellen Rahmenbedingungen. Das Weltbild und die Gesellschaftsdiagnosen sind klar, die zentralen Dinge stehen fest (typischer Satz: „Es ist doch nun mal so ...!")

---

51 Für die Mehrheit dieses Milieus trifft die Metapher der Verwurzelung nicht mehr. Es hat in diesem Milieu einen Generationenwandel gegeben. Die Kindergeneration der Traditionsverwurzelten (heute zwischen 40 und 65 Jahren) ist in einer anderen Zeit aufgewachsen, haben im Gegensatz zu ihren Eltern und Großeltern (viel mehr) Bereitschaft zur Selbstveränderung (Lernen). Sich-umstellen-Müssen wird nicht kategorisch als Verlust und Last erfahren, sondern auch als Chance in der modernen Welt gesehen. Dazu gehören technologische Geräte, Mobilität (Reisen) sowie ein grundsätzliches Verständnis dafür, dass ihre eigenen Kinder und Enkel anders leben wollen als sie selbst. Hier hat sich die Grundorientierung ihrer Traditionalität verändert: eine für Modernität offene Tradition.

52 „Modernität" beanspruchen alle Milieus, auch die traditionellen Lebenswelten. Insofern war das Attribut „modern" bei den Performern wenig kennzeichnend.

53 Die Bezeichnung „Expeditive" bringt präziser zum Ausdruck, dass es Menschen in diesem Milieu darum geht, „hinauszugehen", aufzubrechen in unbekanntes Terrain, dabei den sicheren Raum der Werte und Normen zu verlassen, um Neues zu entdecken und sich dabei zu erfinden.

- Ausgeprägt ist das Selbstbewusstsein, einen schärferen Blick als andere auf Strukturen und Entwicklungen zu haben. Kulturell, historisch und politisch gebildet sehen sie „das Ganze" aus einer umfassenden und nachhaltigen Perspektive. Aufgrund einer anspruchsvollen Verantwortungsethik sehen sie sowohl das Individuum wie kollektive Akteure in der Pflicht, für das mittel- und langfristige Gemeinwohl zu denken und zu arbeiten
- Jeder Mensch und jede Gesellschaft braucht Vorbilder. Ihr paradigmatisches Vorbild sind die fürsorgende Mutter und der weitblickende Vater, die gemeinsam mit liebevollem Blick, Strenge und Disziplin Verantwortung für die Erziehung ihrer Kinder übernehmen, sich für das Gemeinwohl ehrenamtlich engagieren und die gute und gerechte Sache über ihre eigenen spontanen Bedürfnisse stellen
- Konservative sind auf konstruktive Kulturkritik bedacht: Sie stellen oft die Diagnose, dass es breiten Bevölkerungsteilen an bürgerlichen Verhaltensmaßstäben mangele: Verfall von Tischsitten und elterlicher Fürsorge, Unterschichtenfernsehen, öffentlicher Alkoholmissbrauch, Wohlstandsverwahrlosung von Kindern reicher Eltern, Verlust an Anstand auch in den Chefetagen (unverhältnismäßige Abfindungen und Boni u.a.). Nach mehreren Phasen dramatischer ökonomischer Hypes und Einbrüche in den vergangenen 15 Jahren („Neuer Markt", globale Finanzspekulation; weltweite Finanz- und Wirtschaftskrise, Insolvenz von Staaten u.a.) und in Anbetracht der zunehmend verunsicherten (und schrumpfenden?) Mittelschicht sehen sich Konservative berufen, eine Renaissance einer bürgerlichen Alltagsmoral und Sozialethik anzumahnen und plädieren offensiv(er) für die Rückkehr der Bürgerlichkeit. Sie treten damit gegen die schleichende Diskreditierung des „Normalen" an und setzen sich ein für eine Wertschätzung von „Normalität". Große Sympathie gibt es für einen Verantwortungs-Patriotismus und Wirtschafts-Patriotismus in weltbürgerlicher Absicht, verknüpft mit der Frage nach der Eigenverantwortung des Einzelnen (und der Befähigung zur Verantwortung)
- Sie denken und diskutieren häufig darüber, was „konservative Politik" in der heutigen Moderne bedeutet und verlangt. Dabei haben sie die Wiederentdeckung der Familie, der Religion, der Primär- und Sekundärtugenden sowie der elementaren Werte unserer Gesellschaft ebenso im Sinn wie das Bedürfnis der Bürger nach innerer, privater und beruflicher Sicherheit sowie den Mut zur Kritik an der Massenkultur
- Vor diesem Hintergrund gibt es ein in den letzten Jahren gestärktes Selbstbewusstsein, über ein zukunftsfähiges konservatives „Programm" nachzudenken: Was bedeuten die Werte *„Freiheit, Sicherheit, Gerechtigkeit, Solidarität"*? Was heißt *„Kultur der Freiheit"*? Was bedeutet *„bürgerschaftliches Engagement"* und *„mehr Eigenverantwortung"* angesichts eines unter Sparzwängen ächzenden Staats und Gemeinwesens? Und was wären Konsequenzen und Lösungen, wenn man unseren Wohlfahrtsstaat reformiert mit den Maximen eines konservativen Verantwortungs-Liberalismus?

DELTA-Milieu „Etablierte"

- In der von einer existenziellen Finanz- und Wirtschaftskrise bedrohten Gesellschaft sah dieses Milieu sich vor allem gefordert und befähigt, die Probleme zu bewältigen: als „Kapitäne" die Richtung vorzugeben und die richtigen Entscheidungen zu treffen. Zugleich rüstet sich das Milieu der Etablierten heute mental auf, um in der Konjunkturphase nach der Krise im verschärften Wettbewerb (v. a. mit den neuen jungen Eliten national und international) ihre Vorrangstellung zu behaupten und ihre privilegierte Lebenslage zu verteidigen (auch gegenüber Neidern aus der Mitte)
- Dominant sind Tendenzen zur Selbstvergewisserung in Bezug auf die eigene Kompetenz (Weitblick, Leistungskraft, Innovationskraft, Entwicklungs- und Durchsetzungskraft) sowie der Wille zur Selbst-Mobilisierung („am Ball bleiben")
- Um mit den eigenen Kräften hauszuhalten, um sie sinnvoll und effektiv einzusetzen, konzentriert man sich beruflich und privat auf die „wirklich wichtigen Dinge", fokussiert und bündelt die vorhandenen Ressourcen: im Beruf eine stärkere Priorisierung der sachlich vordringlichen Aufgaben und Herausforderungen für die Zukunft; im Privatleben die Familie sowie die persönlichen Neigungen und Interessen: sich Zeiten und Oasen zur persönlichen Regeneration einrichten, für Partnerschaft und Familie sowie für Pflege von Freundschaften
- Der milieutypische Upper-Class-Lebensstil (Networking, Kultur, Kennerschaft) wird bewusster gepflegt: distinguiertes modernes Eliten-Bürgertum

DELTA-Milieu „Postmaterielle"

- Im Milieu der Postmateriellen war in den letzten Jahren eine Entwicklung vom Bewegungs- zum Statusmilieu zu beobachten. Das kehrt sich derzeit wieder um. Wieder verstärkt spielen gesamtgesellschaftliche Fragen (Umwelt, soziale Gerechtigkeit, bürgerliche Partizipation, Schulkultur) im Alltag vieler Milieuangehöriger eine Rolle. Themen, die sich auf das eigene Ich oder die unmittelbare persönliche Nahwelt beziehen (Gesundheit, Vorsorge, Erziehung und Kinderbetreuung, Wohnen etc.) werden wieder verstärkt in einem gesellschaftspolitischen Horizont gesehen
- „Uns geht's gut – wir dürfen nicht klagen" beschreibt die vorherrschende Stimmung mit Blick auf die eigene Lebenslage. Man genießt eine in aller Regel privilegierte Situation, sieht keinen Grund, dies nicht auch nach außen zu zeigen, hütet sich aber, materialistische Statussymbole zu tragen. Parallel dazu kultivieren Postmaterielle einen kritischen Blick auf gesellschaftliche Strukturen, politische Entscheidungen, die Verunsicherung im Land, den Reformstau im Gesundheits- und Bildungswesen sowie eine besondere Sensibilität für Menschen am traditionellen und modernen unteren Rand der Gesellschaft (groß war ihre Sympathie für die bewegten Massen zu „Stuttgart 21")
- Dieses Milieu ist besorgt und warnt davor, dass politische Programme und Entscheidungen mit der Forderung nach mehr Eigenverantwortung (z. B. im Gesundheitswesen) zwar grund-

sätzlich richtig sind, aber nicht einer weiteren Neoliberalisierung Vorschub leisten und gesellschaftliche Solidarität abbauen dürfen

DELTA-Milieu „Performer"

- Nach dem krisenbedingten Ende der naiv-optimistischen „anything goes"-Haltung (1995 bis 2005), nach der darauf folgenden Phase der Ernüchterung und dem neuen Realismus (2005 bis 2010) zeigt das Milieu derzeit in der Phase des wirtschaftlichen Aufschwungs nach der globalen Finanz- und Wirtschaftskrise (2008/2009) wieder optimistische Dynamik.
- Sie haben aus ihren Symptomen der Erschöpfung in den letzten Jahren gelernt; die Grenzen der eigenen Kräfte werden bewusster und sie folgen der Maxime, die eigenen Ressourcen richtig dosiert einzusetzen. Dazu gehört, sich Pausen zu gönnen, über den Horizont des eigenen Berufs und Projekts zu blicken (Lebenssinn); verstärkt auch berufliche Alternativen wieder in den Blick zu nehmen: Die Bereitschaft zur Flexibilität und Mobilität ist weiterhin hoch, aber nicht mehr bedingungslos
- Viele in diesem Milieu sind mittlerweile in der Familienphase. Dies führt bei einem Teil zur Adaption bürgerlicher Sicherheitswerte, die die grundlegende Performer-Haltung anreichert. Gewachsen ist der Wunsch, Anker und Heimat zu haben. Es gibt immer mehr Milieuangehörige, die in stabilen und dauerhaften Netzwerken (persönliche und virtuelle) aufgehoben sein wollen. Solche Zugehörigkeit tritt keineswegs an die Stelle von Flexibilität, sondern gilt zunehmend als Voraussetzung für deren dauerhafte Ermöglichung.
- Statt der vormals nahezu grenzenlosen Freiheit und Beliebigkeit, statt des unbedingten Jages nach neuen Chancen will man heute etwas mehr Planbarkeit und Nachhaltigkeit *(„Pläne sind nichts, Planen ist alles")*
- LERNEN – im Sinne von „sich verändern" tritt immer deutlicher als Selbstkonzept und Wesensmerkmal hervor: sich im Leben und im Lebensverlauf vielfach thematisch, stilistisch und kommunikativ andocken; sich von Station zu Station bewegen durch *Anreicherung*. Dies beschreibt kein nur äußerliches, kaschierendes Designen der Oberfläche, sondern ein inneres *Sich-Ausstatten:* ein permanentes *Abenteuer im Ich-Welt-Bezug*. Diese aktive Ich-Welt-Perspektive ist das zentrale Merkmal eines *dynamischen* und *adaptiven Habitus*, worin sich Performer von allen anderen Milieus unterscheiden

DELTA-Milieu „Traditionelle"

Es hat ein Generationenwandel stattgefunden:
- ... von den Traditionsverhafteten, die sich innerlich und äußerlich nicht mehr umstellen wollen: Aufgrund ihres fortgeschrittenen Alters oder aus prinzipieller Wertehaltung beobachten sie Veränderungen in der Gesellschaft nurmehr aus der Distanz, verstehen die Veränderungen nicht mehr (*wollen* sie nicht mehr verstehen) etwa im Bereich Technologie, Wertewandel, Lebensstil (der jüngeren Generationen). Sie fühlen sich abgehängt und unverstanden; sie richten sich in der Nische des Vertrauten und Gewohnten ein – allerdings

meist ohne eine Mangel- und Defizitperspektive, sondern in ihrem guten Rhythmus in Beruf und Familie
- ... zu den Traditionsbewussten, die sich moderat öffnen, Verständnis haben für die gesellschaftlichen Veränderungen (von denen ihre Kinder und auch sie selbst betroffen sind). Sozialisiert in den zwei Jahrzehnten der Nachkriegszeit reisen sie gern in andere Städte und Länder (sofern man sich das leisten kann)
- Groß ist die Abgrenzung gegenüber der eigenen „erstarrten"/„starrköpfigen" Elterngeneration, die ihrer Auffassung nach am „Früheren" festhält und nichts Neues mehr erleben möchte. Dagegen haben Traditionsbewusste auf dem Boden ihrer traditionellen Werte und gediegenen Stilistik eine moderate Veränderungsbereitschaft und Erlebnisorientierung. Im Beruf verbinden sie Tugenden wie Disziplin, Pflicht, Fleiß, Solidarität mit Aufgeschlossenheit für Veränderungen (z. B. neue Technologien und Geräte; in der Inneneinrichtung Möbel und Accessoires)

DELTA-Milieu „Bürgerliche Mitte"

- In der Bürgerlichen Mitte ist das Krisengefühl durch die globale Finanz- und Wirtschaftskrise 2008/2009 im Jahr 2010/2011 deutlich schwächer. Für die meisten in diesem sich schon länger im sozialen Status bedroht fühlenden Milieu haben sich die massiven Abstiegsängste nicht bestätigt. Etwas Beruhigung hat sich eingestellt, auch aufgrund der überraschend schnellen Erholung der Wirtschaftslage 2010. Geblieben ist allerdings die besorgte Grundhaltung, dass es den Einzelnen jederzeit treffen kann. Insofern bleibt latent die Angst: Man wäre „der Einzige", den es doch noch erwischt!
- Weiterhin ausgeprägt ist allerdings die gesellschaftliche Problemwahrnehmung: Arbeitslosigkeit, Kriminalität, Migration, Miet- und Immobilienpreise, steigende Kosten für das Gesundheitswesen, Erhalt des Sozialstaats, Verwahrlosung von Schulen, Bildungsdruck, Integrationsprobleme, Überfremdung von Stadtteilen etc. Das zeigt sich in der sich verfestigenden Einstellung, dass es („alles") immer schwieriger wird. Umso wichtiger ist es mitzukommen (technologisch, sozial, finanziell). Gerade in Zeiten des Aufschwungs, wenn die Veränderungen sehr rasch geschehen, ist besondere Aufmerksamkeit geboten: Man muss die eigenen Chancen wahren und verteidigen
- In der Generation der heute 40- bis 55-Jährigen kommt eine massive Ermüdung hinzu angesichts des seit Jahren gestiegenen und ausweglos scheinenden Drucks im Erwerbsleben. Man sieht sich als „Hamster im Laufrad": Jahrelange Treue und großartige Leistungen werden nicht honoriert; Erfolge und Gewinne im Unternehmen müssen im kommenden Jahr stets übertroffen werden. Groß ist die Sehnsucht vor allem bei Männern in diesem Milieu, aus diesem Laufrad auszusteigen, beruflich noch einmal etwas anderes zu tun (z. B. sich selbständig machen) – nur fehlen in der Regel der Mut und die Risikobereitschaft (v. a. die eigene Familie diesem Risiko auszusetzen). Aus Verantwortung für die Absicherung der eigenen Familie lässt man es meistens beim Alten und macht weiter wie bisher

- All dies führt im Milieu der Bürgerlichen Mitte zu einer langsam wachsenden diffusen Frustration über die Verhältnisse. Mehr und mehr hat man den Eindruck, dass die eigenen Anpassungsleistungen nicht honoriert werden. Und immer mehr Milieuangehörige fragen sich, ob sie nicht in der „falschen Gesellschaft" leben, ob die Gesellschaft, in der sie angekommen und gut situiert sind, auch die Gesellschaft von morgen ist
- Die Konsequenz ist eine gesteigerte Wertschätzung für den Halt, den die soziale Nahwelt bietet

DELTA-Milieu „Expeditive"

- Expeditive haben – im Unterschied zu Postmateriellen – keine Ambition zur Weltveränderung, denn: „die Welt" ist zu groß. Ihr primärer Fokus ist nicht die Veränderung von ungerechten Strukturen, damit es möglichst allen Menschen besser geht. Expeditive haben vielmehr die Haltung: 1.) Wer sich an den Strukturen abarbeitet, kommt nicht zum Leben und nicht ans Ziel. 2.) Zum Eigentlichen kommt man auch bei ungünstigen Rahmenbedingungen – man muss diese nur überwinden (z. B. schlicht umgehen oder ignorieren) oder sich zunutze machen
- Sie sind nicht bereit, im Mainstream mitzuschwimmen und sich treiben zu lassen. Sondern: die Welt mit ihren vielfältigen Reizen nehmen, um sich selbst dabei zu entdecken (oder gar zu erfinden); um Optionen von Weltzugang und Weltverhältnis zu finden bzw. zu schaffen
- Sie wollen unbedingt ihr Leben führen, wie sie es weltanschaulich, moralisch und mit Blick auf ihre Passion für richtig halten. Im Alltag leben und bauen sie sich eine eigene Welt – parallel und als symbolisches Kontrastprogramm zur normalen bürgerlichen Welt. Nach außen hat dieses Milieu oft die Anmutung einer urbanen Boheme oder Fortsetzung des alternativen Studentenlebens. Gleichzeitig aber gibt es bei Expeditiven keine Verachtung der bürgerlichen und traditionellen Normalität, sondern i. d. R. Akzeptanz für Menschen, die darin ihren Lebenssinn gefunden haben. Zugleich grenzen sie sich ab gegenüber dem Etablierten und Statusorientierten; gegenüber Menschen, die auf ihre materiellen, sozialen und intelligiblen Pfründe pochen, die moralisieren und auf gesetzte Autoritäten verweisen
- Wenn für den eigenen Lebensplan die finanziellen Mittel nicht reichen, verfolgt und verwirklicht man trotzdem seine Pläne – eben mit den vorhandenen Möglichkeiten: Typisch ist die Emanzipation von ökonomischen und administrativen (bürokratischen, amtlichen) Rahmenbedingungen und Strukturen. Wenn es auf einfachem, direktem Weg nicht möglich ist, dann eben auf anderen Pfaden *(„Es muss nicht der Highway sein")*
- Expeditive registrieren interessiert das gesellschaftliche Klima. Sie nehmen eine zunehmende Dominanz der (neoliberalen) Ökonomie wahr, beobachten nationale und globale Verflechtungen und Allianzen (Politik – Ökonomie – Kultur), beklagen die zunehmende soziale Kälte und sozialhierarchische Spreizung unserer Gesellschaft, soziale Fahrstuhleffekte (ständiges Auf und Ab) gerade für höher Gebildete und Kreative ohne konventionelle Karriereabsichten. Doch selbst fühlen sich Expeditive davon nicht getroffen! Jedenfalls in ihren Orientierungen und Maximen lassen sie sich nicht beirren, nehmen materielle Eng-

pässe in Kauf und gehen dann eben andere neue Wege – ohne Larmoyanz. Sie lassen die Bedrohung der bürgerlichen Welt an sich abperlen. Heimat und Sicherheit, Optimismus und Lösungen finden sie in ihrem Selbstbild des modernen Bohemiens. So sind sie bis zu einem gewissen Grade immunisiert gegenüber äußerlichen Krisen und materiellen Mangelphasen

- Expeditive sind Lebenskünstler meist jungen und mittleren Alters, die mobil, flexibel und häufig auch schöpferisch sein wollen. Deshalb sind sie eher bereit, sich auf Arbeitsbedingungen einzulassen, die unstet und unsicher sind – und bei denen sie vom Arbeitgeber oft „ausgebeutet" werden: keine festen Vertragsverhältnisse, oft unterbezahlte Jobs, hohe Verantwortung, oft keine Absicherung und Versicherung. Sie machen gern viele Dinge gleichzeitig, kommen aber dabei oft auf keinen grünen Zweig. So entsteht bei einem Teil eine neue „kreative Armut", ein Proletariat der kreativ-intellektuellen Macher und Selbstverwirklicher. Sie haben eine hervorragende Berufsausbildung, hohe Bildung, umfangreiches Wissen und hochfliegende Träume. Einige steigen auf und sind sehr erfolgreich. Für die meisten ist der Lebensverlauf eine permanente Fahrstuhlfahrt mit kurzen Intervallen von Erholung, wenn sie einen Job haben, für den sie alles geben wollen (und müssen)

- Sie sind meist erst im Verlauf der vierten Lebensdekade auf der Suche nach stabilen Arbeits- und Partnerschaftsverhältnissen (auch: Familie) – somit nach einer relativ verlässlichen Zukunft. Doch sie sehen sich vor der *alternativen* Wahl unter 1.) dem vollmobilen, vollflexiblen Arbeitnehmer, der damit jederzeit verfügbar und voll belastbar für das Unternehmen ist und somit keinen zeitlichen und mentalen Freiraum für andere Ideen hat; 2.) dem vollmobilen und vollflexiblen Lebenspartner, dem „neuen Vater" und der „anderen Mutter" in einer gleichgestellten Partnerschaft; 3.) dem Entrepreneuer der eigenen Ideen und Träume, denen nachzugehen es eigentlich nötig macht, unabhängig zu sein. Ab der vierten Lebensdekade beginnt für viele das Ringen, sichere Beziehungen und materielle Absicherungen zu bekommen, ohne die eigene Identität zu verlieren

- Expeditive als „digitale Avantgarde" zu beschreiben, greift daneben und würde diese Grundorientierung zu einer bloßen linearen Steigerung der Grundorientierung im Achsenabschnitt „B" machen. Postmaterielle beispielsweise kritisieren die zunehmende Digitalisierung (ubiquitäre und persuasive Kommunikations- und Informationstechnologien) im Beruflichen und Privaten, insb. bei Facebook: Zusammenhang von jederzeitiger Erreichbarkeit und Verfügbarkeit; Bedeutungsverschiebung mit einhergehender Bedeutungsverkürzung von Begriffen wie „Freundschaft", „Kommunikation", „Beziehung"; andererseits sind auch Postmaterielle fasziniert und nutzen bestimmte digitale Medien (Google, ausgesuchte Foren, iTunes u. a.) selbstverständlich in ihrem privaten und beruflichen Alltag. Dagegen sehen Expeditive in den neuen Medien lediglich eine Funktion, die sie auf ihre Art nutzen oder nicht nutzen; neue Medien sind unter Umständen für sie *ein Vehikel* (neben vielen anderen) innerhalb ihrer Grundorientierung – aber neue Medien *sind* nicht ihre Grundorientierung

Zur Illustration:

- Prototypisch: Haus Schwarzenberg in Berlin: Kunst- & Designmarkt, Live-Installationen, Performances und Buchpräsentationen, Lesungen, Salongespräche ... Selbstporträt: *„Das Haus mit der Nummer 39 der Rosenthaler Straße hebt sich nicht nur optisch stark von den benachbarten Gebäudeensembles der Hackeschen Höfe und Rosenhöfe ab: Mitten im Zentrum von Kommerz und Touristenkitsch gibt es einen Ort, der seinen authentischen Charakter in doppelter Hinsicht bewahrt hat: Als Zeugnis deutscher Geschichte wie als lebendiger Ort internationaler kreativer Subkultur. Bereits im schmalen Durchgang zum ersten Hof entdeckt der Besucher auf der brüchigen Fassade erste Spuren der Urban Art- und Street Art Künstler, die von der charakteristischen Beschaffenheit der Wände und Fassaden angelockt werden. Der Verein Schwarzenberg e. V. betreibt im Hinterhaus neurotitan Galerie und Shop – eine bekannte Adresse für alle, die sich für Malerei, Illustration, Comic und Urban-Art abseits vom Mainstream interessieren."*
- Bekannte Protagonisten der kreativen Avantgarde sind etwa Anne Tismer (Schauspielerin, Performancekünstlerin und Mitbegründerin des Kunst- und Theaterhauses Ballhaus Ost), Dieter Amann (Komponist und Musiker – Jazz, Klassik, Freefunk), Tacita Dean (in Berlin lebende, international renommierte Künstlerin. Sie arbeitet mit den Mitteln des Films, der Malerei, der Fotografie, der Installation, mit Audioarbeiten und der Zeichnung; Mitglied der Akademie der Künste in Berlin; Projekt 2011 mit der Botschaft: Das Analoge wiederentdecken – was im Zeitalter der Digitalisierung an Ästhetik und Bedeutung verloren geht)

DELTA-Milieu „Benachteiligte"

- Im Milieu der modernen Unterschicht, das entsprechend der subjektiven Selbstwahrnehmung dieser Menschen als *„Benachteiligte"* bezeichnet ist, wird die eigene Lebenslage als immer wieder existenziell bedroht und darin ausweglos wahrgenommen. Aufgrund der systematischen Benachteiligung in der Gesellschaft hat sich ein tiefer Pessimismus verwurzelt. Dieser bestimmt die Alltagseinstellung
- In dieser Situation subjektiver Ausweglosigkeit und Hoffnungslosigkeit macht sich ein Teil dieses Milieus frei von den Erwartungen der Mitte und den eigenen früheren Hoffnungen auf Aufstieg und Anerkennung. Mit der Wahrnehmung, dass man zur Verliererseite gehört, während man von den einschlägigen Medien täglich mit dem schönen Leben der Gewinner konfrontiert wird, verstärkt sich kulturelle Lethargie
- Während der gehobene Teil des Milieus noch von Hoffnungen, Sehnsüchten und Anstrengungen auf ein „Mehr" von Anerkennung, Aufstieg und Partizipation geprägt ist und Offensive demonstriert, zeigt der untere Teil des Milieus im Gegensatz dazu eine fatalistisch-resignative Haltung der Hoffnungslosigkeit sowie den Habitus der Vermeidung (nicht noch mehr gebeutelt und beladen werden; sich nicht noch mehr den Blicken und Herablassungen anderer aussetzen)
- Im Segment der sozial Ausgeschlossenen und wirtschaftlich Prekären ist der milieutypische Konsummaterialismus notwendig ein Kampf um das alltägliche, monatliche, wochen-

weise Überleben im Hier und Jetzt. Das Wichtigste ist dem / der Einzelnen sehr oft: den Alltag irgendwie bewältigen, den Job *nicht* verlieren, *nicht* krank werden, *nicht* unter das Existenzminimum fallen, *nicht* sozial abstürzen: Vermeidungslogik mit der Maxime, sich nicht weiter auszusetzen

DELTA-Milieu „Hedonisten"

- Im Lebensgefühl der Hedonisten gibt es immer häufiger Wechselbäder. Phasen der Hyperaktivität und ungebrochenen Faszination für den jeweils neuesten Hype wechseln mit „energetischen Löchern", mit Fluchttendenzen und Frustrationsgefühlen, mit massiven Zukunftsängsten und Resignation (weil man daran doch nichts ändern kann)
- Die Lust an kruder Provokation der bürgerlichen Leistungsgesellschaft hat abgenommen. Es gibt im Milieu der Hedonisten einen Trend zum Cocooning, zum Rückzug in den engen Nahbereich von Familie und Freundeskreis sowie (gleichsam als Kompensation zur abnehmenden Lust an subkultureller Provokation) eine verstärkte Hinwendung zu neuen medialen Events und Technologien. Damit verbunden zeichnen sich Konturen eines „bürgerlichen Hedonismus" ab
- Das Handy ist unterwegs ständiger Begleiter; daheim kommuniziert man weiter über digitale Netzwerke: Jederzeit für die guten Freunde und Bekannte erreichbar sein. Es ist das Bedürfnis nach permanenter medialer Kommunikation als Zeichen für Verbundenheit sowie als Versicherung, nicht aus den Verzeichnissen der anderen herauszufallen (latente Sorge vor Verlassenheit und „out" sein)
- Immer wichtiger werden Outfit und Styling nach dem Vorbild von Kino- und Sport-Idolen, von Musik- und Mode-Ikonen (Britney Spears, Posh Spice [Victoria Beckham], Paris Hilton, Amy Winehouse, Lady gaGa, Katy Perry, Snoop Dogg, Rihanna, Juli, Monrose, Shakira, Flo Rida, Bushido, Jay-Z, Diddy, Akon, Dr. Dre, Timbaland, Bill Kaulitz, Mario Barth u. a.)
- Mit der Geburt des ersten Kindes gibt es vor allem für die Frauen in diesem Milieu oft einen radikalen Bruch: Sie leiden massiv unter dem Verlust der ursprünglichen Freiheit, zeigen aber dennoch demonstrativ eine optimistische Haltung: *„Meine Kinder sind doch das Wichtigste, das ich habe"*. Sie haben das Selbstverständnis als „Löwin, die um ihre Kinder kämpft" – gegen Erwartungen des gutbürgerlichen Umfelds. Und sie haben den Traum, mit dem Partner eine moderne, unkonventionelle Familie zu sein!
- Bei alleinerziehenden Frauen: Sich selbst disziplinieren müssen, um die Kinder zu versorgen und Beruf und Familie „unter einen Hut zu kriegen"; meist eine tägliche Gratwanderung, die individuellen (früher ausgelebten) Erlebnisbedürfnisse und den bürgerlichen Tugenden als „gute Mutter" gerecht zu werden: häufig hadern mit Schule und Behörden; fühlen sich von diesen nicht ernst genommen oder übervorteilt

5 Milieus und Lebensverläufe

Ein Gesellschaftsmodell „sozialer Milieus" beschreibt *soziokulturell und sozioökonomisch* die über einen bestimmten Zeitraum relativ stabile *Struktur* einer Gesellschaft.[54] Daneben gibt es in den Sozialwissenschaften mit der Lebensverlaufs- und Biografieforschung einen anderen Ansatz, auf Gesellschaft, Teilgruppen und Individuen zu blicken. Dieses *verlaufsorientierte Paradigma* untersucht primär die *Dynamik* von kollektiven wie individuellen Ungleichheiten. Bisher wurden diese beiden Ansätze in den Sozial- und Kulturwissenschaften kaum aufeinander bezogen oder miteinander verknüpft. Für diese Theorie- und Forschungsaufgabe soll hier ein Anfang gemacht werden.

5.1 Der Lebenslauf: Institutionalisierung und Individualisierung

Seit den 1980er Jahren thematisiert die Lebensverlaufsforschung intensiv die Institutionalisierung des Lebensverlaufs, analysiert diese vor dem Hintergrund der zunehmenden Individualisierung des Lebenslaufregimes und identifiziert neue Formen der Institutionalisierung. Der Lebensverlauf als „Normalbiografie" ist eine „Institution der Vergesellschaftung", ein Regelsystem, das 1.) die Entwicklung des individuellen Lebensentwurfs erleichtert, 2.) alltägliches wie biografisches Handeln anleitet und 3.) das Leben zeitlich ordnet. Dreh- und Angelpunkt dieser Sequenzialisierung ist das Erwerbssystem. Dieses dreigliedrige Lebenslaufmodell unterscheidet die Phasen I.) Kindheit, Jugend, Ausbildung; II.) Erwachsene in der Erwerbsarbeit, III.) Ruhestand. Dieses Lebenslaufprogramm geht – zumindest implizit – von der traditionellen Rollenteilung aus und ist auf **Lebensverläufe von Männern** fokussiert.[55]

Die Frage der Institutionalisierung von Lebensläufen von Frauen wurde lange Zeit von der Lebensverlaufsforschung nicht oder allenfalls am Rande beachtet. „Auch wenn man bei Frauen versucht, insb. familienbedingte Unterbrechungen in einem entsprechenden Modell des

---

54 Dabei darf nicht unerwähnt bleiben, dass jedes Gesellschaftsmodell „blinde Flecken" hat. Im Fall von Milieumodellen sind es die sozialen Organisationen bzw. Korporationen, die elementarer Teil von Gesellschaft sind (vgl. Coleman 1990; Kieser 2006; Preisendörfer 2008) und die in den verschiedenen Milieumodellen bisher keinen Platz fanden.

55 Nach Kohli (1985, 1986, 1988) ist der Lebensverlauf selbst als eine wichtige gesellschaftliche Strukturdimension zu einem zentralen gesellschaftlichen Ordnungs- und Vergesellschaftungsprogramm geworden. Der Begriff der Institutionalisierung meint daher nicht das Aggregat von Individuen oder sozialen Gruppen, sondern ein „Handlungsregulativ (...), das am Individuum ansetzt" (Kohli 1986, S. 183), bzw. ein „Regelsystem, das einen zentralen Bereich oder eine zentrale Dimension des Lebens ordnet" (Kohli 1985, S. 1). Kohli begründet seine These der Standardisierung von Lebensläufen vor allem durch die Analyse soziohistorischer Veränderungen von der Industrialisierung bis zur Moderne, die zu einem strukturellen Übergang von einem Lebenslaufregime zu einem anderen führten. Als historische Ursachen für die Standardisierung des Lebenslaufs nennt Kohli zum einen demografische Veränderungen, die durch eine generelle Verringerung der Moralität nun im „Normalfall" eine hohe Lebenserwartung durch alle Gesellschaftsmitglieder wahrscheinlich machen, zum anderen die Herausbildung eines „modernen" Familienzyklus bzw. einer „normalen" Erwerbsbiografie.

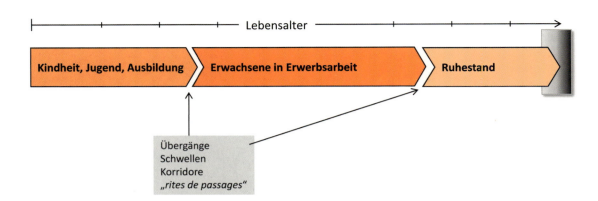

Lebenslaufs zu berücksichtigen, so sind in der Realität die weiblichen Erwerbsbiografien so variabel, dass sich in der Realität auch ein fünfgliedriger Lebenslauf (Ausbildung – Erwerb – Familie – Erwerb – Ruhestand) nicht herauskristallisieren lässt."[56] **Lebensverläufe von Frauen** sind perforiert, Diskontinuität ist der Normalfall. Und soziale Sicherungssysteme orientieren sich am (verschiedenen) Status, weniger an kritischen Übergängen.

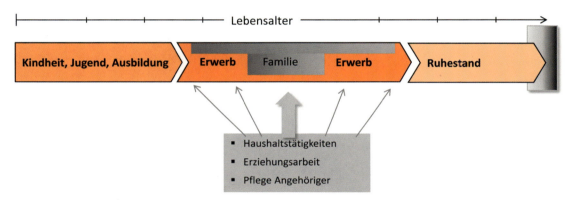

Der Modernisierungsprozess von Individualisierung und Pluralisierung hat nicht nur Lebenslagen, Lebensweisen und Lebensstile erfasst, sondern auch Lebensläufe – auf der Ebene des Individuums und auf der Ebene der Institutionalisierung als Normalbiografie. Als Folge von Pluralisierung und Individualisierung gibt es: 1.) zeitliche Verschiebungen und Dehnungen der Phasen, 2.) Überlappungen der Phasen, 3.) Diskontinuitäten innerhalb der Phasen mit der Folge der Perforierung der Lebensläufe, in der Regel für Frauen und Männer sehr unterschiedlich in Bezug auf Form und Dauer, Haupt-, Neben- und Spätfolgen; 4.) auch eine Individualisierung der Schwellen, der Übergänge und der Verläufe. Dies hat zur Folge, dass die Risiken im Lebenslauf zunehmend auf das Individuum übertragen werden, was zur These der (Vollkasko-)Privatisierung der Risiken im Lebenslauf führt.

---

56 Vgl. Sing 2003, S. 171 ff.; Naegele 2010.

5.1 Der Lebenslauf: Institutionalisierung und Individualisierung

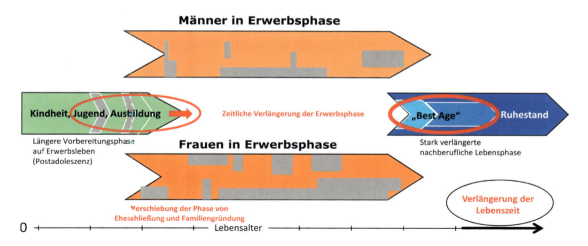

Die Folgen für die einzelnen Schwellen und Übergänge lassen sich wie folgt zusammenfassen:[57]

> **Individualisierung und Pluralisierung von Lebensläufen**
> **Schwelle zwischen Ausbildung und regulärem Arbeitsmarkt**
>
> ▸ Verlängerung von Bildungs- und Ausbildungszeiten
>   (Folge der Bildungspolitik der vergangenen Jahrzehnte)
>   mit gravierenden Folgen für die weitere Gestaltung des Lebenslaufs:
>   - zeitliche Verschiebung der Eheschließung (Partnerbindung)
>   - zeitliche Verschiebung der Geburt des ersten Kindes
>
>   mit Folgen für die Chancen auf dem Arbeitsmarkt
>
> ▸ Latenzzeiten zwischen Schulabschluss – Ausbildungsstelle – Berufseinstieg
>
> ▸ Phasen der Jugend-Erwerbslosigkeit und -Arbeitslosigkeit
>
> ▸ Unbezahlte/unterbezahlte Praktika: Praktikums-Jobbing
>   oft bis Ende der dritten Lebensdekade → *„Generation Praktikum"*
>
> ▸ Mischformen von Bildung, Ausbildung und Arbeit
>   Praktisches Unterlaufen des klassischen Curriculums "Ausbildung → Beruf":
>   Qualifikationen ohne Zertifikat

---

57 Vgl. Naegele 2010, S. 29–54.

> **Individualisierung und Pluralisierung von Lebensläufen**
> ## Pluralisierung von Erwerbsunterbrechungen in der Erwerbsphase
>
> ▶ Bei sinkender Zahl Sozialversicherungspflichtiger gibt es einen **Anstieg** von:
> - Unfreiwilligen Erwerbsunterbrechungen
>   - (Langzeit-)Arbeitslosigkeit
>   - Krankheiten
>   - Berufsbedingter Umzug des Partners
> - Freiwilligen Erwerbsunterbrechungen
>   - Elternzeit (auch von Vätern)
>   - Zeit für Familie
>   - Zeit für Pflege von Angehörigen
> - Teilzeitarbeit
>   - Teilzeitquote
>   - Langfristige Teilzeitarbeit (v.a. Frauen)
> - Prekären / geringfügigen Beschäftigungsverhältnissen
>   - Mini-Jobs, Leiharbeit, Zeitarbeit, Scheinselbständigkeit, sog. *„feste freie Mitarbeiter"* → quasi Arbeiterstatus
> - Zeitlich befristeten Arbeitsverträgen (ohne Anschlussgarantie)
> - Mehrfachjobs zur Existenzsicherung
> - „Flexiblen" Entgeltsystemen: geringes Basisgehalt und Prämienzahlungen
>
> Ursachen:
> - ✓ Internationalisierung von Märkten
> - ✓ Lohndruck
> - ✓ Intensivierung des Wettbewerbs (auch über Standorte)
> - ✓ Weltweite Vernetzung von Unternehmen
> - ✓ Steigende Flexibilitätsanforderungen am Arbeitsplatz

Bei Frauen gibt es teilweise divergierende Verläufe: Zum einen trifft für immer mehr (v. a. zeitlebens kinderlose und / oder ledige) Frauen die Dreiteilung des Lebensverlaufs ohne nennenswerte Unterbrechungsphasen zu (Ergebnis u. a. der Bildungs- und Qualifikationspolitik seit den 1970er Jahren). Zum anderen sinkt bei jenen mit familienbedingten Unterbrechungsphasen die Dauer der Unterbrechungszeit ...

- als Folge der Geburtenentwicklung (→ Trend zu weniger Kindern)
- aufgrund der wachsenden Instabilität der Ehe sowie des wirkmächtigen traditionellen Ernährermodells / Zuverdienermodells, so dass sich für Frauen (v. a. mit Doppel-/Dreifachbelastungen sowie für *Single Parents*[58]) zeitliche Diskontinuitätserfordernisse und damit Risiken der existenziellen Sicherung ergeben

---

58 Der etablierte Begriff der „Alleinerziehenden" greift mittlerweile zu kurz und impliziert Rollenmodelle und Alltagsarrangements, die in der Wirklichkeit oft anders aussehen. Insofern ist der Begriff „Alleinerziehende" ein Relikt aus den 1960er und 1970er Jahren, als die Frau in der Regel allein auf sich gestellt war. Durch pluralisierte Lebens-, Wohn- und Partnerschaftsformen gibt es heute viele Frauen und Männer (!), die mit ihrem Kind / ihren Kindern ohne Lebenspartner bzw. nicht mit dem Vater (der Mutter) des Kindes in einer Wohnung leben, aber auf die monetäre und praktische Unterstützung des Partners – auch bei der Erziehung des Kindes – nicht verzichten wollen, sondern diese auf verschiedene Weise einfordern.

- während der Erwerbsphase,
- nach der Erwerbsphase.

Je nach sozialhierarchischer Position und Lebenswelt werden in einzelnen Lebensphasen und -schwellen für Männer und Frauen die Möglichkeitsräume unterschiedlich breit geöffnet (bzw. eingeschränkt). Dabei spielen (gemeinsam getroffene) Entscheidungen in früheren Lebensphasen eine erhebliche (präjudizierende) Rolle, sind meist irreversibel und – für die Einzelne / den Einzelnen – ex post nur schwer kompensierbar.

Sozialpolitisch und lebensweltlich relevante Folgen von Diskontinuitäten im Lebenslauf während der Erwerbsphase sind:

- *Erwerbsunterbrechungen* reduzieren künftige Erwerbseinkommenschancen und Rentenerwartungen
- *Gering Qualifizierte* und besonders belastete Berufsgruppen gehen früher in Rente und müssen höhere versicherungstechnische Abschläge hinnehmen
- *Geringverdiener* haben ein erhöhtes Risiko frühzeitiger Erwerbsminderung
- *Prekäre Beschäftigungsverhältnisse* und (Langzeit-)Arbeitslosigkeit erhöhen das Risiko dauerhafter ökonomischer Unterversorgung sowie von Armut im Alter
- *Sorgearbeit für Kinder und Pflegearbeit* für die *eigenen Eltern* beeinträchtigen spätere berufliche Chancen und Entgelte.
- *Single Parents* haben geringere Einkommen und in der Folge ungünstigere Rentenerwartungen
- *Teilzeitarbeit* reduziert spätere Karriere- und Erwerbseinkommenschancen sowie die eigenen Alterssicherungsansprüche
- *Stellenprofile* und damit verbundene Karrieremöglichkeiten setzen (implizit) bestimmte Familien- und Rollenmodelle voraus

5.2 Lebenslaufperspektive in den DELTA-Milieus®

Dieses skizzierte Tableau von soziokulturell sukzessiver Institutionalisierung, Individualisierung und Neuinstitutionalisierung von Lebensläufen hat zu einer *Vielfalt von Normalitätsbiografien* geführt mit *je unterschiedlichen Konsequenzen und Perspektiven* im Lebenslaufregime *für Frauen und Männer*. So verwundert nicht, dass auch die verschiedenen sozialen Milieus der Gesellschaft je eigene Lebenslaufperspektiven haben. Einige Milieus sind geprägt von der Normalität und Sicherheit des dreigliedrigen Lebenslaufmodells; für andere Milieus ist die Perforation von Lebensläufen die Normalperspektive, die für sie nicht negativ konnotiert ist. Durch die Milieuperspektive wird die Gleichzeitigkeit des Ungleichzeitigen von gegensätzlichen und auch widersprüchlichen Lebensverlaufsprogrammen deutlich. Dies gilt vor allem für die milieuspezifischen Reaktionen, Zugänge und Ressourcen in Konfrontation mit dieser Komplexität von normativen Konzepten von Normalbiografien einerseits, vom eigenen faktischen Lebensverlauf andererseits.

Dazu sollen die strukturellen und kulturellen Hauptlinien von Lebenslaufperspektiven in der Milieulandschaft skizziert werden.

Werteabschnitt A: Gemeinsame Traditionen

„Konservative" und „Traditionelle" im Werteabschnitt A (Gemeinsame Traditionen) gehen vom einem dreigliedrigen Lebenslauf als normativer Normalbiografie aus. Im vorgezeichneten Lebensweg gibt es feste Stationen und Übergänge mit relativ kurzen Übergangsfristen. Im jungen Erwachsenenalter sollte und muss man sich entscheiden, welchen Beruf man ergreifen und mit welchem Ehepartner man sein Leben verbringen will. Diese Wahlen werden getroffen mit Anspruch auf lebenslange Gültigkeit; mit ihnen steht das berufliche und familiäre Lebensprogramm. In diesen Milieus hat der Begriff „Lebensweg" eine ganzheitliche Bedeutung und Verbindlichkeit.

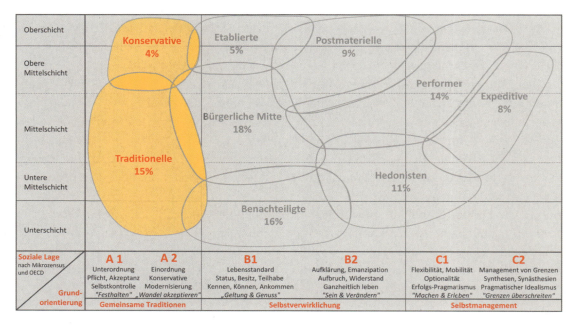

Der voreingestellte Modus ist, dieses Programm nicht ohne größere Not abzubrechen und auf keinen Fall aufgrund einer subjektiven „Laune" den Kurs radikal zu ändern: weder den Beruf aufgeben noch den Partner verlassen. Der Lebenslauf ist in diesen Milieus eng an die Werte „Solidarität" und „wechselseitige Verantwortung" geknüpft. Das bedeutet reziprok auch die normative Erwartung einer analogen Verantwortung und Solidarität a) seitens des Partners und b) durch den Arbeitgeber. Daher erklären sich Unverständnis und moralische Empörung: privat, wenn es zu Trennung oder gar Scheidung kommt; beruflich, wenn man trotz langjähriger Betriebszugehörigkeit entlassen wird; ebenso, wenn Arbeitgeber die von ihnen ausgebildeten Lehrlinge nicht übernehmen. Unternehmen schreibt man im Horizont des Lebenslaufs eine soziale Verantwortung und die Norm zur Solidarität mit Mitarbeitern zu. In familiärer Hinsicht dominiert das traditionelle Haupternährermodell mit dem Mann in der Verantwortung für das Familieneinkommen und der Frau in der Rolle der Hauptzuständigen für die alltägliche Versorgung sowie die Erziehung der Kinder, für den Haushalt, die nachbarschaftlichen und verwandtschaftlichen Beziehungen sowie mit der Option der Hinzuverdienerin durch Minijob oder Teilzeitbeschäftigung.

Brüche und Perforationen im Lebenslauf sind nicht vorgesehen, gelten als Unfall, Unglück, Devianz. Wenn man nun selbst die Partnerin/den Partner verlässt oder den Arbeitsplatz kündigt, ist der internalisierte, in der sozialen Nahwelt bestehende Druck zur Begründung und Rechtfertigung groß.

Dass biografische Brüche heute nicht mehr individuell verschuldete Unfälle sind, sondern eine Erfahrung für viele ist, erfahren „Traditionelle" und „Konservative" durch eigene Betroffenheit, durch ihre Kinder, durch Nachbarn und Bekannte sowie durch mediale Berichterstattungen: Die hohen Scheidungsraten lassen sich dauerhaft und hinreichend nicht mit dem moralischen Verfall der Gesellschaft erklären. Gleichwohl bedauert man, dass der Wert „Treue" für viele Paare nicht mehr dieselbe Bedeutung hat wie noch vor einigen Jahrzehnten *(„Die laufen bei der kleinsten Schwierigkeit gleich auseinander")*. Vor allem die jüngere Generation der Traditionellen distanziert sich aber vom moralisierenden Reflex ihrer eigenen (Groß-)Elterngeneration und denkt zunehmend in Kategorien des Mitleids für die Betroffenen.

Und als in Folge der globalen Finanz- und Wirtschaftskrise 2008/2009 viele der vollzeiterwerbstätigen Männer auch aus dem Milieu der „Traditionellen" arbeitslos wurden, in Kurzarbeit gehen mussten oder im Vorruhestand eine Lösung sahen, waren es oft die Frauen, die unfreiwillig zu Mitverdienerinnen oder gar Familienernährerinnen wurden (wenn auch auf geringem Einkommensniveau).

An solchen biografischen Devianzen zerbrechen Menschen aus traditionellen Milieus nicht, denn sie verfügen über kulturelle Ressourcen, sich an faktische Verhältnisse anzupassen und Schicksalsschläge (still oder im vertrauten Umfeld klagend) zu akzeptieren und zu ertragen. Aber als „Brüche" werden solche Devianzen im Lebenslauf weiter wahrgenommen, und nur allmählich, doch unaufhaltsam und nachhaltig rückt die Perspektive mehr und mehr in das Zentrum des Weltbildes, dass Lebensverläufe nicht mehr voraussehbar und geradlinig sind.

Werteabschnitt B: Selbstverwirklichung

Im Werteabschnitt B (Selbstverwirklichung) positionierte Milieus – vor allem: „Etablierte", „Postmaterielle" „Bürgerliche Mitte", „Benachteiligte" – sind sehr viel stärker von den Chancen und Emanzipationsverheißungen der Individualisierung geprägt. Sie beanspruchen, dass Lebensverläufe nicht nur wählbar sind, sondern vom Einzelnen „unterwegs" jederzeit verändert werden können, ohne dass darauf soziale Sanktionen folgen oder der/die Einzelne unter Rechtfertigungsdruck stünde. Insbesondere in den höher gelagerten Milieus sind individuelle Zäsuren legitim, sind Ausdruck von Autonomie und Lebendigkeit.

Die voreingestellte normative Lebensverlaufsperspektive ist: Man kann sich im Leben mehrmals – in verschiedenen Lebensphasen – entscheiden, welche beruflichen und welche privaten Wege man einschlägt. Im normalen Lebenslauf will man für sich die Option haben, nicht nur den Arbeitgeber einmal oder mehrmals zu wechseln, sondern möglicherweise beruflich den Kurs zu ändern, etwas ganz anderes anzufangen, dem Leben eine Wendung zu geben. Das ist häufig ausgelöst und motiviert von der Sorge, nicht *richtig* oder nicht *ganz* gelebt zu haben, etwas verpasst zu haben, die eigenen Talente nicht ausgeschöpft oder gar nicht vollständig sondiert zu haben oder die eigenen früheren Träume (zu) lange zurückgestellt zu haben. Dahinter steht ein individueller und emphatischer Anspruch an „das eigene Leben". Legitimationsdruck und Anspruch im Fall privater oder beruflicher Wendungen und Brüche sind deutlich geringer als in den Milieus der „Konservativen" und „Traditionellen". Die Widrigkeit des Schicksals muss nicht mehr als Argument herangezogen werden, sondern es gilt die *individuelle Entscheidung.* Anders als private Brüche bedürfen berufliche Veränderungen nicht mehr einer Rechtfertigung: Beruflich gilt bruchlose Kontinuität als Makel. Gerade wer dreißig Jahre stets beim selben Arbeitgeber war und sich beruflich nie verändert hat, macht sich der Anspruchslosigkeit oder Bequemlichkeit verdächtig. Zugleich sehen Menschen in diesen Milieus sehr genau die Risiken von *radikalen* Abbrüchen und Neuanfängen – und scheuen diese mit Rücksicht auf die finanzielle Absicherung und soziale Einbindung ihrer Familie.

Diese Milieus haben zugleich eigene Vorstellungen vom Leben im Alter. In der Phase nach der Erwerbstätigkeit beginnt für sie ein neues Leben, das sie anders gestalten wollen als ihre eigenen Eltern (meist aus den Milieus der „Traditionellen" und „Konservativen").

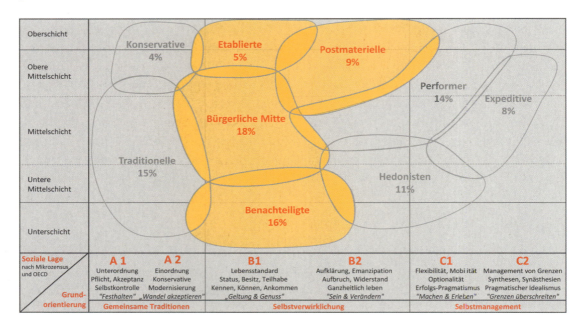

Werteabschnitt C: Selbstmanagement

Das im Werteabschnitt C (Selbstmanagement) klar positionierte Milieu „Expeditive" sowie die Milieus in einer Brückenlage zwischen den Grundorientierungsabschnitten B und C („Performer", „Hedonisten") haben eine Alltags-, Zeit- und Biografieperspektive *jenseits der Lebenspla-*

5.2 Lebenslaufperspektive in den DELTA-Milieus®

nung. Für sie ist die post-fordistische Gesellschaft[59] mit den Symptomen Massenarbeitslosigkeit, steigende öffentliche Verschuldung, ökologische Zerstörung und Risiken, sozialhierarchische Differenzierung und Entsolidarisierung, wachsende Armut, wachsende Bürokratisierung des Staats (und großer Unternehmen) die Grunderfahrung, mit der sie sozialisiert sind. Sozialleistungen und Subventionen sind nicht mehr durch Zuwächse des Sozialprodukts finanzierbar; die Sozialpartnerschaft zwischen Arbeitgebern und Arbeitnehmern ist in ihrer Wahrnehmung nurmehr mediale Fassade; der Wohlfahrtsstaat ist an seine materiellen und legitimatorischen Grenzen gekommen. Die zunehmende und fast alle Lebensbereiche erfassende Verlagerung der sozialen Sicherheit vom Gemeinwesen auf das Individuum (Eigenverantwortung; Vollkasko-Individualisierung) ist für diese Milieus die voreingestellte Perspektive.

Weitere elementare Grunderfahrungen dieser post-fordistisch geprägten Milieus sind 1.) die Deregulierung und Flexibilisierung des Arbeitsmarkts, insbesondere an den Rändern: Teilzeitarbeit, geringfügig Beschäftigte, Minijobs, freie Mitarbeit auf diskontinuierlicher Projektbasis, Leiharbeit, Zeitarbeit, Subunternehmertum, Heimarbeit, Aushilfsarbeit; 2.) die Ausdifferenzierung des Konsums und die Notwendigkeit, individuelle Geschmacks- und Konsummuster auszubilden und sozial zu demonstrieren; 3.) die Wiederkehr von divergenten Weltbildern und Renaissance von überkommenen Werten in neuer Gestalt sowie von Eliten, Sozialdarwinismus, Pragmatismus und Idealismus.

Richtungweisend für die eigene Orientierung ist die primäre Welterfahrung, dass *Flexibilität* und *Mobilität* notwendige Kompetenzen sind, an deren Grad sich Modernität, Wettbewerbsfähigkeit und Zukunftsfähigkeit des/der Einzelnen bemessen. Die permanente Bereitschaft zur Neupositionierung, zur adaptiven Navigation in der sich ständig verändernden Topografie unserer transnationalen Gesellschaft bestimmt die Alltags- und die Lebenslaufperspektive dieser Milieus.

Vor dieser Grunderfahrung einer fragmentierten Welt, die es individuell zu erkunden gilt und in der jeder Einzelne seine Nische finden und seine *eigene* konsistente Weltanschauung herstellen muss, erscheint der Lebenslauf als Parcours, der im Normalfall nicht geradlinig verläuft und nicht planbar ist. Was heute noch Optionen sind, kann morgen unmöglich, eine Sackgasse oder unattraktiv sein; was übermorgen den Mainstream ergreift, gibt ist heute nicht einmal als Möglichkeit oder lediglich in Nischen.

Wenn der voreingestellte Modus ist, dass soziale Sicherungssysteme in hohem Maße kontingent sind, dann erscheinen sie in der topografischen Landkarte und Lebenszeitdimension nicht mehr als „integriertes System", sondern nurmehr als einzelne Optionen, die man frag-

---

59 Als Fordismus gilt die kapitalistische Phase von Akkumulationsregime und entsprechender Regulationsweise zwischen dem 2. Weltkrieg und den 1970er Jahren. Sie war gekennzeichnet durch Taylorismus in industriellen Wirtschaftsunternehmen, ständigen Produktivitätsfortschritt, stetige Lohnerhöhungen, den Ausbau sozialer Sicherungssysteme, Massenkonsum, die Ausweitung der Beschäftigung, die Vorherrschaft der Kernfamilien, die auf Konsum, sozialen Aufstieg und Reproduktion der Arbeitskraft konzentriert waren, die Sozialpartnerschaft zwischen Kapital und Arbeit, Korporatismus, eine keynesianische nachfrageorientierte Wirtschaftspolitik, einen weitgehend ungebrochenen Fortschrittsglauben sowie das Vertrauen in die Steuerbarkeit ökonomischer und sozialer Verhältnisse. Vgl. Hirsch/Roth 1986; Hirsch 1995, S. 83ff.; Hradil 1999, S. 115ff.

mentarisch nutzt oder nicht nutzt. So erscheint beispielsweise das Versicherungsportfolio von Menschen in der B-Achse (Privathaftpflicht-, Hausrat-, Lebens-, Unfall-, Rechtsschutz-, Krankenzusatzversicherung) fremd, auf das angesprochen sie unsicher mit der ernst gemeinten Frage reagieren: *Brauche ich das?* Was in den Milieus der anderen Werteabschnitte als Sicherungssystem für Risiken im Lebensverlauf gilt, ist für die Milieus in der C-Achse etwas Fremdes und Uneigentliches. Sie nutzen das eine oder andere allenfalls singulär. Das gründet auch in der Lebenslaufperspektive, sich nicht einzuhüllen und vollständig abzusichern – denn gegen künftige Risiken glaubt man sich sowieso nicht umfassend absichern zu können. Und wer jederzeit versichert sein will, packt sich sukzessive so voll, dass er nur noch beladen, erdrückt, unbeweglich wird.

Jenseits einer „Lebensplanung" ist die Maxime dieser Milieus, sich *heute* einem Thema zu verschreiben und sich zu engagieren. So gering das Vertrauen in die Stabilität der sozialen und natürlichen Umwelt ist, so groß ist das Vertrauen in die eigenen Ressourcen (Flexibilität, Mobilität, Kompetenz), unter veränderten Bedingungen die eigenen Ziele weiter verfolgen zu können. Typisch ist eine gelassene Zukunftshaltung: Weder das Aktuelle dauerhaft tun noch sich unbedingt verändern müssen. Sondern: Sich von der Zukunft überraschen lassen. Insofern haben sie auch keine Sorge, etwas verpasst zu haben.

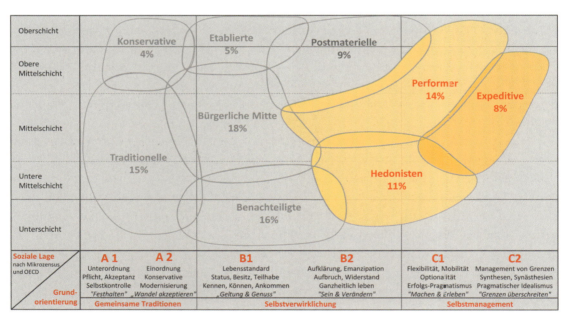

5.3 „Milieuwanderungen" im Lebensverlauf?

Bleibt der/die Einzelne ein Leben lang in einem Milieu? Oder „wandert" man im Verlauf des Lebens durch die Milieulandschaft mit – je nach Startposition – bestimmten Pfaden und Milieustationen? Was ist stärker: die soziokulturelle Prägung und Bindekraft eines Milieus oder einschneidende Ereignisse wie der Wechsel von Lebensphasen und sozialen Kreisen (durch Berufseinstieg, Karriere, Partnerwahl, Familiengründung), eine massive Änderung der materiellen und regionalen Rahmenbedingungen (Armut/Reichtum, Stadt/Land), technologische Innovationen (Internet, Digitalisierung[60]), Bedeutungswandel von Werten, das gesamtgesellschaftliche Gefüge und damit die Milieuumwelt?

Die Frage ist zentral für die Theorie, Forschung und Anwendung des Milieukonzepts, doch sie ist empirisch nur schwer zu beantworten. Denn eine empirische Forschung bedarf im Idealfall einer Längsschnittuntersuchung (möglichst als Paneldesign), bei der die einzelnen Milieuangehörigen über ihr gesamtes Leben in gleichen Zeitabständen sowie in Folge besonderer biografischer Ereignisse befragt werden und ihre je aktuelle Milieuzugehörigkeit ermittelt wird. Das ist zum einen ein sehr aufwendiges Forschungsdesign, das bisher aus ökonomischen Gründen nicht realisiert wurde. Zum anderen verändert sich im Abstand von 5 bis 10 Jahren die Milieulandschaft (mitunter grundlegend), so dass Wanderbewegungen sowie bestimmte Pfade nicht innerhalb *eines* Modell rekonstruiert werden können, sondern stets den Modellvergleich interpretatorisch mit einbeziehen müssen. Einen Zugang zur Beantwortung der Fragen bieten aber biografische Interviews mit Frauen und Männern, die *rückblickend* beschreiben, welche Werte und Lebensstile ihnen in den einzelnen Phasen ihres Lebens wichtig waren, wie die materiellen und sozialen Rahmenbedingungen ihr Leben prägten und welchen Zusammenhang es zwischen objektiven Ereignissen und subjektiven Orientierungen es (aus ihrer Sicht) gab. Das sind zwar nur zeitstellenfixe Rekonstruktionen der eigenen Milieubiografie[61] und gebunden an die aktuelle Lebensphase und Milieuzugehörigkeit, aber sie liefern Hinweise auf Wanderungen und auf Pfade zwischen den Milieus.

Zunächst ist festzuhalten, dass die erste Milieuprägung natürlich durch das Elternhaus erfolgt; dass aber ab der Jugendphase (Adoleszenz *und* Postadoleszenz; Ausbildung bis Berufseinmündung) die Phase der Identitätsbildung eng mit der basalen persönlichen Milieuprägung verknüpft ist, die oft lebenslang gültig bleibt. Hier entwickelt der/die Jugendliche eine eigene Vorstellung der für sie wichtigen Werte und angestrebten Lebensstile, legt die Grundlagen für die berufliche Orientierung und die materiellen Ressourcen. Trotz der in der Ado-

---

60 Dazu gehören vor allem ubiquitäre (allgegenwärtige) und persuasive (vernetzte und den Alltag durchdringende) Informations- und Kommunikationstechnologien, wie sie bereits implementiert sind etwa in den Bereichen Gesundheit, Mobilität (z. B. Automobilfunktionalität und -steuerung), Wohnen – das „intelligente Haus", Einkaufen, Bekleidung, Freizeit, Kultur, Reisen.

61 Dabei wurde in diesen Interviews seitens des Interviewers selbstverständlich nicht die Vokabel „Milieu" verwendet und schon gar kein Milieumodell vorgelegt. Die methodologisch und vor allem in der Auswertung aufwendige Aufgabe war es, den aus der subjektiven Perspektive beschriebenen Wandel von Lebensauffassungen und Lebensweisen im Lebensverlauf zu rekonstruieren.

leszenz typischen und notwendigen Abgrenzung von den eigenen Eltern bleibt ein Teil der Jugendlichen im Milieu, in dem sie aufgewachsen sind und das ihnen vertraut ist. Ein anderer Teil aber wächst sukzessive in andere Milieus hinein, weil sich durch Ausbildung und Beruf, durch Freunde und Partner die sozialen Kreise verändern. Bis zur beruflichen Etablierung und ersten festen partnerschaftlichen Bindung – zu diesen Schlüssen kommen Analysen der biografisch rückblickenden Interviews – „wandert" ein Teil der Jugendlichen innerhalb relativ kurzer Zeit durchaus durch mehrere Milieus; beispielsweise vom Traditionellen Milieu über die Bürgerliche Mitte bis hin zu Postmateriellen oder zu Expeditiven; oder von Etablierten über Hedonisten zu Expeditiven. Zentral sind die Befunde: 1.) Man kann vom Herkunftsmilieu nicht auf die Milieuzugehörigkeit eines Menschen schließen. 2.) Innerhalb einer Familie können die Kinder in ganz unterschiedliche Milieus hineinwachsen.

Dass in einer Familie mit mehreren Kindern später *alle* im selben Milieu „landen", ist nicht die Regel, sondern eher Ausnahme. So gibt es beispielsweise im postmateriellen Milieu Eltern, bei denen ein Kind eine ähnliche postmaterielle Grundorientierung hat, ein anderes eher hedonistisch, ein drittes expeditiv orientiert ist – und ein viertes zur Bürgerlichen Mitte wandert (diesem war der ritualisierte Kritizismus in der Familienkommunikation zu anstrengend und strebte nach konventionellem „Normal-Sein"). Im Milieu der Konservativen und Etablierten hingegen zeigt sich, dass die Kinder häufig später zum selben Milieu wie ihre Eltern tendieren (nach vorübergehend anderen Orientierungen in der Adoleszenz) oder aber zu einem modernen gehobenen Milieu (z. B. Performer; Expeditive; Postmaterielle). Groß ist hier vor allem die Reproduktion in der sozialen Lage, was vor allem in der massiven Bildungsinvestition sowie in stärker direktiven Erziehungsstilen eine Ursache hat. Ein „Absturz" in Milieus der unteren Mittelschicht oder gar Unterschicht ist die Ausnahme.

Die generelle Diagnose, dass das Elternmilieu nicht die spätere Milieuzugehörigkeit eines Menschen bestimmt, gilt für ein bestimmtes Milieu jedoch nicht: Kinder aus dem Milieu „Benachteiligte" bleiben mehrheitlich im Milieu ihrer Eltern. Die innerfamiliäre Reproduktionsrate in diesem Milieu ist auffällig hoch, oder sie wandern ins benachbarte hedonistische Milieu. Das liegt zum einen am geringen Bildungskapital der Eltern für eine höhere Schullaufbahn der Kinder; zum anderen an der sozialen Exklusion dieser Kinder durch andere Milieus.

Nach der Phase der Identitätsbildung ist auch die dominante Milieuprägung und Milieuzugehörigkeit relativ stabil (was nicht heißt, dass sie zementiert und unverrückbar ist). Anders als der Lebensstil eines Menschen, also seine Verhaltensgewohnheiten und Handlungsroutinen, ändert sich die Zugehörigkeit zu einem Milieu in der Regel nicht oft und vor allem nicht abrupt.[62] Ein Milieuwechsel erfolgt nicht einfach und kurzfristig durch Vorsatz und schon gar nicht, weil man gern so sein möchte wie Vorbilder und Muster aus anderen Milieus (solche Aspirationen sind im Gegenteil sogar Teil der Grundorientierung eines Milieus). Die Milieuprägung ist nicht unmittelbar abhängig von aktuellen Lebenszielen, von der momentanen Lebensform und von persönlichen Entscheidungen der Einzelnen. Die kulturelle Prägung ei-

---

62 Vgl. Hradil 1999, S. 432.

nes Milieus ist kein Oberflächenetikett, das man abziehen und ersetzen könnte, sondern betrifft den inneren Kern, die paradigmatische Weltperspektive und Selbstdefinition (Ich-Identität, Identitätsvergewisserung) eines Menschen.

Ein Milieu ist nicht bestimmt durch ein Mehr oder Weniger bestimmter Werte (in diesem Milieu mehr Freiheit, in jenem mehr Pflicht), sondern a) durch spezifische *Bedeutungen*, Deutungen und Verweisungszusammenhänge dieser Werte sowie b) durch eine spezifische *Architektur* dieser Werte.[63] Das ist der Grund dafür, dass es nicht einfach ist, von einem Milieu zu einem anderen Milieu zu wandern. Insofern ist davon auszugehen, dass Frauen und Männer in der Regel in einem Milieu bleiben, wenn nach der Adoleszenz sowie der privaten und beruflichen Etablierung die erste eigene Milieuprägung erfolgt ist. Dabei hat der/die Einzelne stets das Milieu der eigenen Eltern mit im „Gepäck", von dem der eine sich distanziert, mit dem der andere sich hingegen identifiziert. Wieder andere folgen latent den Mustern ihrer Eltern, obwohl sie sich bewusst distanzieren wollen. Wir können festhalten: Die Menschen bleiben nicht voreingestellt im Herkunftsmilieu ihrer Eltern; sie können dort bleiben, müssen es aber nicht. Nach der Sozialisation haben die Menschen eine dominante Milieuzugehörigkeit, die für die meisten in der Regel ein Leben lang prägend bleibt. Und doch gibt es auch in späteren Jahren noch Fälle von *Milieumobilität im Lebenslauf*. Dabei können wir unterscheiden zwischen horizontaler und vertikaler Milieumobilität:

Vertikale Milieumobilität findet statt, wenn es zu einer erheblichen Veränderung des materiellen und sozialen Kapitals kommt, etwa durch plötzlichen Reichtum (Vererbung, Gewinne) oder Armut (Arbeitslosigkeit, Krankheit, Wohnungsverlust) mit Kumulation von Merkmalen sozialen Abstiegs bzw. Aufstiegs. In den empirischen Untersuchungen durch qualitative Einzelinterviews zeigt sich, dass eine Milieuwanderung in diesen Fällen sozialhierarchischen Aufstiegs bzw. Abstiegs oft *innerhalb einer Achse der Grundorientierung* erfolgt – aber auch einen Wechsel des Achsenabschnitts bedeuten kann. Beispielsweise wird ein zu relativ viel Geld gekommener Mensch aus dem Milieu „Benachteiligte" sukzessive in das darübergelagerte Milieu der Bürgerlichen Mitte wandern – auch mit statusorientierten Attitüden (siehe Kapitel 7 zu den Submilieus). Ein verarmter und sozial abgestiegener Postmaterieller kann zum Hedonisten werden mit der Attitüde des Widerstands gegen die Mehrheitsgesellschaft – aber auch zum Expeditiven, indem er seine Identität als Individualist radikalisiert und eigene neue Wege geht.

Doch eine plötzliche Veränderung auf nur einer Dimension (Geld, Status, Popularität) allein initiiert noch keinen Milieuwechsel.[64] Dazu bedarf es einer sukzessiven und kaskadenhaften Veränderung auf mehreren Dimensionen: soziale Kreise, ästhetischer Geschmack, bevorzugte Orte

---

63 Dieses soziokulturelle Zusammenspiel von Werten mit ihren milieuspezifischen Bedeutungszuweisungen wird von der konventionellen Wertewandelsforschung notorisch ignoriert.

64 Eine durch ein signifikantes Ereignis oder durch starke Aufstiegsambitionen motivierte Verhaltensänderung wird innerhalb des Milieus oft wahrgenommen und stigmatisiert als „Allüren" (französisch *allure*: „Benehmen"), eine Bezeichnung für ungewöhnliches, eigenwilliges und übertriebenes Verhalten, auch als „Spinnerei", „Gehabe" oder „Flausen". Damit gemeint ist eine gegenüber anderen demonstrierte persönliche Eigenheit und Verhaltensweise, die Milieuangehörige mitunter negativ interpretieren in dem Sinne, dass der Betreffende etwas Besseres sein und sich

und Lokalitäten, Wohnungseinrichtung, Hobbys, Interessen etc. Erst dann kann es zu einer umfassenden Umstellung der Grundorientierung kommen, die ihrerseits Bindung benötigt, getragen und gespiegelt werden muss durch das soziokulturelle Umfeld. Wenn sich die Statusveränderung nur auf einer Dimension vollzieht, bleibt die Person in der Regel in ihrem Milieu, allerdings mit dem – positiv oder negativ bewerteten – *Stigma des Exoten*, das durch die Statusinkonsistenz bedingt ist. Beispiele dafür sind etwa popmediale Figuren wie Dieter Bohlen, Bushido oder Prinz Frederic von Anhalt. Es ist bemerkenswert, dass diese ihre Popularität, ihre Besonderheit und ihren Vorbildcharakter insbesondere in Milieus der modernen Unterschicht und Bürgerlichen Mitte dadurch stützen, dass sie ihre Statusinkonsistenz und Widersprüchlichkeit systematisch aufrechterhalten und kultivieren, gleichsam als ihre den Marktwert steigernde Unverwechselbarkeit (USP)[65] und Marke. Sie verändern in dieser Rolle als Milieu-Extravagante nicht ihr „Milieubekenntnis" (gleichwohl sie damit kokett spielen) und bleiben – so der trügerische Schein medialer Fabrikation von Images – milieuauthentisch. Wer jedoch nicht über diese vermarktbare Popularität verfügt und aus dem Milieu in bestimmter Hinsicht herausfällt, hat es weitaus schwerer, seine Statusinkonsistenz zu bewältigen, die bisherigen sozialen Anschlüsse zu halten bzw. neue (in anderen Milieus) zu finden.

Horizontale Milieumobilität beschreibt Wanderungen zwischen den Achsen der Grundorientierung, also einen Wandel der fundamentalen Wertearchitektur – und ist unwahrscheinlicher als vertikale Mobilität. Aber es gibt horizontale Milieuwanderungen – zumindest im subjektiv-biografischen Rückblick einiger Menschen.[66] Diese werden in der Regel ausgelöst durch:
- fundamentale Ereignisse im Lebenslauf: Bindung an einen „starken, dominanten" Lebenspartner aus einem anderen Milieu; radikale berufliche Neuorientierung; gesundheitliche Schicksalsschläge u. a.
- Wechsel von Lebensphasen: Berufseinmündung; Familiengründung; Karrieresprünge
- individuell initiierte Brüche und Neuorientierungen im Lebenslauf

Neben von außen gesetzten Faktoren spielen bewusste Entscheidungen für eine Zäsur und Kursänderungen eine erhebliche Rolle. Dabei ist ein Milieuwechsel nicht nur ein Phänomen des „Aussteigens", sondern in der Regel auch ein Einsteigen in eine andere, attraktiver und stimmiger, sinnvoller und richtiger erscheinende Lebensform (Bsp.: vom Industriellen zum Biobauern). Auslöser kann dabei durchaus eine einzige Erkenntnis oder auch Vision sein, die einen radikalen Schnitt auslöst. Dabei ist der praktizierte Kurswechsel (das äußere Verhal-

---

von ihnen abheben wolle. Diese soziale Exposition ist in diesem Fall eine (passive wie aktive) „Exkommunikation" aus dem Milieu, kann damit aber eine Brücke sein für Anschlüsse in ein anderes Milieu.

65 Unique selling proposition.

66 Wie groß der „Wanderanteil" ist, kann derzeit nicht beziffert werden, da dazu bisher nur qualitative Daten vorliegen und noch keine quantitativen Studien. Die qualitativen Daten geben aber deutliche Hinweise darauf, dass Milieuwanderungen im Lebenslauf bis in die dritte Lebensdekade relativ normal sind und häufig vorkommen (Sozialisation und Identitätsfindung in der Adoleszenz, Berufsorientierung und Berufseinmündung, Partnerbindung), aber nach der dritten Lebensdekade relativ selten vorkommen: Die Milieuzugehörigkeit ist dann relativ stabil. Es wandeln sich im Zeitverlauf die Grundorientierung und der Lebensstil in einem Milieu im Kontext des gesamtgesellschaftlichen sozialen, kulturellen, technologischen und materiellen Wandels insgesamt; die meisten Menschen aber bleiben dabei in ihrem (sich sukzessive verändernden) Milieu.

ten) oft nur eine nachholende, konsequente Umsetzung einer bereits innerlich vollzogenen Neuorientierung (z. B. von Werten, Ich-Identität) mit dem Ziel, wieder konsistent und authentisch zu leben.

Mit Blick auf die Milieulandschaft zeigt sich, dass es – je nach Ausgangsmilieu – bestimmte Pfade für Milieuwanderungen gibt. Dabei wird deutlich, welche Milieus eine besondere Affinität zueinander haben. Und das sind meist nicht die grafisch nebeneinanderliegenden Milieus, sondern das jeweils „übernächste". So lassen sich – beispielhaft – folgende soziokulturelle „Paare" identifizieren:

- Konservative – Postmaterielle – Expeditive
- Etablierte – Performer
- Konservative – Performer

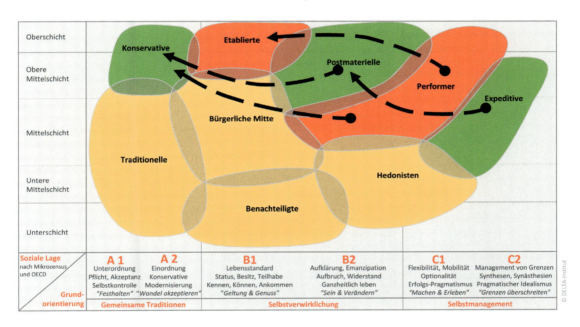

Dominante Milieuwanderpfade und -affinitäten

Dieser Befund unterstreicht die Wirkmächtigkeit der Grundorientierung: Im Modell benachbarte Milieus sind einander keineswegs in jeder Hinsicht ähnlicher als voneinander entfernt positionierte Milieus! Das verweist auf die These, dass neue Milieus aus einer dialektischen Bewegung der Abgrenzung vom bisherigen jüngsten Milieu (auf der Karte unmittelbar links von ihnen) entstehen. Sie sind eine soziokulturelle Weiterentwicklung des vorherstehenden Milieus, indem sie eine Vielzahl der Elemente dialektisch aufnehmen und ihre Identität zu einem erheblichen Teil aus dieser Distanz zum jeweils benachbarten Milieu definieren: Die „Etablierten" sind gleichsam die Antithese der „Konservativen", die „Postmateriellen" die Antithese der „Etablierten" – und genau darin liegt ein verbindendes Moment der „Postmateriellen" zum Milieu der „Konservativen". So lassen sich „Performer" als Antithese zu „Postmateriellen" begreifen und „Expeditive" als soziokulturelle Synthese der antipodischen Beziehung zwischen „Postmateriellen" und „Performern", so dass in diesem Milieu die Grundorientierungen der anderen Milieus im Hegel'schen Sinne aufgehoben sind.[67]

Die Wahrscheinlichkeit, dass ein Postmaterieller im Verlauf seines Lebens im Fall biografischer Brüche in das Milieu der „Konservativen" wandert, ist größer als ein Milieuwechsel zu den „Etablierten" (was nicht ausgeschlossen, aber unwahrscheinlicher ist). Ebenso wandert ein gehobener „Performer" eher zu den „Etablierten" als zu den „Postmateriellen" (aber auch das ist grundsätzlich möglich).

Bei aller weltanschaulichen und stilistischen Distanz, die bei weit voneinander entfernt gelagerten Milieus durch ihre *ganz andere* und in bestimmten Dimensionen auch gegensätzliche Grundorientierung besteht („Konservative" versus „Postmaterielle" / „Etablierte" versus „Performer"), gibt es doch signifikante Sphären der Ähnlichkeit. Das zeigt sich vor allem im Bereich der Wertorientierung und Wertebedeutung.[68] Der Bedeutungshorizont von bestimmten Werten wie Freiheit, Leistung, Solidarität oder Gerechtigkeit findet etwa zwischen Konservativen und Postmateriellen größere semantische und ästhetische Ähnlichkeit und Anschlussfähigkeit als beispielsweise zwischen Etablierten und Postmateriellen oder zwischen Konservativen und Etablierten. Ebenso gibt es eine große Ähnlichkeit und vielfältige Anschlüsse zwischen Etablierten und Performern.

Das ist eine Erklärung dafür, warum es bei Milieuwanderungen im Falle biografischer Zäsuren nicht nur „sanfte" Übergänge zum benachbarten Milieu gibt, sondern oft „Sprünge" über ein Milieu hinweg zu bestimmten anderen Milieus. Das ist der Grund dafür, dass heute Konservative, die vor einigen Jahren noch primär eine postmaterielle Grundorientierung hatten, eine substanzielle Affinität (und auch latente Sympathie) zu Lebensauffassungen von Postmateriellen und Expeditiven haben. Und es erklärt, warum Etablierte eine semantische und stilistische Nähe sowie Sympathie zur Wertorientierung und Lebensweise der Performer haben. Es gibt in diesen Fällen ein basales Verstehen und auch Sympathie für Lebensauffassungen von Menschen des eigenen biografisch früheren Milieus.

Diese Beobachtung der Milieusprünge steht nicht im Widerspruch zur Beobachtung der Überlappungsflächen benachbarter Milieus. Daran wird deutlich, dass die Milieulandschaft komplexer und mehrdimensionaler ist, als es die zweidimensionale Grafik suggeriert. Vereinfacht können wir uns vorstellen, dass sich in einer dritten, gekrümmten Dimension die Milieus der „Konservativen" und „Postmateriellen" berühren und überlappen, ebenso die Milieus der „Etablierten" und „Performer" sowie der „Postmateriellen" und „Expeditiven".

In der biografischen Rekonstruktion des eigenen Lebenslaufs wird in Bezug auf die Hauptpfade individueller Milieuwanderungen deutlich, dass die Hauptbewegungen auf der Milieukarte von rechts nach links erfolgen, also zu weniger moderner bzw. zu traditioneller Grundorientierung.

---

67 Das Wort Aufheben hat in der Hegel'schen Dialektik die dreifache Bedeutung, die es auch in der deutschen Sprache hat: 1.) Aufheben im Sinne von „Beseitigen". 2.) Aufheben im Sinne von „Bewahren". 3.) Aufheben im Sinne von „Hinaufheben".

68 Siehe dazu ausführlich Kapitel 6.

Das hat schlicht damit zu tun, dass mit zunehmendem Alter das Bedürfnis nach Sicherheit und Zugehörigkeit zunimmt. Um ein mögliches Missverstehen auszuräumen: Das heißt nicht, dass die Menschen mit zunehmendem Alter automatisch in traditionellere Milieus wandern. Die meisten bleiben in ihrem Milieu, aber innerhalb der Wertearchitektur eines Milieus haben die Werte Sicherheit und Zugehörigkeit für die Älteren eine stärkere Bedeutung als für Jüngere des Milieus.[69] Neben den dominanten Pfaden der Milieumobilität gibt es weitere Pfade des Übergangs zwischen den Milieus, die mitunter sanft und schleichend erfolgen, sich über mehrere Jahre erstrecken – und von den Betroffenen oft erst im biografischen Rückblick als grundlegender Wandel ihrer Lebensauffassung und Lebensweise beschrieben werden. In der folgenden Milieulandkarte sind diese Pfade der Milieumobilität im Lebensverlauf illustriert.[70] Die Landkarte zeigt innerhalb der Basismilieus auch sogenannte Submilieus, an denen die spezifische Milieumobilität klarer und konkreter wird.[71]

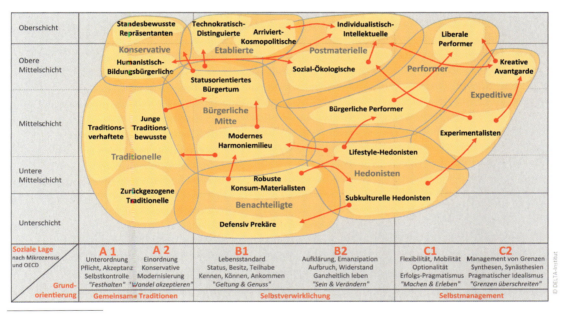

Pfade von Milieumobilität im Lebensverlauf

---

69 Hier ist es wichtig, die Veränderungen in der Milieulandschaft über die Jahrzehnte einzubeziehen. Beispielsweise hatte Postmaterialismus in den 1960er/1970er Jahren inhaltlich und stilistisch in vielen Facetten andere Ausdrucksformen und Bedeutungen als heute. Wer mit dem Postmaterialismus der 1960er/1970er (68er-Generation) sozialisiert wurde, ist in spezifischer Weise anders geprägt als jemand, der *nach* der Ökobewegung, *nach* der Hochphase der Frauen- und Emanzipationsbewegung, *nach* der Anti-AKW-Bewegung sozialisiert ist – aber auf dem Boden dieser zeitgeschichtlichen Etappen steht. So findet durch den Generationenwandel auch ein sukzessiver Wandel der milieuspezifischen Grundorientierung statt. Daher gibt es innerhalb eines Milieus ein gewisses, über die Altersachse und Zeitgeschichte zu erklärendes Spektrum im Selbstverständnis und Weltverständnis eines Milieus. Das gilt nicht nur für das Milieu der Postmateriellen, sondern ebenso für Konservative, Etablierte, Traditionelle, Hedonisten, Bürgerliche Mitte u. a.
70 Hier ist es wichtig, bei der Interpretation den Wandel der Milieulandschaft über die Jahrzehnte mit zu berücksichtigen.
71 Zur Beschreibung der Submilieus siehe Kapitel 7.

Die markanten Bewegungen im Fall eines Milieuwechsels sind vor allem:
- Der Aufstieg „Bürgerlicher Performer" zu „Liberalen Performern": Dies ist kein Milieuwechsel im strengen Sinn, denn der/die Einzelne bleibt im Basismilieu. Instruktiv ist diese Veränderung aber durch die merkwürdige schlauchartige Lagerung des Milieus „Performer", das sich über zwei Grundorientierungsachsen und Achsen der sozialen Lage erstreckt. Dennoch ist es *ein* Milieu, deren Grundorientierung durch den Urimpuls *„Weiterkommen als andere und als bisher; Erfolg und Innovation"* sowie den Topos *„Chancen"* bestimmt ist.[72] Durch einen ökonomischen Aufstieg (Karriere- und Einkommenssprünge, höheres berufliches und soziales Prestige) eines Bürgerlichen Performers können sich Facetten der Lebensauffassung und Lebensweise verschieben: Aufsteigende Performer legen dann Attitüden des modernen bürgerlichen Mainstreams ab, distanzieren sich von Normen der Gefälligkeit und Normalität; ihre bisherige Orientierung an Selbstverwirklichung via Beruf und Lifestyle wird überholt durch ein neoliberalistisches Selbstmanagement, das spitz auf das gesetzte (eigene) Ziel fokussiert ist. Der Anspruch, ganzheitlich zu leben und moderne Strömungen früher als andere aufzunehmen und produktiv zu übersetzen, erhält eine stärkere Ausrichtung auf Erfolgs-Pragmatismus. Dominant wird die Haltung, an der Spitze zu stehen, ökonomisch-technologische Avantgarde zu sein, die entscheidenden Voraussetzungen und Mittel zum Erfolg zu haben, die Richtung und die „Schlagzahl" des Energieeinsatzes – für sich selbst und für andere – bestimmen zu können
- Aus dem Milieu der Expeditiven kann jemand dann zum Milieu „Performer" tendieren, wenn sich das Produkt der eigenen „Passion" profitabel vermarkten lässt. In diesem Fall fokussiert er/sie so sehr die ökonomische und mediale Zweckrationalität, dass die expeditive Grundhaltung in den Hintergrund gerät. Die vormalige Maxime, „eigene neue Wege zu gehen", wird verdrängt durch die unmittelbar sich bietende Chance. Insofern erzeugt gesellschaftlicher Erfolg für den einen oder anderen „erfolgreichen" Expeditiven die Tendenz, in den gehobenen Mainstream zu rücken
- Kommt ein Experimentalist in eine sichere und gehobene berufliche Position, dann gibt es Fälle der Milieuwanderung in das Milieu der Postmateriellen. Groß ist diese Affinität vor allem bei jenen Experimentalisten, die für das Thema „Ökologie" eine politische und private Passion haben
- Wenn hingegen Lifestyle-Hedonisten in sichere oder gehobene berufliche Positionen kommen, tendieren Einzelne zum Milieu der Performer: weiter gehen, aus der Chance was machen; teilhaben am gehobenen Lifestyle und die Vorzüge genießen. Ältere Lifestyle-Hedonisten (insb. Frauen) tendieren mit Sorge vor der Alterssicherung und weil sich ihr Lifestyle-Hedonismus aufgrund mangelnder Ressourcen und Gleichgesinnter sowie aufgrund einer stärkeren Familienorientierung nicht mehr praktizieren lässt, zum Bürgerlichen Harmoniemilieu.
- Subkulturelle Hedonisten machen in fortgeschrittenem Alter (ab ca. 50 Jahren) die verstörende Erfahrung körperlicher „Grenzen" und auch „Erschöpfung"; und sie spüren, dass ihre

---

72 Siehe Kapitel 4.3.

Form der Lebensauffassung und ihre Formen der Verweigerung immer weniger Resonanz erzeugen und es immer weniger Szenen von Gleichgesinnten gibt: Man ist nicht mehr „forever young". Hier gibt es durchaus Einzelne, die vereinsamen und sich zurückziehen. Aufgrund der zunehmend schlechteren finanziellen Ausstattung – man bekommt nicht mehr so leicht (Gelegenheits-Jobs; manche der früheren Jobs schafft man nicht mehr – ändern sich auch ihre Perspektive und ihr Lebensstil, werden zunehmend prekär.

- Robuste Konsum-Materialisten haben dann eine Chance, in das Bürgerliche Harmoniemilieu aufzusteigen, wenn sie a) in Ortsteilen/Ortsgemeinden leben, in denen das Bürgerliche Harmoniemilieu überrepräsentiert ist, und b) sie dort in Vereine oder kirchliche Einrichtungen integriert werden (bzw. sich integrieren) und ihnen dort Gelegenheit zur Mitarbeit gegeben wird: Angebot und Suche von Anschlüssen. Diese Chance ist außerhalb solcher Organisationen relativ gering, weil die Schließungstendenzen in der Bürgerlichen Mitte stark ausgeprägt sind und wie ein Sperrriegel wirken. Daher tendieren die (wenigen) Fälle der Milieuwanderung der Robusten Konsum-Materialisten eher in Richtung „Lifestyle-Hedonismus".

Abschließend muss noch einmal betont werden, dass Milieuprägungen im Verlauf der dritten Lebensdekade relativ stabil werden. Die zuletzt skizzierten Pfade einer „Milieuwanderung" betreffen somit nicht alle Angehörigen eines Milieus und sind kein normales Schema, sondern gelten für außergewöhnliche Fälle.

6 Was Werte in den Milieus bedeuten

Die Frage nach *Wertorientierungen* bezieht sich nahezu reflexhaft auf das Individuum und in der zweiten Reflexschleife auf gemeinsam geteilte Werte von Gruppen oder gar der ganzen Gesellschaft. Mit Blick auf die demokratisch verfasste Gesellschaft Deutschlands mit dem wirtschafts- und sozialethischen Prinzip der sozialen Marktwirtschaft lässt sich mit gutem Grund eine Reihe von Werten aufzählen, die für unsere rechtliche und kulturelle Verfassung konstitutiv sind. Auch in sozialwissenschaftlichen Befragungen werden bestimmte Wertbegriffe immer wieder prominent genannt. Was aber bedeuten diese Werte den Menschen? Welchen Sinn verbinden die Menschen damit und in welchem Bedeutungshorizont stehen diese Werte? In einer empirischen Studie wurden Semantik und Ästhetik elementarer und bedeutungsschwerer Werte in den verschiedenen sozialen Milieus untersucht:[73]

- Leistung
- Solidarität
- Eigenverantwortung
- Gerechtigkeit
- Freiheit
- soziale Sicherheit

Die qualitativ hermeneutische Untersuchung ging offen und ohne vordefinierte Antwortkategorien vor. Ziel war es, das Wertespektrum insgesamt sowie den Horizont der Wertbedeutungen dieser spezifischen Werte *ganzheitlich* und aus der subjektiven lebensweltlichen Perspektive zu explorieren und zu *verstehen*. Und es war ein erhofftes Ziel, eine Ahnung davon zu bekommen, in welcher Rangordnung oder gar Architektur die Werte zueinander stehen. Die zugrunde liegende Hypothese war, dass sich die Konfigurationen und die sie erhaltende Statik in den Milieus je andere sind.

In der Untersuchung bestätigte sich der Literaturbefund, dass die genannten sechs Werte auch aus der subjektiven Sicht der Menschen *die* Basis-Bausteine für die aktuelle und zukünftige Gesellschaft sind. Sie sind für die Menschen zum einen elementare Maßstäbe zur Bewertung der aktuellen gesellschaftlichen Verfassung sowie zur eigenen Verortung in der Gesellschaft durch Identifikation und durch Abgrenzung von anderen (Ist-Analyse). Zum anderen entwi-

---

73 Die Befunde beruhen auf einer qualitativen Untersuchung im Auftrag der Bertelsmann-Stiftung im Jahr 2007 mit dem Titel: „Werte und Visionen in der Gesellschaft: Sozialwissenschaftliche Untersuchung zur Akzeptanz paradigmatischer Wirtschafts- und Sozialmodelle vor dem Hintergrund der Sinus-Milieus", die im Rahmen eines umfassenden Forschungsprogramms der Bertelsmann-Stiftung „Zukunftsfähiges Wirtschafts- und Sozialmodell für Deutschland" durchgeführt wurde (vgl. Methodenbeschreibung in 7.2). Mit der Studie wurde das Institut Sinus Sociovision beauftragt; die Verwertungs- und Veröffentlichungsrechte hat die Bertelsmann-Stiftung. Projektleiter und Autor der Studie war Carsten Wippermann und hat von der Bertelsmann-Stiftung das explizite Einverständnis zur Nutzung und Veröffentlichung der Daten und Befunde.

ckeln die Menschen ihre Zukunftsentwürfe und Visionen entlang dieser Werte (Soll-Programmatik).

Das kommunikative Desaster besteht darin, dass die elementaren Werte durch die inflationäre Verwendung auf der politisch-öffentlichen Bühne (Parteiprogramme, Slogans für Parteitage) diskreditiert sind und auf diesen Bühnen reflexhaft als Hohlphrase wahrgenommen werden: In diesem Kontext werden sie als abstrakte Gemeinplätze begriffen, denen sich die Politik aufgrund der positiven Konnotationen bedient. Aus Sicht der Bevölkerung instrumentalisiert die Politik die Wertbegriffe für ihre feststehende Programmatik. Gleichwohl sind diese Werte in den Lebenswelten der Menschen fest verankert und das Bedürfnis nach einer werteorientierten Politik und einer entsprechenden Deklination für die einzelnen Politikfelder ist groß. Das verlangt eigentlich, nicht nur von „Werten an sich" zu sprechen, sondern *konkret* ihre Semantik zu benennen sowie die Ziele und die verschiedenen Folgen im Fall einer politischen Umsetzung. Umgekehrt ist es der offen gelassene Deutungshorizont, der Möglichkeiten zur Projektion bietet und dadurch niemanden ausschließt oder abschreckt, sondern die Schimäre der Verbundenheit aller ermöglicht.

Ein zentraler Befund ist, dass die in Parteien und Öffentlichkeit prominenten Werte „Leistung", „Solidarität", „Gerechtigkeit", „Freiheit", „Eigenverantwortung", „soziale Sicherheit" in allen Milieus eine ausgeprägte Bedeutung mit starken Emotionen und grundlegenden Verhaltensmaximen haben.

Die qualitativ-ethnomethodologische Untersuchung veranschaulicht, dass die Wertbegriffe in den einzelnen Milieus a) jeweils eine spezifische Bedeutung haben, in einen je anderen hermeneutischen Verweisungshorizont eingebettet sind; b) so aufeinander bezogen sind, dass der Wertehorizont in jedem Milieu eine spezifische Konfiguration bildet.[74]

Eine Folgerung aus den vorliegenden Befunden ist: Es ist nicht sinnvoll, eine (erneute) Wertediskussion in der Öffentlichkeit zu führen (das würde allenfalls ermüden oder Reaktanz auslösen), sondern eine Diskussion über die *politische Bedeutung von Werten* und die *Konsequenzen für den Alltag* der Menschen ist ersehnt und nötig.

*

Unsere Gesellschaft ist in erster Linie eine *„Leistungsgesellschaft"*. In allen sozialen Milieus besteht der Eindruck, dass **Leistung** in der aktuellen Epoche der dominante Wert ist. *„Leistung ist nicht alles – aber ohne Leistung ist alles nichts"* – aus der Perspektive der Bevölkerung illustriert diese Paraphrase die Bedeutung dieses Werts in Beruf und Öffentlichkeit.

---

74 Insofern dürfen Werte nicht isoliert betrachtet werden, sondern nur in ihren Bedeutungen und funktionalen Bezügen zueinander. Das hat auch die Implikation, dass die klassische quantitative Werteforschung, die in standardisierten Fragebögen die Wertbegriffe nennt und in Bezug auf ihre Wichtigkeit skaliert abfragt, die Wirklichkeit kaum zu fassen vermag, nur noch ein schwacher Indikator für die Wertorientierung der Gesellschaft ist und somit einer Revision bedarf. Insbesondere die Voraussetzung der Bedeutungsäquivalenz der Items in standardisierten Befragungen ist in Bezug auf Wertbegriffe immer weniger gegeben: Ein Konservativer versteht unter Gerechtigkeit etwas ganz anderes als ein Hedonist. Was in standardisierten Abfragen von Wertbegriffen somit bislang gemessen wird, ist nicht Wertorientierung, sondern die Attraktivität von Begriffen.

Doch der Wert Leistung wird ambivalent wahrgenommen (Ausnahme: Etablierte) und hat in nahezu allen Milieus negative Konnotationen. Das gilt heute nicht mehr nur für die moderne Unterschicht (Benachteiligte, Hedonisten), sondern ebenso im traditionellen Segment (Traditionelle, Konservative), im gesellschaftlichen Mainstream (Bürgerliche Mitte) bis hin zu den postmodernen Milieus (Performer, Expeditive).

Ein signifikantes „weak signal" ist die Relativierung des Werts Leistung im Milieu der „Performer". Dieses Milieu verstand sich seit seiner Entstehung Mitte der 90er Jahre – der Zeit der Start-up-Unternehmen und des Internetwachstums – stets als neue, unkonventionelle Leistungselite. Hier war Leistung uneingeschränkt positiv konnotiert: aus Chancen etwas machen, Freiheit für Innovationen und Entwicklungen, Grenzen durchstoßen, Zukunft vorantreiben und neu gestalten. Die allgemeine Wirtschaftsflaute und Krisenstimmung hat dieses Milieu in seinem Optimismus und Selbstvertrauen nicht beschädigt. Auch wenn man selbst von Entlassung betroffen war, versank man nicht in Depression, sondern fand durch adaptives Navigieren einen anderen Weg (nach oben). Aber nachdenklich und ernüchtert zeigt sich dieses Milieu heute durch eine andere Erfahrung mit ihrem zentralen Wert „Leistung": Dieser besteht zunehmend darin, vorgegebenen externen, fremden Standards genügen zu müssen. Jede Leistungssteigerung erzeugt eine neue höhere Benchmark, die man im nächsten, noch kürzer getakteten Intervall übertreffen sollte.

Milieuübergreifend ist die Empfindung, dass a) von allen Werten allein der Wert Leistung nicht relativiert wird und nicht unter Bedingungen gestellt wird[75]; b) dass der Wert Leistung – flankiert vom Wert Eigenverantwortung – andere Werte überschattet; c) dass die Werte Solidarität, Gerechtigkeit, Freiheit, soziale Sicherung wichtige Gegenpole sind.

Der Wert **Solidarität** wird von vielen ersehnt, ist aber gleichzeitig diskreditiert durch a) „politische Sonntagsreden", b) die Selbsterfahrung, dass einem die Solidarität im Alltag immer weniger gelingt und man nicht mehr bereit ist, in der Gesellschaft mit JEDEM solidarisch zu sein, und c) die Befürchtung, dass institutionalisierte Solidarität (Generationenvertrag, Sozialversicherungen) das Sozialschmarotzertum fördert.

Im Wertesegment „A – Gemeinsame Traditionen" (Konservative, Traditionelle) ist das normative Weltbild einer insgesamt solidarischen Gesellschaft selbstverständlich und fest zementiert. Doch subkutan gibt es in diesem Segment zwei gegenläufige Impulse: Der normative und moralische Wunsch nach subsidiärer Solidarität und Verbundenheit wird bei Konservativen und Traditionellen unterlaufen durch soziale Abgrenzung gegenüber der modernen Unterschicht. Ein Konservativer will mit der (traditionslosen, „unzivilisierten", nur spaßorien-

---

75 Ein Beispiel für diese Immunisierung des Werts „Leistung" illustriert der gesellschaftliche Umgang mit Burn-out-Syndromen. Diese werden in der Verursachung kausal unbestritten auf überbordenden Berufsleistungsstress zurückgeführt. Die Bewältigung der Folgen jedoch ist eine Art Vollkasko-Individualisierung: Der Einzelne muss privat – ggfs. durch psychotherapeutische Unterstützung – die Folgen bewältigen und Präventionsvorsorge treffen. Eine Reflexion oder Diskussion über Leistung als Ideologie bzw. die Grenzen der Leistungssteigerung findet nicht oder nur in Fachzeitschriften (z.B. von Ärzten) statt. Dagegen sind die Menschen vertraut mit Begriffen wie „Grenzen der Freiheit"; „Grenzen der Solidarität"; „Grenzen der sozialen Sicherheit". Leistung als Wert ist weitgehend tabuisiert.

tierten) modernen Unterschicht (Benachteiligte, Hedonisten) nicht solidarisch sein, weil diese die Solidarität seitens der Gesellschaft aufgrund ihrer Verweigerung nicht verdient. Somit wird auch im traditionellen Segment Solidarität unter Bedingungen gestellt, die bis zur Solidarisierung von Gleichgesinnten *gegen* andere Gruppierungen geht.

Im Wertesegment „B – Selbstverwirklichung" (Etablierte, Postmaterielle, Bürgerliche Mitte) ist Solidarität noch weiter konditioniert mit doppelter Frontstellung: gegen ultrakonservative Kräfte in der Gesellschaft sowie gegen die moderne Unterschicht.

Im Wertesegment „C – Selbstmanagement" (Performer, Expeditive) ist Solidarität individualisiert, wählbar, flexibel und von temporärer Gültigkeit. Das hat damit zu tun, dass diese Milieus mit der Selbstverständlichkeit einer globalen Orientierung aufgewachsen sind, die nationalstaatliche Grenzen in jedweder Hinsicht in Frage stellt: Performer zeigen stärkere Solidarität mit Gleichgesinnten in anderen Dienstleistungsländern und mit Bedürftigen in Krisengebieten als mit Benachteiligten und Hedonisten in der Unterschicht der deutschen Bevölkerung. In den Milieus der Expeditiven und Performer ist der Wert Solidarität von hoher Bedeutung – und doch radikal gelöst vom überkommenen nationalstaatlichen Denken.

Zum Wert **Gerechtigkeit** sind in der Bevölkerung verschiedene Konzepte verankert (Verteilungs-, Bedürfnis-, Leistungs-, Chancengerechtigkeit) mit unterschiedlicher und zum Teil antinomischer Semantik. Die Gerechtigkeitssemantiken sind eng verknüpft mit den soziokulturellen Grundperspektiven, die durch den Wertewandel gesellschaftlich virulent geworden sind:

- Im traditionellen Wertesegment „A" gibt es eine gesamtgesellschaftliche (Zugehörigkeits-) Perspektive. Dabei ist die Keimzelle für das moralisch-funktionale Fundament einer richtigen und guten Gesellschaft die **Familie** (nicht der Einzelne). Es ist die Perspektive einer organischen (heilen, harmonischen) Gesellschaft, in der jeder Mann / jede Frau einen („natürlichen") Platz hat und dort seine/ihre Pflicht für das Ganze tun muss. In der voreingestellten normativen Gesellschaftsperspektive ist *Verteilungsgerechtigkeit* wichtig mit der Funktion der Stabilisation des Ganzen. In einer sehr spezifischen Semantik ist aber auch *Leistungsgerechtigkeit* bedeutsam, nämlich mit der Funktion der Domestizierung und Einbindung des Einzelnen

- Im modernen Wertesegment „B" gibt es zwar die Einstellung einer gesellschaftlichen Verantwortung, aber nicht mehr als Zugehörigkeit mit daraus notwendig abgeleiteten Verpflichtungen, sondern als freiwilliges Engagement je nach Passion und Ambition. Keimzelle einer richtigen und guten Gesellschaft ist das **emanzipierte Individuum**. Es ist die Perspektive, Balance zu finden zwischen individueller Selbstverwirklichung und sozialer Integration bzw. Verantwortung. Gerechtigkeit bemisst sich daran, die Rechte und Chancen des Einzelnen gegenüber dem Ganzen zu behaupten. Daher dominieren hier die Konzepte der *Leistungs- und Chancengerechtigkeit*

- Im Wertesegment „C" ist die Einstellung einer gesellschaftlichen Zugehörigkeit wie einer Verantwortung für die Gesellschaft zum Teil erheblich erodiert. Keimzelle einer attraktiven Gesellschaft ist das **explorative Individuum**, das in sozialen Institutionen (Familie, Netzwerke) „Anker" und Rückhalt hat. Hier dominiert die Konzeption der *Chancengerechtigkeit*.

In diesem Wertesegment ist solche Gerechtigkeit einerseits radikal auf die eigene Freiheit fokussiert, individualisiert und somit in gewissem Sinne „asozial"; andererseits ist „soziale Gerechtigkeit" externalisiert als Delegation an den Sozialstaat *oder/und* den Marktmechanismus, ohne dass man sich als verantwortlichen Teil betrachtet

Darüber hinaus gibt es im Detail interessante zusätzliche Differenzierungen, Aspekte und Facetten:

- In der spontanen Assoziation zum Begriff Gerechtigkeit denken die meisten sofort an Leistungsgerechtigkeit
  - Konservative und Postmaterielle stellen Leistungsgerechtigkeit unter die Bedingung, dass Leistung nicht exklusives Kriterium sein darf. Die monetär und sozial extremen Ausprägungen der Leistungsgerechtigkeit (gigantische Gehälter in Vorstandsetagen einerseits; Massenentlassungen und zum Teil bittere Armut andererseits) müssen abgefedert und gebremst werden durch alternative Konzepte wie die Verteilungsgerechtigkeit oder Chancengerechtigkeit. Vor allem das DELTA-Milieu „Postmaterielle" zeigt hier typische Differenzierungen: Sympathie für Leistung, aber Distanz *gegen eine eindimensionale Leistungsgerechtigkeit;* ausgeprägte Präferenz für Chancengerechtigkeit, aber *Ablehnung sozialistischer oder verordneter Gleichmacherei.* Für Postmaterielle typisch, aber auch in angrenzenden Milieus erkennbar, ist das unbedingte Beziehen der *Chancengerechtigkeit* auf konkrete Felder des Alltags, wie etwa die Gleichstellung von Männern und Frauen im Haushalt, in der Erziehung (Wer kümmert sich um die Kinder und nimmt ggfs. Erziehungsurlaub?) und im Beruf (Zugang zu Führungspositionen)
  - Dagegen ist bei Etablierten und Performern Leistungsgerechtigkeit unangefochten und nahezu sakrosankt. Trotzdem scheint der Begriff *Leistungsgerechtigkeit* in der Öffentlichkeit einen unangenehmen Beigeschmack zu haben. Deshalb sprechen auch Etablierte und Performer auf der kommunikativen Oberfläche zum Teil von *Chancengerechtigkeit*, meinen semantisch aber Leistungsgerechtigkeit[76]
  - Die Bürgerliche Mitte verhält sich scheinbar paradox: Auf der einen Seite zeigt sie Sympathie für die Konzeption der *Verteilungsgerechtigkeit*, auf der anderen Seite gleichzeitig für die Konzeption der *Leistungsgerechtigkeit*. Aus der Innenperspektive dieses Milieus folgt dies aber einer konsistenten Logik mit doppelter Zielstellung: Verteilungsgerechtigkeit ist der sozialhierarchische Blick nach „oben" (Aufstiegsambitionen; am großen Kuchen teilhaben); Leistungsgerechtigkeit ist der sozialhierarchische Blick nach „unten" mit dem Ziel der Abgrenzung und Distinktion
- Gleichwohl erlebt das Konzept der *Bedürfnisgerechtigkeit* eine Renaissance und findet viel Sympathie vor allem bei Postmateriellen, die *Bedürfnisgerechtigkeit* zu einem Bestandteil ihres mehrdimensionalen Gerechtigkeitskonzepts machen. Sie lehnen zugleich jede sozialistische Gleichheitsvision ab, plädieren aber angesichts der zunehmenden Ökonomisie-

---

[76] „Chancengerechtigkeit" ist der Begriff mit der klar stärkeren Sympathie – ist aber auch diffus, schwer messbar und umsetzbar. „Leistungsgerechtigkeit" wirkt weniger sympathisch, hat die antipodischen Konnotationen von einerseits „kalt(herzig)", kompromisslos, aufrechnend, radikal – aber andererseits auch gerecht, klar, eindeutig.

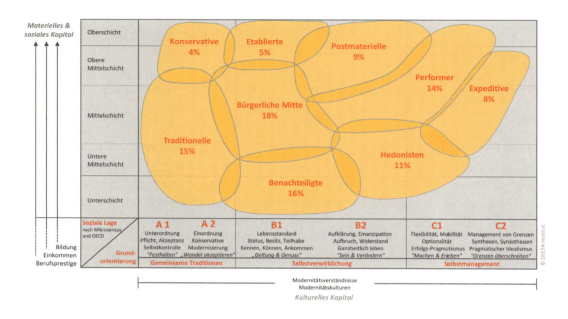

rung der Gesellschaft für die Maxime, dass jeder Mensch unabhängig von seiner Leistung so viel bekommen muss, dass er „menschenwürdig" leben kann

Soziale Sicherheit heute und im Alter ist mittlerweile nicht nur eine latente Sorge bei Menschen am unteren Rand der Gesellschaft, sondern hat die Mittelschicht und sogar große Teile der Oberschicht erfasst. Viele Menschen haben mehrfach unterbrochene Erwerbsbiografien; nicht einmal jeder Zweite zahlt gegenwärtig überhaupt in die Sozialsysteme ein und gleichzeitig haben die letzten Rentenreformen die Ansprüche künftiger Rentner reduziert. Waren bisher vor allem nichterwerbstätige Mütter, Geringverdiener und (Langzeit-)Arbeitslose die Verlierer im Rentensystem, so fürchten heute Arbeitnehmer in mittleren und leitenden Positionen, aber auch kleinere und mittlere Selbständige, dass ihre soziale Sicherheit nicht mehr gesichert ist. Während die Menschen im traditionellen Segment noch vor 20 bis 30 Jahren davon ausgehen konnten, dass sie im Alter von ihren Kindern und vom Wohlfahrtsstaat (in Kombination) versorgt werden, ist diese Sicherheit erodiert. Durch Erwerbsmobilität und andere familiäre Entwürfe wollen und können junge Menschen ihre eigenen Eltern nicht im Alter versorgen – wie umgekehrt die neuen Alten ihren eigenen Kindern nicht zur Last fallen wollen. Wenn soziale Sicherheit nicht mehr durch familiäre Strukturen garantiert ist und auch das staatliche Rentensystem nurmehr einen Rumpf bietet, ist soziale Sicherheit privatisiert. Darauf reagieren die Milieus recht unterschiedlich:

- Etablierte, Postmaterielle und Performer reagieren offensiv durch ein Portfolio privater Absicherungen, wobei sie sich durch professionelle Finanzdienstleister beraten lassen
- Die Bürgerliche Mitte versucht unsicher, sich auf Belastungen im Alter einzustellen und greift gern zu staatlichen Unterstützungsangeboten (Riester-Rente, Rürup-Rente). Gleichzeitig vertraut sie darauf, dass ihr Lebensziel vom eigenen Haus (bzw. Eigentumswohnung) für sie eine Immobilienanlage ist, auf die sie im Alter zurückgreifen kann. Doch seit einigen Jahren nicht mehr nur latent, sondern manifest ist die große Sorge vor Arbeitslosigkeit und damit verbundenem sozialem Abstieg
- Benachteiligte und Hedonisten versuchen, den Druck zu umgehen, oder sie blenden das Thema aus. Sie fühlen sich (jederzeit) unter so großem monetärem Druck, dass sie kaum verfügbare finanzielle Mittel sehen, die sie zurücklegen könnten. Soziale Sicherheit ist für sie keine Frage der Zukunft, sondern der Gegenwart.

Heterogen sind die milieuspezifischen Bedeutungen für den Wert **Freiheit**. Auf der Oberflächenebene haben die Definition von Aristoteles „*Freiheit dies zu tun oder jenes zu tun*" (Handlungsfreiheit) sowie die Formel „*Die Freiheit des Einzelnen hört auf, wo sie die Freiheit des anderen beschneidet*" (Grenzen der Freiheit) Eingang in alltägliche Vorstellungen von Freiheit gefunden. Hermeneutische und lebensweltliche „Tiefenbohrungen" zeigen jedoch, dass in den Milieus unterschiedliche Definitionen von Freiheit dominant sind und der Horizont ganz anders aufgespannt ist. Dies ist nicht nur ein Phänomen sozial-hierarchischer Differenzierung, sondern vor allem der Wertkonfiguration und sozialen Identität: Der Befund sei anhand der gesellschaftlichen Leitmilieus illustriert:

- Konservative verbinden mit Freiheit die *Pflicht des Einzelnen zur Verantwortung* und zur *sozialen Partizipation*
- Etablierte assoziieren mit Freiheit *materielle Unabhängigkeit, Zeitsouveränität* sowie Freiheit *von sozialem Ballast* (keine soziale Einbindung; Reduktion kommunitaristischer Solidarsysteme). Darüber hinaus betonen Etablierte die Handlungsfreiheit des Entrepreneurs sowie der innovativen Unternehmen, die durch staatliche und administrative Reglementierung allzu sehr eingeschränkt, drangsaliert, behindert werden
- Postmaterielle betonen die *innere Freiheit* des Einzelnen im Sinne von Denkfreiheit, Emanzipation von überkommenen Mustern, gesellschaftlichen Erwartungen und populären Trends: Freiheit ist Authentizität
- Für Performer ist der Wert „Freiheit" mittlerweile attraktiver als der Wert „Leistung". Mit Freiheit assoziieren sie: Grenzen überschreiten, Neues schaffen, Projekte voranbringen jenseits verbindlich vorgegebener Standards. Die für dieses Milieu wichtigen Topics „Innovation" und „Flexibilität" sind stärker an den Wert Freiheit gekoppelt als – wie früher – an den Wert Leistung. Eingespannt in die Mühlen der Leistungsmaschinerie (in der sie kompetent funktionieren wollen), sehnen sich Performer nach Gestaltungsspielraum, um Leistung wieder zu einem selbstbestimmten Wert zu machen. Gleichwohl begreifen sich Performer weiter als die junge unkonventionelle und überlegene Leistungselite
- Expeditive haben im Milieuvergleich einen „reinen", gleichsam „radikalen" Freiheitsbegriff. Hier ist Freiheit diametraler Gegenpol zu „Freiheit zur Pflichterfüllung" (Konserva-

tive), „Freiheit durch Leistungsgratifikation", „Freiheit sozialer Exklusion" (Etablierte), „Freiheit für eigene Leistungskapazitäten und -ziele" (Performer). Für Expeditive ist Freiheit, das *eigene Ziel selbst zu bestimmen,* dazu *verschiedene, eigene Wege gehen* zu können, nicht einem vorgegebenen Pfad folgen zu müssen. Insofern meint Freiheit auch die innere Freiheit von äußerlichen Reglementierungen und einer rein ökonomischen Bilanzierung

Aufgrund dieser Befunde liegt es nahe, die alte Vokabel vom „Wertewandel" zu bemühen. Aber es ist wichtig festzuhalten: Wertewandel bedeutet *nicht* Ablösung von bisherigen Werten durch neue Werte, sondern dass sich neue Werte-*Konfigurationen* herausbilden, in denen „neue" Werte das Zentrum der Grundorientierung darstellen und in der die bisherigen „alten" Werte insofern (dialektisch) aufgehoben sind, dass sie mit einer anderen Semantik und Funktion versehen einen peripheren Platz in der Wertekonfiguration bekommen. Diese Werte- und Lebensstil-Konfigurationen sind Ausgang und Kristallisationspunkt von Lebenswelten. Vor diesem Hintergrund ist das Modell der DELTA-Milieus® auch eine soziokulturelle Landkarte von Werten in ihrer lebensweltlichen Verankerung.

Wichtig für das ganzheitliche Verständnis des Wertewandels ist, dass die Dynamik nicht einseitig verläuft. Nicht nur die zeitgeschichtlich jungen Milieus implementieren die alten Werte auf ihre Weise, sondern auch die zeitgeschichtlich älteren Milieus beobachten die neuen Werte, verhalten sich zu diesen (anfänglich oft mit gebührender Distanz und Kritik) und adaptieren sie in ihrer milieuspezifischen Logik.

Vier Beispiele:
- Für das Milieu „Performer" mit den Ankerwerten der inneren und äußeren Flexibilität und Mobilität sowie dem Selbstverständnis als neue unkonventionelle Leistungselite sind auch Pflicht und Ordnung selbstverständlich und notwendig als sekundäre Werte und Tugenden vor allem im Business. In diesen Kontext gehört auch der aktuelle Trend der Wiederentdeckung von Ritualen
- Für das Milieu „Konservative" mit den Ankerwerten Pflicht, Akzeptanz, Bewahren, Ordnung, Tradition spielen auch Status, Genuss und Selbstverwirklichung eine Rolle – allerdings nicht als Lifestyle-Attitüde, sondern eingefasst in eine Vision vom (politisch und moralisch) richtigen und guten Leben in distinguierter Weise
- „Postmaterielle" haben seit der Entstehung des Milieus in den 60er/70er Jahren politisch, moralisch und stilistisch Front gegen das traditionelle Segment bezogen. Mit dem Impetus von Aufklärung, Frauenbewegung und Ökologie sowie in Betonung unbedingter Individualität und Selbstverwirklichung in Form von sozialen Bewegungen war dieses Milieu der soziokulturelle Antagonist gegen die von Traditionellen und Konservativen gelebte Alltagsphilosophie der Anpassung und Selbstkontrolle. Heute gehen Postmaterielle auf Distanz zu ihrer früheren eigenen Ansicht von antiautoritärer Erziehung und fordern, dass Kinder die Orientierung an Regeln lernen müssen. Die für Postmaterielle typische Philosophie der autoritativen Erziehung ist gleichsam das dialektische Produkt von autoritärer und permissiver Erziehung, von denen sich Postmaterielle vehement abgrenzen

- Das konservative Leitmilieu betrachtete seit den 80er Jahren auch Umweltprobleme als ernstzunehmende Gefahr – war aber gegen Umwelthysterie oder Weltuntergangsstimmung und plädierte für eine technokratisch gesteuerte Umweltpolitik mit Augenmaß. Allerdings erfuhr die ökologische Orientierung milieutypisch auch eine eigene Bedeutung: Während das traditionelle Milieusegment in den 80er Jahren noch wütend über Aufrufe und Verordnungen zur Mülltrennung schimpfte und als Gängelei der „linken grünen Intellektuellen" diskreditierte, trennten die Menschen in diesem Segment schon in den 90er Jahren brav und akribisch ihren Müll. An die Stelle der negativen, mit dem Lifestyle der Grünen verbundenen Konnotationen war die Moral von Sauberkeit und Ordnung getreten. Konservative haben die von ihnen noch stigmatisierte „Ökologie" adaptiert in ihre milieuspezifische Logik vom „Bewahren des Eigenen"

Diesen *zentralen* Tendenzen der adaptiven Diffusion von Werten in die Milieulandschaft stehen *zentrifugale* Tendenzen entgegen. Denn in selbstreferenziellen Umweltbeobachtungen der Milieus zeigen diese jeweils Distinktions- und Abgrenzungsbemühungen gegenüber anderen, und sie vollziehen diese in ihrer eigenen (Sozio-)Logik. So führen die zentralen und zentrifugalen Kräfte der Wert- und Stilorientierungen zu einem permanenten Pulsieren der Gesellschaft.

Vor diesem Hintergrund manifestiert sich die seit Jahren gärende Werte-Debatte von Protagonisten unterschiedlicher Profession und Lebenswelt, wie Udo Di Fabio[77], Joseph Kardinal Ratzinger[78], Hans Joas[79], Frank Schirrmacher[80], Peter Prange[81], Ulrich Wickert[82] u. a. als Appell zur Rückbesinnung auf verlorene oder vernachlässigte Werte, die sie jeweils aus ihrer soziokulturell voreingestellten Wertesemantik und Milieuperspektive darstellen und reklamieren.

In ihrer Gesamtschau auf unsere Gesellschaft werden dabei meist eine moralische Schieflage und ein „Werteverlust" diagnostiziert. Doch was als Werteverlust oder gar als Werteverfall von einem Milieu diagnostiziert wird, ist letztlich nur eine Umdeutung, eine Bedeutungs- und Funktionsverschiebung von Werten in einem anderen Milieu. Dramatisch und unübersichtlich ist dies aus der Perspektive eines z. B. traditionellen Milieus, das solches gleich in mehreren anderen Milieus mit je anderen Formen beobachtet. In Wirklichkeit – das zeigt die vorliegende Studie deutlich – orientieren sich alle Menschen und Milieus an Werten. Doch sie verstehen unter denselben Wertbegriffen mitunter etwas anderes. Dieselben Werte haben für sie eine andere Semantik, Funktion, Implikation. Unsere pluralisierte Gesellschaft ist geprägt von einem kulturellen Spagat von Wertbedeutungen – keineswegs vom Werteverlust. Die Herausforderung der Politik besteht somit zunächst darin, die Werte der Gesellschaft in den einzelnen Milieus überhaupt zu verstehen, um dann eine Sozial- und Wirtschaftspolitik zu gestalten, die auf diese Bezug nimmt.

---

77 Di Fabio, U. (2005): Die Kultur der Freiheit. Der Westen gerät in Gefahr, weil eine falsche Idee der Freiheit die Alltagsvernunft zerstört. München.
78 Ratzinger, J. (2005): Werte in Zeiten des Umbruchs: Die Herausforderungen der Zukunft bestehen. Freiburg.
79 Joas, H./Wiegand, K. (2005): Die kulturellen Werte Europas. Frankfurt/Main.
80 Schirrmacher, F. (2006): Minimum. Vom Vergehen und Neuentstehen unserer Gemeinschaft. München.
81 Prange, P. (2006): Werte. Von Plato bis Pop. Alles was uns verbindet. München.
82 Wickert, U. (2007): Gauner muss man Gauner nennen. Von der Sehnsucht nach verlässlichen Werten. München.

6.1 Etablierte

Werte sind funktionale Tugenden

Bei der offenen Frage nach den für sie persönlich wichtigen Werten nennen Etablierte folgende: Leistung, Ehrlichkeit, Zuverlässigkeit, Respekt, Höflichkeit, Engagement, Ehrgeiz, Disziplin, Durchsetzungsvermögen, Loyalität, Fairness, Sicherheit (des Arbeitsplatzes / der Familie), Gesundheitsbewusstsein, Treue, Hilfsbereitschaft, Teamfähigkeit, gepflegtes Miteinander, Familie, Pünktlichkeit, Ernsthaftigkeit, Lebenslust.

Die hermeneutische Analyse der Begründung dieser Werte zeigt, dass Werte für Etablierte den Charakter von „Tugenden" haben, notwendige Voraussetzungen für das Funktionieren von Familie und Unternehmen sind, vor allem für die Erbringung besonderer Leistungen. Werte sind funktional für die Gesellschaft – für das Zusammenleben in der Familie ebenso wie für Wirtschaft, Politik, Wissenschaft, Bildung, Erziehung u. a.

Damit verbunden ist bei vielen Etablierten die Diagnose vom Verlust der Sozialisation und des Trainings wertvoller Tugenden: Vor allem ältere Etablierte tendieren zur Auffassung, dass jene Werte, die tragende Säulen gerade der Kultur- und Wirtschaftskraft Deutschlands sind, heute bei vielen jungen Menschen nicht mehr selbstverständlich sind.

Insofern betonen Etablierte, dass der Erziehung heute eine elementare Aufgabe für die soziokulturellen Grundlagen der Gesellschaft von morgen zukommt. Erziehung dient der Formung und Festigung von Werten und (Sekundär-)Tugenden. Hier misstrauen Etablierte sowohl den „nivellierenden" Gesamtschulkonzepten und generell staatlichen Einrichtungen und zeigen eine starke Präferenz für „strenge" und „anspruchsvolle" Schulen und Universitäten in privater oder konfessioneller Trägerschaft, da Wettbewerb der beste Mechanismus für Leistungssteigerung und Auslese ist.

- „Unter Werten verstehe ich das, was uns als Kind beigebracht wurde, die ich auch heute noch beherrsche."

- „Wir haben uns dazu entschlossen, unsere Kinder in den katholischen Kindergarten zu geben. Wir sind jetzt keine Kirchgänger, aber es steckte schon etwas dahinter: Lenkung in eine bestimmte Richtung: Respekt erlernen, Vater und Mutter ehren."

Leistung ist Ankerwert

Das maßgebliche Prinzip zur Beurteilung ihrer selbst sowie ihrer unmittelbaren und mittelbaren Umwelt ist für Etablierte „Leistung". Etablierte halten sich für die Leistungsträger unserer Gesellschaft. Man selbst hat mit seinen überdurchschnittlichen Fähigkeiten, mit fachlichen Kompetenzen und mit großem Engagement viel bewegt. Voraussetzungen für den Erfolg sind Tugenden wie Fleiß, Hartnäckigkeit, Veränderungswille, Mut – aber auch die Bereitschaft, private Bedürfnisse (z. B. Freizeit) zeitweise zurückzustellen. Wer so viel kann, einsetzt und riskiert, der hat es verdient, angemessen bezahlt zu werden, und hat das gute Recht, einen distinguierten Lebensstil zu pflegen.

> - *„Jeder muss täglich etwas leisten, egal ob für sich, für den Partner, für die Kinder. Irgendetwas muss man leisten – und nicht gleich am Morgen wieder das Licht ausmachen."*
> - *„Weiterbilden, fortbilden ist auch Leistung. Am Ball bleiben. Nicht stehen bleiben."*
> - *„Ich habe etwas geleistet: Ich habe Auto und Haus, von 0 auf 100. Das war harte Arbeit, aber das war eine Leistung. Ich genieße es, dass ich jetzt auf dem Punkt bin. Mir geht es gut und ich weiß auch, was ich dafür getan habe."*
> - *„Ich bin stolz auf die Leistung, die ich für mich, mein Unternehmen und für meine Familie erbracht habe."*

Leistung ist ein gerechtes Ordnungsprinzip: Etablierte zeigen die paradigmatische Weltperspektive, dass jeder – egal an welchem Platz er steht – in der Pflicht ist, sich Mühe zu geben, sein Bestes zu geben, sich nicht ins soziale Netz fallen zu lassen. Man erwartet Leistung von seinem Umfeld: von den eigenen Kindern, von den Mitarbeitern, von öffentlichen Institutionen, der Politik und jedem Einzelnen in der Gesellschaft. Nicht jeder kann gleich viel und zu jeder Zeit Erfolg haben. Aber Etablierte gehen davon aus, dass die von ihr präferierte Leistungsgesellschaft ein funktionierendes und weitgehend gerechtes Rangsystem schafft, in dem Bildung, Leistung, Kompetenz und Professionalität belohnt werden. Durch ihre Herkunft (kulturelles Kapital; materielle Ressourcen) haben Manche bessere, andere schlechtere Startvoraussetzungen; dennoch bietet eine Leistungsgesellschaft jedem Aufstiegschancen.

Nur wer sät, darf auch ernten: Es geht darum, aktiv zu sein, sich zu engagieren, im Rahmen der persönlichen Möglichkeiten einen Beitrag zu leisten: für sich, sein Umfeld und die Gesellschaft.

> - *„Leisten kann man auch ganz kleine Dinge, z. B. man steht irgendwo und fragt: Darf ich mit Brötchen schmieren?"*

Wer für sich keine Ziele und Ambitionen hat, wer aus Desinteresse und Faulheit nichts für die Gesellschaft beitragen will, den sollte man seitens der Gesellschaft zwar *„nicht vor die Hunde gehen lassen"*, ihn aber auch nicht so versorgen, dass er es sich behaglich einrichten kann und es sich gut gehen lässt. Nicht toleriert wird, wenn *„man sich gehen lässt"*, sich ausschließlich auf die (finanzielle) Unterstützung anderer verlässt und damit deren Leistung ausnutzt. Leistungsverweigerung muss ökonomisch schmerzen. Leistungsgerechtigkeit sorgt für ein gerechtes sozialhierarchisches Rangsystem und ist Motivator.

„Leistung zahlt sich aus" – aber *„Leistung um jeden Preis und mit allen Mitteln"* lehnen Etablierte ab. Orientierung an Leistung kann durchaus negative Seiten haben, nämlich dort, wo Leistungsdruck dem Menschen schadet.

> ▪ *„Die Radfahrer, die jetzt alle zugeben, gedopt zu sein: Da frage ich mich: Muss das sein?"*

Aber solcher Leistungsdruck – gar erdrückender, einschnürender Leistungsdruck – wird meist nur bei anderen festgestellt. Es gehört zum Selbstverständnis von Etablierten, dass man (je)dem Leistungsdruck standhält und überlegen ist. Insofern ist Leistungsdruck auch ein Scharfrichter, um die Spreu vom Weizen zu trennen.

Psychodrawing zum Begriff „Leistung"

- Der kluge Kopf, der optimistische Denker (Brille, Lächeln) als Blickfang signalisiert: Leistung ist v. a. *männliche* Power (starker Muskel): Kraft, Stolz, Durchhaltevermögen, Ausdauer
- Leistung wird spontan nicht mit klassisch weiblichen Attributen und Tätigkeitsfeldern assoziiert, sondern mit klassisch männlichen Attributen
- Der Pfeil nach oben: Leistung verlangt eine stete Steigerung, die *quantifizierbar* ist

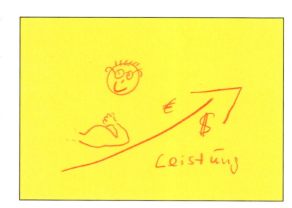

- €/$: Am „Ende"; letztlich zählt bei Leistung nur das Resultat = finanziell zählbarer Erfolg
- Leistung ist eine objektive „äußerliche" Größe – damit vergleichbar und Grundlage gerechter Bewertung
- Außenorientierung: Respekt, Anerkennung, Bewunderung

Eigenverantwortung schafft Autonomie, Reichtum, Glück

Eigenverantwortung hat für Etablierte grundsätzlich und nahezu uneingeschränkt positive Konnotationen:

(1) Eigenverantwortung ist die Möglichkeit, sein Leben selbst steuern und gestalten zu können. In ihrer gleichermaßen anthropologisch und funktional begründeten Gesellschaftsperspektive sollte Eigenverantwortung die normale Grundeinstellung aller Bürger sein. „Abhängigkeit" und „Fremdbestimmung" sind für Etablierte negativ behaftete Gegenpole, die nur dann legitimiert sind, wenn jemand schicksalhaft sein Leben nicht selbst in die Hand nehmen kann

(2) Eigenverantwortung ist im Kontext des Ankerwerts Leistung die Voraussetzung, um in verschiedenen Sphären der Gesellschaft (v.a. Arbeit und Beruf, Politik) nach ganz oben zu kommen, um Grundlegendes zu bewegen und dafür besonders hohen materiellen Ertrag zu haben: Eigenverantwortlich zu leben und zu arbeiten ist aber auch a) mit mehr Arbeit und Mühe verbunden, weil viel mehr Entscheidungen bedacht und getroffen wer-

den müssen; b) mit emotionaler Belastung verbunden, weil man die Konsequenzen seiner Entscheidungen tragen muss und der Erfolg nicht garantiert ist
(3) Andererseits erleben Etablierte durch die von ihnen praktizierte Eigenverantwortung, dass sie „*aber auch ein gutes Gefühl hinterlässt*": Nur Eigenverantwortung birgt das Potenzial für echtes, höheres Glückserleben, für innere Befriedigung und das Gefühl innerer und äußerer Freiheit

Insofern sollte Eigenverantwortung der normale Einstellungsmodus aller Menschen in einer demokratisch verfassten Gesellschaft sein.

- „*Mit seinem Tun und Handeln ist man sich selbst verantwortlich. Erfolgreich ist, wer sein Glück selbst in die Hand nimmt.*"

- „*Eigenverantwortlichkeit heißt für mich: Ich kann guten Gewissens in den Spiegel sehen.*"

Psychodrawing zum Begriff „Eigenverantwortung"

- Das Individuum sieht sich im Spiegel: Verantwortung bezieht sich auf das *Selbst* (Person) und auf das *Eigene* (Familie, Unternehmen)
- Eigenverantwortung beginnt damit, dass sich der Einzelne über sich selbst klar werden muss, mit dem unverstellten Blick auf sich: Selbstaufklärung über die eigenen Fähigkeiten, Potenziale, Ressourcen („*was man in der Hand hat*")

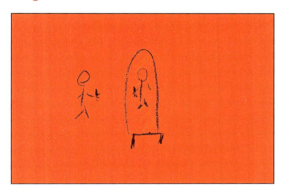

- Ausgeprägter Solipsismus (keine anderen Menschen im Bild): a) Sich erst an die eigene Nase fassen, bevor man mehr Eigenverantwortung von anderen einfordert oder von anderen mehr (soziale) Unterstützung verlangt; b) Unabhängigkeit, sich nicht vor anderen rechtfertigen müssen: sein eigenes Ding machen, nicht eingebunden sein und nicht diskutieren müssen; c) das eigene Leben und die anvertrauten Aufgaben *autonom* steuern

Die Freiheit des Entrepreneurs: Handlungsspielraum und Zeitsouveränität

Der Wert „Freiheit" wird primär auf den ökonomischen Kontext fokussiert und als „Freiheit des Unternehmers" verstanden: Hier kritisieren Etablierte vor allem rechtliche, bürokratische und gewerkschaftliche Hürden (z.B. Betriebsauflagen, Umweltschutzauflagen, Allgemeines Gleichbehandlungsgesetz, Gender Mainstreaming, Kündigungsschutz), die sie als Fesseln oder gar gefährliche Hemmnisse für das Unternehmen begreifen. Dahinter steht aber auch das „(gekränkte) Selbstbewusstsein", von Kräften blockiert zu werden, die nicht ihre Sachkenntnis und nicht ihre Entrepreneurship haben.

– Latent ist die emotionale Befürchtung und begründete Sorge vorhanden, die eigene Freiheit zu verlieren. Typische Bilder sind Fesseln und Handschellen als Metaphern für Bewegungslosigkeit
– Demgegenüber zeichnen Etablierte ihre Vision vom grenzenlosen Himmel, von purer Weite, völlig offenem und uneingeschränktem Handlungsspielraum. Sie haben keine Befürchtung, darin verloren zu sein, sondern die sichere Vision, dort erst zu wirklicher Entfaltung zu kommen

Wirklich frei ist für Etablierte, wer sich trotz aller bürokratischer Hürden durchsetzt, beste Leistung erbringt und ökonomischen Erfolg hat. Damit wird auch Unabhängigkeit von bürgerlichen Konventionen und Regeln verbunden.

> ▪ *„Wer gut verdient, kann sich frei bewegen – wie im Urlaub."*

Die andere Form von Freiheit ist für Etablierte, *Zeit zu haben* für die Familie, zum Entspannen, für die eigenen Bedürfnisse: Handy aus, sich zurücklehnen und die Ungestörtheit genießen; vor allem Zeitsouveränität, das selbstbestimmte Verfügen über sein begrenztes Zeitfenster.

Psychodrawings zum Begriff „Freiheit"

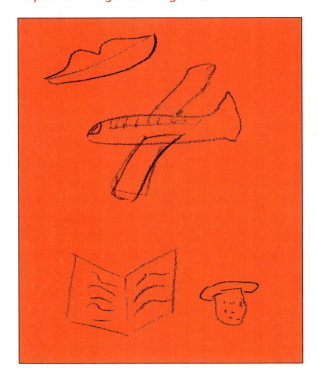

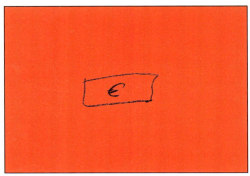

- Im Zentrum der Freiheit steht „Geld": Das bedeutet Unabhängigkeit
- Die äußerste Reduktion auf einen Aspekt und der geschlossene Kasten signalisieren: Geld ist der Dreh- und Angelpunkt für Freiheit in jeder Hinsicht
- Das Leben in Freiheit: Menschen, die mir wichtig sind, Mobilität, Luxus, Zugang zu Informationen und (Hoch-)Kultur

- Die Welt steht mir offen und ich kann das auswählen, was ich möchte, für mich wichtig ist; die Türen stehen offen für mich
- Flugzeug: Die Welt von oben sehen; über Grenzen hinweggehen, nicht eingeschränkt sein

Die Familie: Herausforderung und Ruhepol

Neben dem leistungsbestimmten Beruf als Werteanker ist die Familie der soziale Heimathafen. Dabei versteht man unter „Familie" selbstverständlich die klassische Kernfamilie (Vater, Mutter, miteinander verheiratet, beiderseits leibliche Kinder). Auch Familie ist bei Etablierten indirekt mit Leistung verbunden:

- Leistung erbringt man, um es der Familie gut/besser gehen zu lassen und um seinen Kindern eine herausragende Ausbildung zu ermöglichen. Es geht nicht um Familie an sich, sondern um eine repräsentable Familie mit einem distinguierten Lebensstil und eingebunden in einen erlesenen Kreis von Gleichgesinnten. In dieser Außenorientierung ist Familie eine Lebensaufgabe, die man sich – durch Leistung – erwerben und erhalten muss
- Familie ist gleichzeitig ein konkreter fester Ort und eine sozial-sinnliche Atmosphäre, in der man sich von den Strapazen, die ein anspruchsvoller Job mit sich bringt, erholen kann. Im geschützten und abgeschirmten Kreis der Seinen/Ihren ist der/die Einzelne aufgehoben, ist befreit von Repräsentationsaufgaben und kann authentisch seinen/ihren Neigungen nachgehen. Vordergründig mag dies als leistungsfreie Zone erscheinen; tiefgründiger jedoch steckt auch darin ein Leistungsversprechen der Familie

Ambivalenz: Solidarität und soziale Sicherheit

Solidarität stellt auch für Etablierte einen wichtigen Wert dar, der für das Funktionieren von Familie, Gesellschaft sowie Unternehmen elementar ist. In Anbetracht der Globalisierung und des internationalen Wettbewerbs hat der Einzelne/das Unternehmen/Deutschland nur Chancen, wenn man sich als Team versteht und gemeinsam an den komplexen Herausforderungen arbeitet. Aber Solidarität hat in der alltäglichen Kommunikation (wie auch in sozialwissenschaftlichen Untersuchungen) den faden Beigeschmack des *sozial Erwünschten*: Sich zur Solidarität zu bekennen, gehört zum guten Ton. Vor allem durch politische Partei(tags)programme und Sonntagsreden ist der Begriff Solidarität in der Wahrnehmung auch der Etablierten zu einer Hohlphrase geworden. Etablierte scheuen sich nicht, den persönlich erlebten negativen Beigeschmack des Solidaritätsmissbrauchs zu betonen: „Sozialschmarotzer" sind Etablierten ein Dorn im Auge, denn sie zehren von den Früchten, für die jene hart arbeiten mussten und müssen.

> ▪ *„Ich differenziere: Die Gesunden zahlen für die Kranken, die Arbeitenden für die Nichtarbeitenden, Unwilligen. Das ist auch eine Art Solidarität, da verzichte ich gerne auf Solidarität. Das kann so nicht funktionieren."*

> ▪ *„Es gibt ein soziales Netz, das nicht auffängt, sondern ausgenutzt wird. Derjenige, der es nicht ausnutzt, ist sozusagen der Blödmann."*

> ▪ *„Ich habe einen Onkel, der auch immer nimmt. Das ärgert mich. Der hat schön seine Freizeit auf unsere Kosten."*

Hier plädieren Etablierte dafür, den semantischen Kern, die Funktion sowie die Grenzen von Solidarität wieder klarer ins Bewusstsein zu rücken – politisch und soziokulturell. Etablierte sehen sich selbst(bewusst) als ökonomische und finanzielle Stütze der Gesellschaft und ihrer Sozialsysteme. Sie sind damit der Ansicht, am besten (mit-)entscheiden zu können, für welche Zwecke und für wen (ihr) Geld ausgegeben werden darf. Privatisierung ist die Forderung von Etablierten in Bezug auf soziale Sicherheit. (1) Nicht das gänzlich auf sich allein gestellte isolierte Individuum ist das Wunschmodell, sondern der in ein soziales Netz von Familie und Freunden eingebundene Mensch, der dieses Netz nur in schwierigen Notzeiten in Anspruch nimmt. (2) Soziale Sicherheit bedeutet auch, über ausreichend finanzielle Mittel zu verfügen, um sich selbst für Notsituationen absichern zu können. Dazu gehören Geldanlagen ebenso wie ein privatisiertes Gesundheitssystem.

Gerechtigkeit ist relativ – Leistungsgerechtigkeit ist fair

Bemerkenswert ist die stark subjektivistische Beschreibung von Gerechtigkeit. Dieser Wert gilt als individuelle Befindlichkeit: Was für den einen gerecht sein mag, ist für den anderen ungerecht. Objektivität gibt es in Bezug auf Gerechtigkeit nicht. Etablierte präferieren selbst die Konzeption der „Leistungsgerechtigkeit" als pragmatische Hilfskonstruktion – wobei sie kritisch hinzufügen, dass andere Menschen in anderen sozialen Lagen das möglicherweise anders sehen.[83] Ungerechtigkeit gehört zum Leben; es gibt keine gänzlich gerechte Situation. Gleichwohl sind Etablierte davon überzeugt, dass sich summa summarum gerechte und ungerechte Situationen für den Einzelnen ausgleichen – sofern dieser leistungsorientiert und eigenverantwortlich handelt. Politische Programme, die Gerechtigkeit versprechen, sind in den Augen der Etablierten unseriös und Blendwerk, weil sie über die (harten) Tatsachen des Lebens täuschen. Insofern ist Gerechtigkeit kein prominenter Wert in freiheitlich-demokratischen Gesellschaften: Gerechtigkeit ist allenfalls eine Grenzmarkierung zur Abwehr von Willkür und Übervorteilung. Gerechtigkeit ist im Alltag kein Wert, sondern eine Hoffnung, dass Leistung fair honoriert wird: Gerechtigkeit als Fairness.

> ▪ *„So habe ich es erfahren. Es gibt in jeder Lebenssituation eine Ungerechtigkeit, das macht das Leben aus, es gleicht sich aber irgendwann aus."*

> ▪ *„Der Begriff ist relativ. Das Leben ist ungerecht, aber trotzdem schön."*

---

83 Die Begriffe „Leistungsgerechtigkeit" und „Chancengerechtigkeit" werden von Etablierten weitgehend synonym verwendet. Unter „Chancen" verstehen sie die Möglichkeit, aus den angeborenen und trainierten Talenten mit Fleiß und Engagement etwas zu machen.

6.2 Postmaterielle

Emanzipatorisches Menschenbild – und der dialektische Lernprozess zwischen Tradition und Postmoderne

Bei der offenen Frage nach den für sie persönlich wichtigen Werten nennen Postmaterielle zunächst folgende: Respekt gegenüber Mitmenschen, Freiheit, Toleranz, Offenheit, Authentizität, Freiraum, Gelassenheit.

Zu diesen für das Milieu typischen individualistisch-emanzipatorischen Selbstverwirklichungswerten kommen traditionelle Werte und klassische Sekundärtugenden hinzu, wie Ehrlichkeit, Höflichkeit, Pünktlichkeit, Zuverlässigkeit, Glauben, Familienleben, Beziehungen, Sicherheit, Rechtsstaatlichkeit, Regeln in der Erziehung.

Eine solche Synthese traditioneller und moderner Werte, die vor zwei bis drei Dekaden in diesem Milieu als antipodisch und unvereinbar galten, dokumentiert einen soziokulturellen Wertewandel innerhalb des Milieus der Postmateriellen.[84] Hier hat in diesem Lebensweltsegment ein zeitgeschichtlicher Lern- und Entwicklungsprozess stattgefunden. Einerseits reichen die identitätsstiftenden Werte des Milieus bis zur ersten großen Emanzipationsbewegung der deutschen Nachkriegsgeschichte (1960er bis 1970er Jahre) zurück, andererseits distanzieren sich die älter gewordenen „68er" genauso wie die jüngeren Postmateriellen von den damals rigiden antispießbürgerlichen Attitüden sowie vom demonstrativen Nonkonformismus. Dem setzen sie eine positive Umdeutung und Neubewertung auch traditioneller Werte und Tugenden entgegen, die sie nach eigener Maßgabe in ihr normatives Menschen- und Gesellschaftsbild integrieren.

Postmaterielle eint die Utopie vom aufgeklärten Individuum mit ganzheitlichem Lebensentwurf in einer – idealerweise – von Ideologien, überkommenen Strukturen und Populismen emanzipierten Gesellschaft. Selbsterkenntnis und Persönlichkeitswachstum sind für sie eine kontinuierliche Herausforderung und ein stets unabgeschlossenes Projekt. Man begreift sich als intellektuelle, kulturelle und ökologische Avantgarde; als kritischer Begleiter des soziokulturellen und gesellschaftspolitischen Wandels.

Die Menschen in diesem Milieu setzen sich intensiv mit Werten, ihrer Funktion und Sinnhaftigkeit für den Einzelnen wie für die Gesellschaft auseinander. In diesem Prozess andauernder Anstrengung geht es nicht mehr um ein Aussortieren von „hinderlichen" Werten, sondern um ein Wiederentdecken und Neuverstehen auch von traditionellen Werten. Der damaligen Selbstverwirklichungsgeneration (den „68ern") wirft man mit kritischem Rückblick auf die Zeitgeschichte und auch auf die eigene Biografie vor, Werte wie Pünktlichkeit, Zuverlässigkeit, Familiensinn, Vertrauen, Einfühlungsvermögen, Rücksicht u. a. geschwächt und in egoistisch-narzisstischer Selbstverliebtheit auf Jahre hinaus diskreditiert zu haben.

---

84 Dieses Milieu hat seine gesellschaftliche Geburtsstunde in den 60er und 70er Jahren. Ausgang waren die „68er-Generation", die Emanzipations-, Frauen- und Ökologiebewegung, die das damals neue „Alternative Milieu" formierten und das „Liberal-intellektuelle Milieu" zunehmend prägten.

Sowohl für die eigene ganzheitliche Persönlichkeit als auch, für ihre Partnerschaft und für die Erziehung ihrer Kinder (Regeln lernen statt antiautoritärer Erziehung)[85] haben jene Werte eine wichtige Funktion.

Dabei adaptieren Postmaterielle Werte nicht beliebig, sondern gefiltert nach ihrer Utopie vom ganzheitlichen Lebens- und Gesellschaftsentwurf. Nicht „von allem etwas" ist die Maxime, sondern eine pointierte und klare Konfiguration unter der Maßgabe der Bedeutung für das „Menschliche" im Alltag von Familie und Beruf, in Politik, Wirtschaft und Gesellschaft:

- *„Der Mensch ist das Maß."*

Mit Blick auf verschiedene gesellschaftliche Bereiche und Probleme ist „Respekt" ein aktuelles und instruktives Thema: Nicht nur in der häuslichen Erziehung und an Schulen, sondern auch in Wirtschaft und Politik kann man mit der analytischen Brille und Frage, ob Menschen dort miteinander *respektvoll* umgehen, die soziokulturelle Befindlichkeit in unserem Land identifizieren. Für Postmaterielle ist die Diagnose überwiegend negativ, zumindest ambivalent, doch ohne in einen Kulturpessimismus zu stürzen. Diese Diagnosen sind aber auch Grundlage für die Betonung von Werten und Sekundärtugenden wie Höflichkeit, Pünktlichkeit, Zuverlässigkeit, die somit nicht selbstzweckliche Werte sind, sondern eine bestimmte Funktion für das Individuum und die ganzheitliche Gesellschaft haben.

Innere und strukturelle Freiheit

Postmaterielle betonen den hohen Wert der Freiheit des Individuums, zum einen in Bezug auf ihre persönliche innere Freiheit, um sich von äußeren Zwängen zu distanzieren und zu emanzipieren; zum anderen in Bezug auf gesellschaftlich-strukturelle Zwänge, vor allem durch Wirtschaft, Technologie, Konsum und Administration.

- *„Meine Freiheit hört da auf, wo die anderer anfängt."*

- *„Freiheit hört immer da auf, wo man die eines anderen einschränkt. Beispielsweise laute Musik in der Nachbarschaft oder im Zug. Das hat was mit Respekt zu tun."*

- *„Freiheit ist immer auch die Freiheit der anderen – das sagte schon Rosa Luxemburg."*

- *„Kein Geld der Welt kann mir meine Freiheit bezahlen."*

- *„Wer innerlich frei sein will, muss ständig an sich selbst arbeiten, sich von Vorurteilen, Schubladen, Klischees und allem, was den Horizont verengt, freimachen."*

---

85 Postmaterielle lehnen sowohl eine traditionell-autoritäre Erziehung als auch eine permissiv-antiautoritäre Erziehung ab. Dem setzen sie eine autoritative Erziehung entgegen, in der Eltern und Lehrer den Kindern den Sinn von Regeln im Allgemeinen sowie das Verstehen und Einhalten konkreter Regeln vermitteln und diese konsequent (aber nicht rigide, sondern kompromissbereit) einfordern.

> ▪ *„Nur wer innerlich frei ist, kann äußerlich frei sein. Das gilt auch umgekehrt."*

Freiheit ist für Postmaterielle im Wesentlichen die bewusste Auseinandersetzung des Individuums *mit* sowie die temporäre Abgrenzung *von* anderen Menschen und Gruppen, Ritualen und Gewohnheiten, Vorurteilen und Schablonen.

Dieses Milieu zeigt eine ausgeprägte Leidenschaft für Leistung (ohne sich als „leistungsorientiert" bezeichnen zu wollen – das wäre zu eindimensional), hadert aber gleichzeitig mit (Leistungs-)Strukturen im privaten Alltag und in der Wirtschaft, die als Zwang zur individuellen Selbstentfaltung begriffen werden.

> ▪ *„Schwierig, sich vom Alltag zu befreien. Man muss Geld verdienen, Versicherungen bezahlen, zwischen 18 und 20 Uhr einkaufen."*

> ▪ *„Man wird überall erfasst: vom Fiskus, von anderen Behörden, beim Einkaufen, im Internet. Ich empfinde das als Einengung."*

Psychodrawing zum Begriff „Freiheit"

- Offene Arme und Hände: Freiheit kommt von innen (z. B. krasser Gegensatz zu Etablierten); nicht entscheidend geprägt und abhängig sein von materiellen Dingen, Werten und Rahmenbedingungen
- Freiheit ist eine innere Haltung: kindliche reine Neugier. Frei ist, wer Vertrauen hat in das, was ihn umgibt, was auf ihn zukommt: offen sein, präsent sein, unvergrübelt sein
- Eigentliche Freiheit ist ein ursprünglicher, unverfälschter Zustand

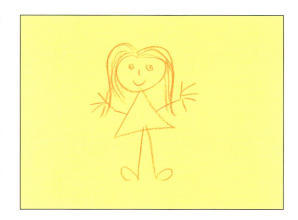

Eigenverantwortung: Grundausstattung, die jeder haben sollte

Im postmateriellen Menschenbild, das Freiheit, Emanzipation, Authentizität und Selbstverwirklichung des Individuums ins Zentrum stellt, ist der Wert „Eigenverantwortung" eine dazu notwendige Grundausstattung. Dabei ist Eigenverantwortung nicht in die Beliebigkeit des Einzelnen gestellt, sondern das „anthropologische Bedürfnis" des modernen, aufgeklärten Menschen – und damit auch seine Pflicht. Diese Verantwortung erstreckt sich nicht nur auf die Sorge um eigene, persönliche Belange, sondern gleichermaßen auch auf Zivilcourage, sozialpolitisches Engagement und Partizipation als Staats- und Weltbürger.

- *„Ich bin verantwortlich; wenn ich etwas sehe, muss ich handeln."*
- *„Wählen gehen! Da schon fängt Eigenverantwortung an. Auch Engagement in der Nachbarschaft. Für andere Sprachrohr werden – nicht nur für Minderheiten in Deutschland, sondern auch in anderen Teilen der Erde."*
- *„Im Gesundheitssystem war es früher un-eigenverantwortlich. Die medizinische Versorgung hat nichts gekostet. Heute ist das anders. Ich kann viel selbst tun: kein Alkohol und Nikotin, gesunde Ernährung und Sport. Das setzt natürlich Niveau und Intelligenz voraus. Gewisse Schichten haben da offensichtlich Schwierigkeiten, können oder wollen das nicht. Das muss man vorleben."*
- *„Eigenverantwortung: Das Versuchen zählt – nicht nur das Erreichen!"*
- *„Eigenverantwortung ist ein Unterbegriff von Zivilcourage."*

Psychodrawing zum Begriff „Eigenverantwortung"

- Unterschiedliche Gruppen von Menschen (Große/Kleine; Gesunde/Kranke): alle mit offenen Armen: der Kreis ist nicht geschlossen
- Verantwortung heißt nicht, dass Stärkere für die Schwächeren sorgen müssen: Jeder hat seine Verantwortung für sich; aber man ist nicht allein da, sondern ist auch in der Verantwortung für andere
- Ich kann nur eigenverantwortlich leben, wenn a) jeder so lebt und b) niemand nur an sich denkt

„Lebensweltliche Solidarität" versus „System-Solidarität"

In Bezug auf „Solidarität" zeigen Postmaterielle zwar *Wert*schätzung, kritisieren aber die „Zwangssolidarität" unserer Gesellschaft. Auf der Grundlage ihres auf Unabhängigkeit und (Wahl-)Freiheit gründenden Menschenbildes unterscheiden sie zwischen „menschlicher Solidarität lokal und global" (Subsidiarität) und „vom Staat verordneter System-Solidarität" (z. B. Generationenvertrag der Sozialversicherung), die allerdings der menschlichen Solidarität zunehmend den Boden entzieht: Wenn soziale Sozial- und Alterssicherung per Staatsverordnung von einem abstrakten, bürokratischen, überregulierten und anonymen System exklusiv übernommen werden, bekommt der Begriff Solidarität eine semantische Schieflage. Postmaterielle projizieren gern Vorbehalte und Misstrauen in staatliche Institutionen – was zeitgeschichtlich ihrem der Aufklärung verpflichteten Totalitarismusverdacht sowie ihrer

Furcht und ihrer Abscheu vor dem „Kollektiv", der „Masse" entspringt: Man fürchtet um die eigene Individualität und Autonomie. Gleichzeitig ist das Misstrauen in den Staat nicht rigoros und prinzipiell (wie noch bei der 68er-Generation). Vielmehr geht es Postmateriellen darum, Solidarität nicht verkürzt und eindimensional zu begreifen, sondern sie aus der institutionalisierten Verengung selbst zu befreien. Insofern zeigt dieses Milieu eine starke Sympathie für die sozialpolitische Kultur in skandinavischen Ländern.

Ihre Kritik zielt auch auf die politische und mediale Öffentlichkeit. Denn wenn in politischen Programmen, auf Parteitagen und in Talkshows von Solidarität die Rede ist, meint das implizit den konventionellen, angepassten gesellschaftlichen Mainstream. Menschen am Rande der Gesellschaft – sei es die soziale Unterschicht (es ist für Postmaterielle ein verlogener Skandal, wenn der Begriff „soziale Unterschicht" auf der politischen Bühne tabuisiert ist), Querdenker, subkulturelle Szenen oder der postmoderne Lifestyle – werden in politischen Debatten zu Solidarität meist implizit ausgeschlossen. Damit wird der Wert „Solidarität" zum Label und für die eigene PR missbraucht, er wird dabei nicht nur zu einem diffusen Wert, sondern impliziert Ausgrenzung.

> ▪ *„Solidarität hat für viele heute doch die Bedeutung von Verbündung gegen Mitschüler, Lehrer u. a."*

Postmaterielle betonen zum einen, (1) dass der Wert Solidarität heute in unserer zunehmend unsolidarischen Gesellschaft ein wichtiger Pol gegenüber einem übersteigerten Egoismus ist; (2) dass Solidarität kein Wert an sich ist, sondern der Präzisierung bedarf: Sie selbst akzeptieren nicht die Vorstellung, mit allen Menschen – gleich welcher Gesinnung und Lebensart – solidarisch sein zu sollen.

Psychodrawing zum Begriff „Solidarität"

- Positiv: Trotz aller Verschiedenheit sind die Menschen miteinander verbunden – qua Menschsein und qua Verantwortung für diese Welt
- Negativ: Kritik an Zwangssolidarität, wenn das gemeinsame Band staatlich verordnet wird (durchgezogene Linie: standardisiert, überreguliert). Dadurch gehen Kulturen individueller Verbundenheit verloren („das Menschliche")

Entkoppelung von Leistung und Mensch-Sein

Postmaterielle zeigen eine hohe Leistungsbereitschaft, haben privat sowie im Job hohe Ansprüche an sich (auch an andere) und sind dabei in ihren Leistungszielen primär intrinsisch motiviert. Trotzdem ist der Wert Leistung mit negativen Konnotationen behaftet: „Ellenbogen", „nackt", „kalt", „grob", „trocken", „Einbahnstraße", „Erfolg & Cash machen", „keine zwischenmenschlichen Elemente". Die Kritik am Wert Leistung geht in zwei Richtungen und ist Ausdruck ihrer reflektierten Gesellschafts- und Wirtschaftsdiagnose: (1) Der Mensch definiert nicht mehr selbst, was Leistung ist und wie gut seine Leistung ist – damit wird Leistung zu einer äußerlichen Kategorie und einem fremden (fremdbestimmten) Wert. (2) Im Job wird der Mensch auf seine Produktivität reduziert; seine Bedeutung für das Unternehmen wird nur über seine Arbeitsleistung bewertet. Bedenklich ist, dass solche Wahrnehmungen und Logiken auch im alltäglichen Zusammenleben immer stärker werden.

> - „Menschen sind etwas wert, wenn sie Leistung bringen. Das ist traurig!"

Dem setzen Postmaterielle einen positiven Leistungsbegriff entgegen, der stärker die Selbstbestimmung des Einzelnen und auch die qualitativen, „weichen", zwischenmenschlichen Komponenten berücksichtigt.

> - „Dadurch wird der eigene Leistungsanspruch in uns als Arbeitnehmer, Selbständige, Sportler oder was auch immer gestärkt. Man will ja seine eigenen Grenzen erreichen. Das ‚Wie' zählt – nicht nur Top down, sondern variierend."

> - „Der Wert Leistung ist eigentlich neutral. Beispiel ist etwa der Marathon, den ich laufe: Das nehme ICH mir vor! Ohne Druck! Motiviert!"

> - „Das ist im Beruf auch nicht anders. Mein Job macht mir Spaß und das erfüllt! Was macht aber der, der einen Job hat, der ihm keinen Spaß macht?"

Psychodrawing zum Begriff „Leistung"

- Leistung ist nicht nur Ausdruck persönlichen Willens, sondern auch ein Zusammenspiel mit der Außenwelt und in ihrer Bewegung von dieser abhängig
- Keine unbedingte Anstrengung nach MEHR, nach OBEN kommen, nach BESSER sein
- Leistung ist keine stetig aufsteigende Kraft. Akzeptanz und Sensibilität für Kräfte von außen und die Rahmenbedingungen: Leis-

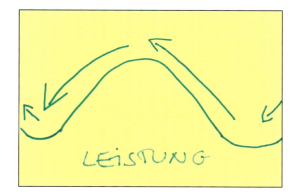

tung als eine Bewegung, die im Leben wellenförmig verläuft; vom Einzelnen, aber auch vom Schicksal abhängt: Leistung ist relativ!
- Norm: Die Art der Leistung nicht mechanisch erbringen, sondern sie an die Umstände des Lebens anpassen

Balance von finanzieller, sozialer und emotionaler Sicherheit

Soziale Sicherheit bewerten Postmaterielle als große Errungenschaft in Deutschland. Trotz vieler Missstände erleben sie Deutschland im internationalen Vergleich als ein Land, in dem soziale Sicherheit herrscht und das öffentliche soziale Netz prinzipiell alle umfasst. Darin gründet u. a. die Kritik von Postmateriellen an der neoliberalen „unbarmherzigen", „unsolidarischen" Wirklichkeit der amerikanischen Gesellschaft.

Für Postmaterielle ist soziale Sicherheit ein mehrdimensionales Thema: Das private Umfeld (Familie, Freunde, Nachbarn), das berufliche Umfeld (Kollegen, das Unternehmen) sowie der Sozial- und Rechtsstaat (Sozialversicherungssystem) leisten für die soziale Sicherheit einen wichtigen Beitrag – nicht nur im Notfall, sondern im normalen Alltag. Soziale Sicherheit beziehen Postmaterielle nicht nur auf dramatische Extremfälle, wenn der Einzelne haltlos nach unten zu fallen droht, sondern auf das alltägliche Leben. Betont wird, dass soziale Sicherheit nicht auf den finanziellen Aspekt reduziert werden darf, sondern dass die soziale, psychische und emotionale Befindlichkeit ebenso wichtig sind.

- *„Das Menschliche muss auch stimmen, nicht nur finanzielle Absicherung."*
- *„Regulierung ist gut, aber Courage muss trotzdem sein. Herz reinbringen ist eine wichtige Aufgabe."*
- *„Das sind zwei Pole: Familie, Freunde, Netzwerke auf der einen Seite; staatliche Institutionen auf der anderen Seite."*
- *„Beides muss da sein! Das Menschliche durch Freunde, das Finanzielle durch Institutionen."*

Gleichzeitigkeit mehrerer relativer Gerechtigkeitskonzepte

Gerechtigkeit ist in diesem Milieu einer der schillerndsten, schwierigsten und wichtigsten Werte – gerade mit Blick auf die soziale Wirklichkeit am unteren wie am oberen Rand der Gesellschaft. Eine „gerechte Gesellschaft" ist für Postmaterielle eine emphatische Formel und elementarer Teil ihrer Utopie vom guten Leben. Während andere Milieus sich zum Teil dezidiert von einer „absoluten Gerechtigkeit" verabschieden und den Gerechtigkeitswert subjektiviert oder relativiert haben, halten Postmaterielle an ihrer Vision einer gerechten Gesellschaft (und Welt) fest – auch wenn sie wissen, dass diese empirisch nicht erreicht werden kann.

Postmaterielle betonen die Komplexität des Gerechtigkeitsthemas, dass es – auf der Grundlage gesellschaftspolitischer Modelle: vom Kommunitarismus bis zum Liberalismus – verschiedene berechtigte und plausible Konzeptionen von Gerechtigkeit gibt (Bedürfnis-, Leistungs-, Verteilungs-, Chancen-, Zugangs-, Ressourcengerechtigkeit u. a.), dass aber keines dieser Konzepte hinreichend und suffizient ist.

Insofern begreifen Postmaterielle die gleichzeitige Orientierung an verschiedenen Gerechtigkeitsbegriffen als Anker und als Pole, die sich wechselseitig relativieren. Die Orientierung an nur einem absolut geltenden Gerechtigkeitsbegriff wäre für Postmaterielle Ausdruck von Ideologie.

Für Postmaterielle scheint der Begriff „Gerechtigkeit" durch die inflationäre Verwendung in der politischen und medialen Öffentlichkeit auf eine sozial erwünschte Vokabel mit Beliebigkeitsbedeutung reduziert. Mit Blick auf die Stimmung in der Bevölkerung ahnen Postmaterielle, dass viele Menschen angesichts der Ereignisse in der Wirtschaft (Unternehmensgewinne und steigende Vorstandsgehälter und Massenentlassungen) den Eindruck von Ungerechtigkeit haben, aber es gibt kein gemeinsames Verständnis und keine Verständigung über Gerechtigkeit mehr. Insbesondere die Wirtschaft steht einem vieldimensionalen Gerechtigkeitsbegriff im Wege. Sie hat nicht nur „Leistungsgerechtigkeit" zu ihrer Maxime gemacht, sondern übernimmt die Definitionshoheit von Leistung.

Gleichstellung ist eines der wichtigsten praktischen und symbolhaften Themen in Bezug auf soziale Gerechtigkeit. Hier reklamieren Postmaterielle das immer noch signifikante Gehaltsgefälle bei gleicher Leistung und die schlechteren Zugangschancen von Frauen zu Führungspositionen (insb. ins Top-Management).

Postmaterielle sehen einerseits die strukturellen Zwänge von Unternehmen im globalen Wettbewerb, kritisieren aber andererseits, dass dies oft ein Alibi-Argument ist. Ein gesellschaftlicher Teilbereich, der sich allein einer Gerechtigkeitslogik (sei es Leistungsgerechtigkeit *oder* Bedürfnisgerechtigkeit *oder* Chancengerechtigkeit) verschreibt, erzeugt durch die Vereinseitigung notwendigerweise Ungerechtigkeit. Das gilt in der Wirtschaft ebenso wie in Schule, Erziehung und anderen Bereichen. Stattdessen ist es eine stets unabgeschlossene Aufgabe, die Mehrdimensionalität von Gerechtigkeit in den Blick zu nehmen. Damit ist Gerechtigkeit ein Prozess der Selbstreflexion und Neujustierung: Er verlangt, (1) sich zu kontrollieren, welche Konzeption gerade durch Gewohnheit, durch Macht oder Opportunität dominiert, und (2) gegen mögliche Vereinseitigungen anzugehen.

> - *„Gerechtigkeit und Wirtschaft sind Gegenpole. Große Firmen kann man auf gerechter Basis, nach der alle gleich behandelt werden, nicht oder nur schwer zum Erfolg führen."*

> - *„Wirtschaft sollte umdenken; auch nach unten verteilen. Das würde die Motivation steigern, Teile vom Kuchen an die Mitarbeiter abzugeben."*

> - *„Gerechtigkeit steht, wenn man genau hinguckt, nicht ganz oben auf der politischen Agenda. Es dominieren Interessengruppen."*

6.3 Performer

Symbiose von Freiheits- und Sicherheitswerten

Bei der offenen Frage nach den für sie persönlich wichtigen Werten nennen Performer: Eigenständigkeit, glücklich sein, Freiheit, Ziele setzen, Flexibilität, Mobilität, Offenheit, Kreativität, Kontaktfreudigkeit, Bildung, Ehrlichkeit, Freundschaft, Treue, Zuverlässigkeit, Sicherheit.[86]

An vorderster Stelle stehen Werte, die die Individualität und Autonomie des Einzelnen beschreiben. Dabei zeigt sich eine Synthese oder gar Symbiose von Werten sui generis: Es sind auf der einen Seite Werte einer zielstrebigen Leistungsperspektive des Einzelnen, auf der anderen Seite sind es Werte der sozialen Erdung und Einbindung des Einzelnen in soziale Kreise. In der Weltperspektive dieses Milieus stehen diese beiden Wertegruppen nicht in einem widersprüchlichen Spannungsverhältnis, sondern für unterschiedliche Grundbedürfnisse des Einzelnen. Diese Werte entfalten ihr eigentliches Potenzial erst dann, wenn kein Wert isoliert betrachtet und verabsolutiert wird. Insofern ist für Performer eine flexible Orientierung an verschiedenen Werten elementar. Signifikant ist, dass die Orientierung an den Werten nicht moralisch begründet ist, sondern in hohem Maße funktional und instrumentell: nützlich für mich, für meine Familie/Partnerschaft, für „mein" Unternehmen.

Eigenständigkeit als Ankerwert

In keinem Milieu hat der Wert „Eigenständigkeit" eine so klare und zentrale Kontur wie bei Performern. Sie verbinden damit: Die Verantwortung für das persönliche Handeln übernehmen, selbst die Chancen erkennen und ergreifen, die Erfolge und Erträge ernten können – aber auch die Risiken und negativen Folgen tragen.

- *„Ich nehme das Leben selbst in die Hand"*.

- *„Man muss sich selbst und alleine führen. Positiv: Ich muss mir selber helfen, entscheiden, wie es weitergeht. Zu dem stehen, was man tut und sagt. Ich übernehme damit Verantwortung für mich selbst."*

Im Zentrum des Lebens steht – wertneutral – das Individuum, das „ICH". Es geht darum, Verantwortung *für mich*, für *meine Ziele*, für *meine Chancen und Risiken* zu übernehmen – und nicht für andere. Die Wir-Perspektive ist ausgeblendet oder auf einen engen privaten oder beruflichen Kreis beschränkt. Diese Ego-Zentrierung manifestiert sich in der Sprache wie auch in anderen ästhetischen Artikulationen (z. B. Collagen, Psychodrawings).

---

[86] Auch hier werden unter dem Begriff „Werte" nicht nur klassische Werte genannt, sondern auch Tugenden, persönliche Dispositionen und Ziele.

Grundbedürfnis ist Optionalität. Dieses im öffentlich-medialen Sprachgebrauch mitunter inflationär verwendete Wort hat für Performer eine existenzielle Bedeutung. Sie wollen unbedingt und immer wieder unter verschiedenen qualifizierten und zielgruppenadäquat vorselektierten Möglichkeiten *("Wegen")* wählen können. Das heißt für sie auch, prinzipiell den vormals eingeschlagenen Pfad wieder zu verlassen, wenn sich eine neue attraktivere und erfolgversprechendere Option bietet.

Verantwortung – nur – für das persönliche Umfeld

Für Performer ist das Leben als Single, LAT (living apart together) oder DINK (double income no kids) die voreingestellte „normale" Lebensform in der Ausbildung und den ersten Berufsjahren. Die damit verbundene Freiheit, Flexibilität und Mobilität wollen sie so schnell nicht aufgeben. Dieses Milieu wächst später in die Familiengründungsphase hinein – oft erst nach dem 30. Lebensjahr. Der Wert Verantwortung bezieht sich dann natürlich auch auf die eigene Familie – hier will man für seine Kinder selbst die wichtigen Entscheidungen treffen, z.B. *Auswahl* der Schule. Wie für sich selbst, so wollen Performer auch für ihre Kinder nicht fremdbestimmt sein (kein Schicksal), sondern nach Einschätzung von Potenzial, Professionalität und Chancen der Angebote selbst entscheiden. Auch am Arbeitsplatz und vor allem in leitender Position übernehmen Performer gern und engagiert Verantwortung. Sie nehmen sich selbst in die strenge Pflicht, das Beste für die Kollegen und für das Unternehmen zu tun.
Verantwortung für andere: Der Bezugsrahmen ist bei Performern nicht regional, national oder global, sondern stets auf das eigene unmittelbare soziale Umfeld bezogen – privat und beruflich. Aus ihrer Perspektive ist für sie Verantwortung konkret, ernst und handfest, darf kein Abstraktum, nicht substanzlos sein. Wer Verantwortung übernimmt, muss die Grenzen seines direkten Gestaltungsraums kennen, dafür auch geradestehen und muss klar definiert haben, wofür er verantwortlich ist – alles darüber hinaus ist in der Verantwortung anderer. Insofern haben Performer die Vision einer Gesellschaft klar geregelter Verantwortlichkeiten, die bilanziert werden müssen und für die es Gratifikationen oder negative Konsequenzen geben sollte.

Psychodrawing zum Begriff „Eigenverantwortung"

- Das ICH im Zentrum seines Lebens; *autonom* in der Lebensgestaltung; bewusster, gezielter, rational-kontrollierter Umgang mit Multioptionalität
- Hinwendung zu Arbeit (Büro) und Geldverdienen; fit sein für die (zeitliche) Beanspruchung
- Die eigene Leistungsfähigkeit behalten durch verantwortlichen Umgang mit dem eigenen Körper, „Maßhalten"
- Abwendung von „ungesunden" Verführungen: keine Schweinshaxe, keine Drogen, wenig Alkohol. Um fit zu sein für den Job, verzichtet man auch auf Dinge, die Spaß machen: das ist Eigenverantwortung!

Abschied von „der" Gesellschaft und determinierter Zugehörigkeit

Ausgeprägt ist die Haltung, als Individuum zwar Teil der Gesellschaft zu sein, aber sich von der Gesellschaft nichts diktieren zu lassen. Insofern gibt es „die" Gesellschaft für Performer nicht, sondern eine Vielzahl von Kulturen, Nationen und sozialen Kreisen, zu denen sie sich – flexibel und individuell – verhalten.

- *„Es ist ein Unterschied, welche Werte man selber hat und welche Werte die Gesellschaft hat."*

> - „Ich verstehe als Werte mehr Ziele. Die Gesellschaft bin ich ja auch irgendwo, aber jeder hat individuelle Ziele und Werte, die nicht mit der Gesellschaft konform sind."
>
> - „Wenn jeder die gleichen Werte hätte, dann wäre auch keiner ein Individuum."

Die Individualität im Selbstverständnis dieses Milieus besteht wesentlich darin, die Auswahl, Deutung und Konfiguration der für das Leben wichtigen Werte selbst und autonom vornehmen zu können. Die Vorstellung von der *einen* Gesellschaft, mit der man sich identifiziert, für die man sich einsetzt, für die man eine gesamtgesellschaftliche Utopie hat (was Merkmal von Konservativen, Etablierten, Postmateriellen ist), ist bei Performern erodiert.[87] Die Vision einer *guten* und *richtigen* Gesellschaft ist individualisiert, funktionalisiert und der subjektiven Perspektive und Autonomie des Individuums überantwortet.

Solidarität – frei wählbar und kündbar: Teamgeist

Der Wert Solidarität mit jenen am unteren Rand der Gesellschaft – vor allem mit „Benachteiligten" und „Hedonisten" – ist bei Performern in der lebensweltlichen Voreinstellung bereits aufgekündigt oder nicht existent. Mit diesem ziel- und stillosen „Mob" will man weder persönlich etwas zu tun haben noch sein hart erarbeitetes Geld teilen oder die eigenen Kinder diesem Einfluss aussetzen. Jede Kritik an ihrer vermeintlich „egoistischen" Haltung wehren Performer unbetroffen von sich – denn letztlich ist jeder seines Glückes Schmied und auch Solidarität muss man sich verdienen.

Sich solidarisch zu zeigen, empfinden Performer als sozial erwünschten Wert, dem man sich nicht völlig entziehen kann (und will). Für sie birgt Solidarität aber das Risiko oder gar den sozialen Druck, uns der Gemeinschaft willen, auf etwas (z. B. den Erfolg) *verzichten zu müssen*.

> - „Solidarität ist auch negativ behaftet: Solidarität beim Radfahren, einer ist schneller als die anderen, aber er passt sich an, steckt zurück zugunsten des Langsameren und verzichtet auf den Sieg."
>
> - „Ich kenne meine Nachbarn nicht, es interessiert mich auch nicht."

Solidarität meint damit, ein Stück weit auf seine Individualität verzichten zu müssen, weil man sich anpassen muss. In Abkehr von einem gesamtgesellschaftlichen, korporatistischen oder kommunitären Solidaritätsbegriff präferieren Performer eine Umdeutung bzw. eine Substitution in Sinne von „Teamgeist".

---

87 Ausnahmen sind Performer in einer beruflichen Position, in der sie sich qua „job description" mit sozialpolitischen Aufgaben befassen. Ihr gesamtgesellschaftlicher Blick ist aber auch hier Ausdruck von *Professionalität*.

Leistung: zwischen Fremd- und Selbstbestimmung

Performer werden prägnant als die soziokulturell junge, dynamische, unkonventionelle Leistungselite beschrieben. Leistung ist für dieses Milieu wichtig, um persönlich voranzukommen, Erfolg zu haben. Leistung ist Ventil für den eigenen Ehrgeiz und muss entsprechend honoriert werden. Hier zeigen Performer Ähnlichkeit mit Etablierten. Der Begriff Leistungsgesellschaft erschreckt keineswegs – im Gegenteil: Dass wir in einer Leistungsgesellschaft leben, ist die biografische Normalitätserfahrung, eine Selbstverständlichkeit und mehr noch. Wir leben noch viel zu wenig leistungsorientiert; es gibt in unserer Gesellschaft viel zu viel Filz und unantastbare Pfründe (Beamte, Gewerkschaftskultur, Betriebsräte u. Ä.).

Das heißt nicht (mehr), dass Leistung in diesem Milieu heute uneingeschränkt positiv erfahren wird. Leistung wird als negativ und hemmend erlebt, wo sie persönliche Gestaltungsfreiheit hemmt, auf Fleiß und „Erbringungsleistung" reduziert wird oder mit sozialer Kontrolle einhergeht (z. B. berufliche E-Mails und Telefonate am Wochenende mit der Verpflichtung, diese zu bearbeiten). Darin unterscheiden sich Performer von Etablierten. Leistung als Konvention wird abgelehnt.

Auch die als wenig realistisch erlebten Anforderungen vieler großer Unternehmen werden als „idiotisch" zurückgewiesen. Man begreift sich als stark leistungs- und erfolgsorientiert, aber man will keine Maschine sein. Man ist Individuum und will mit der persönlich erbrachten Leistung respektiert und nicht immer mit anderen Normen verglichen werden. Damit würde jede neue Idee im Keim erstickt werden. Eine nur extern vorgegebene, rein formal oder quantitativ definierte, standardisierte Messlatte lehnen Performer ab. Solches widerspricht in nuce ihrem Selbstverständnis, das in ihnen angelegte (kreative und innovative) Potenzial zu ihrem Job, zu ihrer beruflichen Performance zu machen.

- *„Die suchen jemanden mit abgeschlossenem Studium, der noch im Ausland studiert hat, dort auch einen Abschluss gemacht hat, 24 Jahre alt ist und 5 Sprachen fließend spricht und bereits Berufserfahrung hat – das ist doch lächerlich!"*

- *„Es gibt unterschiedliche Formen von Leistung und bestimmte Arten sind einfach schwer zu bewerten."*

Andererseits sind sie in der Lage, sich in „fremde" und fremdbestimmte Strukturen einzufügen. Diese Flexibilität haben sie. Das ist für sie Ausdruck einer professionellen Einstellung und bringt im Wettbewerb Vorteile.

Psychodrawing zum Begriff „Leistung"

- Bergsteiger: war schon auf allen Bergen und will nun auf den höchsten Berg
- Motivation ist eigener Ehrgeiz; wenn er/sie den Gipfel erreicht hat, ist das für ihn/sie Adrenalin – Glücksgefühle, weil er/sie etwas Großes und Einzigartiges geschafft hat (im Vergleich zu anderen)

- Alle anderen bisher erreichten Gipfel erscheinen von dieser Warte aus klein und nichtig – frühere Etappen waren nur Vorstufen für das Eigentliche
- Leistung ist eine harte Arbeit; man trägt eine Last (man schwitzt, hat Stress)
- Man weiß auch: Wenn man nicht aufpasst, kann es sehr leicht auch dramatisch nach unten gehen

Freiheit: Überschreitung von Grenzen

Freiheit ist in diesem Milieu ein außergewöhnlich emphatischer und uneingeschränkt positiver Begriff, mit dem sie nahezu archetypische Assoziationen und Urelemente des Lebens verbinden: Meer, Wasser, Wolken und Weite, Sonne, Helligkeit, Fröhlichkeit. Andere innere Bilder sind etwa ein Auto, das auf einer *in die Unendlichkeit führenden Straße* unterwegs ist, oder ein Flugzeug, das in den Wolken über die Erde fliegt. Bei Performern hat Freiheit in der vorbewussten Assoziation vor allem drei Merkmale:
– Überwindung von Schranken *("ein Zaun, da kann ich durch")*
– Es ist keine ziellose Reise; der Weg ist nicht das Ziel; aber auf dem Weg kann man neue Ziele entdecken (adaptive Navigation)
– Das Ziel ist wählbar und – auch unterwegs – flexibel, nicht prädeterminiert (offener Horizont)

In ihrer aktuellen Lebenssituation fühlen sich Performer nicht uneingeschränkt frei. Beispielsweise schränken Studiengebühren ein, denn sie machen es notwendig, nebenher arbeiten zu müssen, schnell fertig werden zu müssen. Auch die frühzeitige Entscheidung für einen Beruf *(„gleich nach Schulende")* wird als einschränkend erlebt und beschneidet die Möglichkeit, sich später doch noch für einen anderen Weg zu entscheiden. Ebenso ist in mittleren und größeren Unternehmen die Freiheit des Einzelnen heute im Vergleich zu den 90er Jahren (Zeit der Start-ups) stark eingeschränkt im Sinne der beklagten „Erfüllungsleistung".

- *„Man wird nicht in Ruhe gelassen. Das ist keine Freiheit. Es gibt Künstler, die machen, was sie wollen, und können damit auch leben. Ich kann so was nicht. Die leben freier."*

Psychodrawing zum Begriff „Freiheit"

- Die Bewegung ist frei; aber es gibt eine feste, funktionierende Struktur, die mich trägt und mir Halt gibt
- Dann sitze ich am Hebel, kann selbst die Dynamik mitbestimmen (entscheiden!) und bin relativ ungebunden/flexibel
- Ich weiß auch, dass meine Freiheit abhängig ist von der Freiheit anderer: Sie beeinflusst und begrenzt mich, aber sie schränkt mich nicht ein

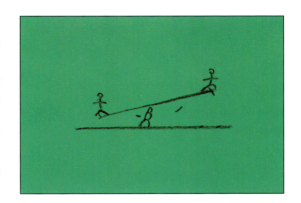

Soziale Sicherheit: private verlässliche Strukturen

Soziale Sicherheit ist für Performer privatisiert. Sie verbinden damit ein materielles und soziales Netz: Geld und Immobilien, Familie und Freunde. Sie sind realistisch genug zu wissen, dass sie in der risikobehafteten globalisierten Wirtschaft auch selbst einmal verlieren können und dann eine Absicherung brauchen. Aber auch im Alltag gilt: Sie brauchen einen Heimathafen, in den sie jederzeit zurückkehren können, um Energie aufzutanken, wenn die Akkus leer sind. Hier sind Partner(in), Familie und Freundeskreis verschiedene Basisstationen. Sich hier auf den Staat zu verlassen, wagt man nicht.

- *„Soziale Sicherheit ist nicht gegeben, wenn ich mich auf den Staat verlasse."*

Die Aufgabe des Staates in Bezug auf soziale Sicherheit sieht man in der *Nothilfe* für *andere* am unteren Rand der Gesellschaft. Man selbst hat sich bereits vom Solidarprinzip wie vom Generationenvertrag der sozialen Sicherheit distanziert.

Gerechtigkeit als subjektives Gefühl

Im Vergleich zu den bisher beschriebenen, emotional stark aufgeladenen und rational reflektierten Werten ist die Auseinandersetzung mit dem Thema „Gerechtigkeit" bemerkenswert schmal. Gerechtigkeit wird als individuelle Empfindung begriffen, die eine objektive Beurteilung kaum ermöglicht. Statt des emphatisch aufgeladenen Begriffs „Gerechtigkeit" ist für Performer der Begriff „Angemessenheit" näher an ihrer Alltagswirklichkeit und besser operationalisierbar.

- *„Das Komische oder Traurige ist, dass ich mich mit dem Wort Gerechtigkeit gar nicht beschäftige in meinem Job. Es ist nichts, was ein Rolle spielt."*

- *„Man redet eher über Sitten, aber nicht, ob etwas nicht gerecht war."*

- *„Es gibt die absolute Gerechtigkeit nicht. Jeder kommt mit unterschiedlichen Voraussetzungen auf die Welt und hat unterschiedlichste Ansichten."*

Psychodrawing zum Begriff „Gerechtigkeit"

- Es gibt die Vorstellung von einer Justitia, der die Augen verbunden sind – doch in der Wirklichkeit ist die Waage trotzdem nicht im Gleichgewicht: Es gibt keine (absolute) Gerechtigkeit
- Man weiß nicht, was den Richter dazu veranlasst, so zu entscheiden. Man fragt sich, wo die Gerechtigkeit anfängt und wo sie aufhört. Der Justiz sind die Augen verbunden

6.4 Konservative

Werte sind moralische Grundlagen einer organischen Gesellschaftsordnung

Bei der offenen Frage nach den für sie persönlich wichtigen Werten nennen Konservative: Familie, Freunde, ein gutes soziales Umfeld, Ehrlichkeit, Toleranz, Fairness, Geborgenheit, Sicherheit, Gesundheit, Zufriedenheit, Perspektiven, gutes Miteinander, Chancengleichheit. Ein organisches, ganzheitliches Gesellschaftsmodell ist die normative Weltperspektive von Konservativen. Traditionelle Werte und Tugenden sind die moralischen Grundlagen und Pfeiler einer stabilen, harmonischen und guten Gesellschaft. Die Anpassung des Einzelnen an bestehende Regeln und Konventionen ist notwendig für die soziale Ordnung und Ausweis seiner Gesellschaftsfähigkeit. Nicht-Anpassung gilt als soziale Gleichgültigkeit und Egomanie. Damit Gesellschaft dauerhaft *funktioniert* und sich in eine *gute* Richtung entwickelt, bedarf es elementarer Werte und Normen, die verbindlich sind und bei Devianz sanktioniert werden. Quelle und Begründungsgrundlage der Weltanschauung und Ethik von Konservativen sind vor allem das abendländische Christentum und der Humanismus.

Konservative zeigen nicht nur eine funktionale Perspektive auf die Gesellschaft (was typisch für Etablierte und Performer ist), sondern haben – ähnlich den Postmateriellen – die Vision von einer ganzheitlichen, guten und richtigen Gesellschaft: global, national, regional; politisch und kulturell.

In diesem konzentrischen Weltbild ist Familie die Keimzelle der Gesellschaft (im Unterschied etwa zu Performern; dort ist das eigenständige Individuum die Keimzelle). Für den Einzelnen ist es die moralische Pflicht und höhere Lebensaufgabe, den – durch Schicksal, angeborene Talente, gottgegebene Gaben – zugewiesenen Platz in der Welt einzunehmen, dies als „Berufung" zu begreifen und diese verantwortungsbewusst und engagiert anzunehmen. Darin findet der Einzelne tiefes, eigentliches Glück.

Einbindung des Einzelnen als moralisch-funktionales Fundament

Man möchte sich nicht allein wissen. Auch wenn man gelegentlich die Ruhe und Einsamkeit sucht, so will man sich im Kreise der eigenen Familie, der Freunde oder auch im nächsten Umfeld aus Bekannten und Nachbarn eingebunden und gebraucht fühlen. In solcher Einbindung, die mit Aufgaben verbunden ist, findet der Einzelne Verankerung, Zugehörigkeit, Identität und Sinn.

Konservative nehmen in der Gesellschaft (weniger in ihrer persönlichen Nahwelt) eine stärker werdende *„soziale Kälte"* und *„Vereinzelung"* wahr: Familien sind oft zerbrochen, verstreut, unter der Woche getrennt; man sieht Verwandte oft nur noch zu Beerdigungen, ein regelmäßiger Kontakt fehlt. Auch die Verbindung zur Nachbarschaft ist häufig nicht oder kaum gegeben: Gerade in der Großstadt ist das Leben anonym, nachbarschaftliche Solidarität und Verbundenheit sind Zufall aufgrund individueller Sympathie – was oft die Haltung erzeugt und stützt: *„Jeder ist sich selbst der Nächste"*. So betonen Konservative, dass sich jeder selbst aktiv um Anschluss kümmern sollte, die familiären und nachbarschaftlichen Bande kultivieren und pflegen muss.

Beklagt werden von Konservativen die in der Konsum-, Werbe-, Medien- und Popkultur immer wieder neu erfundenen Formen der Devianz und Exzentrik, die zum einen als unfein, unkultiviert und unfair gelten, zum anderen Ausdruck einer aus den Fugen geratenen Gesellschaft und eines moralisch entbundenen Individuums sind. Konservative lehnen diese Entwicklung ebenso ab wie einen prinzipienlosen Opportunismus, z.B. Heuchelei, es jedem recht machen wollen, sich unkritisch populären Trends anpassen.

Solidarität als Ankerwert in lokaler, nationaler und globaler Perspektive

Solidarität ist elementar wichtig für das Funktionieren der Gesellschaft a) im Mikrokosmos des eigenen unmittelbaren persönlichen Umfelds, das Gemeinschaft, Verbundenheit und Angewiesenheit sinnlich und kommunikativ erfahrbar macht, b) im Makrokosmos der Gesellschaft mit den politischen Institutionen und gesellschaftlichen (Non-Profit-)Organisationen sowie c) in globaler Hinsicht in Bezug auf soziale und politische Notstände in anderen Ländern, um deren leidtragende Bevölkerung man sich kümmern muss.

- *„Wenn bei uns im Haus einer wegfährt, kriegt ein anderer den Schlüssel für den Briefkasten oder man mäht dem Nachbarn den Rasen, wenn er im Urlaub ist."*

- *„Fremdes darf einem nicht egal sein, z.B. bettelnde Kinder in China. Solidarität sollte nicht an der Landesgrenze stoppen."*

Politischer Streit um Ziele und Wege ist in einer Demokratie notwendig – und Beleg für das Funktionieren der parlamentarischen Institutionen, der öffentlichen Organe und politischen Meinungsbildung. Doch Konservative – sofern sie nicht Mitglied, Mandatsträger oder Funktionsträger einer Partei sind – wünschen, dass seitens der Politik(er) nicht nur parteitaktisch, sondern auch solidarisch gedacht wird, um mit Blick auf das Ganze nach Lösungen zu suchen.

- *„Alle an einem Tisch, auch Politiker, um Gemeinsamkeiten zu suchen und zu finden."*

- *„Viele Gruppen, die irgendwann mal einheitlich denken sollten, z.B. bei der Umweltverschmutzung."*

Auch von den Spitzenvertretern und Topverdienern der Wirtschaft wird nicht nur mehr, sondern überhaupt Solidarität erwartet im Sinne von vorbildhafter sozialer Verantwortung: Nicht persönliche Gewinnmaximierung sollte ihre Leitlinie sein, sondern Denken und Handeln im Sinne des Unternehmens und der Belegschaft. Überhöhte Gehälter und Abfindungen belasten das eigene Unternehmen enorm. Zum Ausdruck kommt dies im Paradoxon, dass Unternehmen höchste Gewinne vermelden und gleichzeitig einen erheblichen Stellenabbau und

(Massen-)Entlassungen vornehmen, begründet mit dem globalen Wettbewerb und den damit verbundenen notwendigen Umstrukturierungen.

> ▪ „Es müssen solidarisch alle zusammenhalten, sonst geht es nicht, wir müssen teilen. Warum braucht ein Herr Ackermann Millionen, die er nicht mal selber verdient hat. Die kann er nicht mal selber ausgeben, aber im Unternehmen fehlen sie!"

Insofern ist nicht nur die jugendliche Alltagskultur von Konsum, Medien und Lifestyle *aus den Fugen geraten*, sondern ebenso die vormals tragenden moralischen Säulen in Politik und Wirtschaft.

Vorbildfunktion hatten aus Sicht der Konservativen noch die klassischen deutschen Familienunternehmen der Nachkriegszeit. Den neuen Unternehmen – seien diese nach dem Shareholder-Value-Prinzip aufgestellt oder als flexibles Start-up – fehlt das notwendige Verpflichtungsgefühl für die gesamte Gesellschaft. Gegenteilige Interviews in den Medien interpretieren Konservative letztlich als PR-wirksame Legitimation und Augenwischerei einer die Solidarität aushöhlenden Amoral.

Rückbesinnung auf Gerechtigkeit in Justiz und Wirtschaft

„*Gleiches Recht für alle!*" ist für Konservative eine in humanistischen und demokratischen Gesellschaften einfache, selbstverständliche, notwendige Maxime. Doch groß ist der Unmut, dass gerade in der Rechtsprechung in Deutschland unterschiedliche Maßstäbe angewendet werden: Vor allem für Prominente aus Wirtschaft, Politik, Sport, Medien und Entertainment scheinen andere Regeln zu gelten als für „*Normalsterbliche*". Das berührt unmittelbar den hohen Wert der Solidarität und gefährdet ihn als moralische und soziokulturelle Orientierung im Sinne der Identifikation mit der eigenen „einen" Gesellschaft: Wenn selbst in der Rechtsprechung als einer verfassten Säule unserer gesellschaftlichen Architektur mit unterschiedlichen Maßstäben gemessen wird, unterhöhlt dies das moralische Fundament unserer Gesellschaft. Und wenn in der Wirtschaft die Vorstände und Aufsichtsräte selbst exorbitante Gehälter beziehen, steht das in keiner Relation zu ihrer Leistung und ist Ausdruck von maßlosem und frechem Egoismus sowie von Non-Identifikation mit der Bevölkerung. Das gilt ebenso für Spitzensportler oder Medienprominente. Maßstab einer gerechten Entlohnung sollte die Leistung an sich sein sowie der Beitrag für die Gesellschaft.

Psychodrawing zum Begriff „Gerechtigkeit"

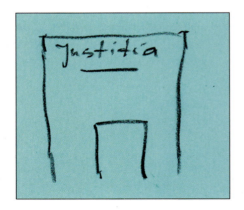

- „Ich meine, dass man Leistung und Gehalt in der Waage halten sollte: Wer mehr leistet, der bekommt auch mehr. Aber Herr Ackermann kriegt für seine Leistung wesentlich zu viel!"

- „Recht und Gerechtigkeit sind für mich zwei Paar Stiefel: Denn im Namen des Volkes gilt für den Mann von Mannesmann anderes, obwohl er Millionen an Bestechungsgeldern eingesackt hat, dann wird er auf Bewährung freigelassen. Aber wenn einer 40-mal schwarz fährt, wird er 4 Monate eingesperrt!"

> „Gleiches Recht für alle, nicht wie bei Beckenbauer, der kein Fahrverbot bekam, weil er einen Namen hat. Also ohne Promibonus!"

Soziale Sicherheit: die Tugend privater Vorsorge

Konservative machen sich keine Sorgen um ihre persönliche Absicherung. Sie verlassen sich nicht allein auf das staatliche Rentensystem und haben sich durch selbst genutzte Immobilien, Kapitalrücklagen und betriebliche Altersvorsorgen privat abgesichert. Wer es dennoch für notwendig hält oder sich geistig und sozial fit halten will, verdient sich auch als Pensionär etwas als Senior-Berater oder „business angel" hinzu.

> „Ein Dach über dem Kopf, was zu essen, eine Krankenversicherung und Freunde in der Not, das ist mein soziales Netz."

Man sorgt sich um die jüngeren Mitglieder der Gesellschaft, auch um die eigenen Kinder. Denn man hat den Eindruck, dass angesichts der demografischen Altersentwicklung, des schärfer werdenden Ökonomismus und aufgrund des hedonistischen Lebensstils in weiten Teilen der Gesellschaft die jüngeren Generationen sich deutlich schwerertun, vorsorgend zu handeln und vom Einkommen etwas für das Alter oder für den Krankheitsfall zurückzulegen. Hier beklagen Konservative, dass junge Familien heute immer weniger die finanziellen *Möglichkeiten* haben, etwas zurückzulegen. Konservative kritisieren aber auch jene, die keine *Notwendigkeit* zum Sparen sehen. Die Absicherung fürs Alter gilt Konservativen als persönliche Aufgabe, die Eigenverantwortung erfordert und nicht einfach an den Staat delegiert werden kann.

> „Heute hauen die Leute zu viel Geld auf den Kopf, dann haben sie nichts mehr im Alter. Dass man sparen muss, muss man den Jungen wieder eintrichtern."

Eigenverantwortung: moralische und anthropologische Pflicht für das organische Ganze

Der Wert Eigenverantwortung steht in einem unmittelbaren Zusammenhang zur Weltanschauung der Anpassung des Einzelnen an das organische Ganze einer Gesellschaft. Der Einzelne ist zwar Teil der Gesellschaft, darf aber die Verantwortung für sein Handeln nicht an den Staat oder die Solidargemeinschaft delegieren. Jeder soll in der Not aufgefangen werden, aber zunächst ist jeder in der Pflicht, nach allen Kräften für sich selbst zu sorgen. „Sich kümmern" um die Angelegenheiten – zuerst um die eigenen, dann auch helfend um die anderer – ist für den Einzelnen Pflicht, weil er Mensch und Teil des Ganzen ist.

- „Ich bin einfach für die Dinge verantwortlich, die ich tue, schiebe sie nicht auf andere ab, gestehe auch Fehler ein und stehe dafür gerade."

- „Eine Flasche Alkohol, Zigaretten, Sonne – das ist meine eigene Verantwortung, also die genannten Gefahrenquellen meiden."

- „Zufrieden ist ein Mensch, der sich um seine Angelegenheiten ‚kümmert'".

Die Begründung von Eigenverantwortung basiert auf zwei weltanschaulichen Säulen:

(1) Sozialpolitisch: Der Einzelne darf nicht auf Kosten der Allgemeinheit leben – dies wird als parasitäres Sozialverhalten aus Gründen der Moral (mangelnde Solidarität), der Funktionalität (schwächt den Organismus) und der Gerechtigkeit strikt abgelehnt

(2) Anthropologisch: Der Mensch wird zum „wahren" Menschen nur dann, wenn er sich – sofern im Vollbesitz seiner Kräfte – um seine Person sowie um die ihn umgebende und anvertraute Umwelt kümmert. „Sich-Kümmern" hat einen gärtnerischen und missionarischen Charakter: Der Mensch ist (von Gott, vom Schicksal) an einen Platz gestellt und hat damit die Verpflichtung zur „Für-Sorge" bekommen. Diese steht nicht zur Disposition, ist nicht verhandelbar. Gleichzeitig aber ist diese Pflicht, wenn man sie positiv annimmt, nicht Last, sondern Grundlage für tief empfundenes Glück

Moralische Pflicht zur Leistung und zur Begrenzung der Leistungssteigerung

Leistung wird grundsätzlich positiv konnotiert. Leistung ist Voraussetzung für persönliches Vorankommen, für die Verwirklichung von Zielen, die man sich setzt – im Großen wie im Kleinen. Auch wenn man etwas nicht schafft, muss Leistung nicht unbedingt gleich einen negativen Beigeschmack bekommen: Niederlagen tragen auch zur Lebenserfahrung bei und haben so einen positiven Effekt, sofern der Einzelne daraus Lehren zieht.
Leistung kippt ins Negative, wenn sie durch innere Motivation (blindes Erfolgsstreben) oder durch externen Druck (Benchmarks erfüllen) übertrieben wird. Hier ist der Einzelne ebenso in der Verantwortung, auf sich selbst zu achten, wie Unternehmensführer für die ihnen anvertrauten Mitarbeiter. Maßstab der Leistung darf nicht nur der materielle Gewinn sein, sondern das letztendliche Ziel ist der Mensch und das – dauerhaft – funktionierende Ganze. Insofern ist Maßhalten eine wichtige Tugend und notwendige Selbstkontrolle vor permanenter Leistungssteigerung.

- „Wenn Leistungssteigerung permanent erwartet wird, zerbricht sie den Menschen irgendwann."

Psychodrawing zum Begriff „Leistung"

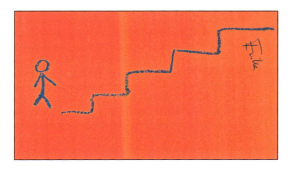

- Aufwärtsbewegung, aber Schritt für Schritt: betont wird *nicht,* immer schneller und steiler nach oben zu kommen, sondern: „weitermachen" in alltäglichen kleinen Schritten und Stufen: Das ist Arbeit (im Unterschied zur dynamischen Aufwärtsbewegung von Etablierten und Performern)
- Jeder hat seinen Platz in der Gesellschaft und Aufgaben für das Ganze: Das Ganze funktioniert nur dann, wenn jeder seine Pflicht tut: Jeder ist ein Teil des Ganzen
- Hierarchie ist ein funktionierendes Element einer organischen Gesellschaft
- Es gibt eine Grenze, wo Ungleichheit in Ungerechtigkeit kippt: Die Lasten dürfen nicht nur auf den Schultern der Schwächeren liegen und die Starken bewahren ihre Reichtümer und Pfründe: Es geht auch um Anerkennung und Entlohnung von Leistungen, die die Schwächeren für die Gesellschaft erbringen

Psychodrawing zum Begriff „Freiheit"

- Freiheit ist Rückzug in Einsamkeit und Natur: frei sein von: a) anderen Menschen; b) von Elementen der Zivilisation: Tempo, Schnelligkeit, Zwänge (nicht alles mitmachen). Sich auf sich zurückziehen, sich besinnen/nachdenken: Balance wiederfinden

6.5 Traditionelle

Dominanz von Pflicht- und Sicherheitswerten

Traditionelle nennen auf die Frage nach ihren Werten: Gesundheit, Zufriedenheit, Sicherheit, Harmonie, intakte Familie, Glück, Ehrlichkeit, Treue, Kameradschaft, Verantwortung, Pünktlichkeit, Hilfsbereitschaft.

Die zentralen Werte, deren Bedeutungen und Gefüge sind bei Traditionellen ähnlich denen von Konservativen. Doch während Konservative sich selbst nicht nur im moralischen Fundament einer guten und richtigen Gesellschaft verorten, sondern vor allem mit dem Habitus des akademisch informierten *Spiritus Rector* aktuelle Tendenzen bewerten und Entwürfe zukunftsfähiger Sozialmodelle diskutieren, haben Traditionelle die Perspektive des „kleinen Mannes"/der „kleinen Frau" mit wenig Einfluss auf die großen Geschehnisse der Zeit. Wahre Größe besteht darin, in seinem lokalen Umfeld seine Pflicht zu tun, für die Familie und für die Zukunft der Kinder zu sorgen, mit Fleiß und Ehrlichkeit sich einen gewissen materiellen Wohlstand zu verdienen – und sich darüber hinaus mit seinem Schicksal zu bescheiden.

In diesem Milieu haben viele aufgrund ihres Alters die einzelnen Etappen der deutschen Nachkriegsgesellschaft selbst miterlebt und registrieren einen massiven Wertewandel, den sie allerdings ambivalent beurteilen:

Auf der einen Seite beobachten sie besorgt den Verfall der guten Sitten von früher: mangelnde Respektlosigkeit, geringe Hilfsbereitschaft und unhöfliches Verhalten der jüngeren Generation gerade den älteren Mitbürgern gegenüber.

> ▪ *„Ich beobachte, dass 80-Jährige in der Trambahn stehen und Junge dafür sitzen können."*

Auf der anderen Seite sehen sie, dass es die jüngere Generation heute schwerer hat, vor allem durch den Druck auf dem Arbeitsmarkt, der vom Einzelnen immer mehr Arbeitszeit, Flexibilität und Mobilität verlangt – was zu Lasten der Familien geht. Leidtragende sind vor allem die Kinder, die verrohen (Gewalt an Schulen, Medienkonsum etc.) und orientierungslos werden, weil Eltern oft ohnmächtig und erschöpft sind.

„*Man muss mit der Zeit gehen und darf nicht stehen bleiben!*" ist eine ebenso zentrale Maxime wie die Forderung „*Die guten alten Werte und Sitten bewahren!*". Insofern sehen Traditionelle die Zukunft in der Verbindung von (unaufhaltsamer) ökonomischer Modernisierung und Sicherheitswerten.

Einen Werteverfall diagnostizieren Traditionelle vor allem bei Politikern. Dieses politisch sehr interessierte Milieu verlangt von Politikern, dass diese – wie noch die Politiker der „alten Garde" – ein Vorbild sind. Die Zukunft unseres Landes delegieren Traditionelle an die Politiker „da oben". Diese sollen gemäß ihren (Wahl-)Versprechen handeln und dürfen keine „*leeren Versprechungen*" machen.

Ausgeprägt ist eine dualistische Perspektive: Einerseits die kalte, erbarmungslose Welt draußen in der Wirtschaft, in der jeder Einzelne „seinen Mann stehen", Fleiß, Härte (sich selbst gegenüber) und Leidensfähigkeit zeigen muss, um durch den Einkommenserwerb seine Familie zu ernähren. Andererseits die Geborgenheit im Kreis der Familie in der Fürsorge der Frau, die eine warme, harmonische Schutz- und Trutzburg bietet; ein sozialer und emotionaler Raum, in dem der Einzelne wieder auftanken kann und als ganzer Mensch geliebt und angenommen ist. Insofern kommen der Ehe und der klassischen Kernfamilie eine zentrale Rolle als Heimathafen zu. Moderne Lebensformen wie „Alleinerziehende", „kinderlose Karrierepaare" oder gar „homosexuelle Paare" gelten als trauriges Schicksal oder als unsittliche Devianz.

Solidarität: Mangel in Wirtschaft und Politik

Solidarität ist für Traditionelle ein ungemein wichtiger Wert. Er bezieht sich primär auf das eigene persönliche Umfeld – hier liegt die Keimzelle echter, originärer, unverfälschter Solidarität mit Vorbildcharakter für andere Sphären. Solidarität erstreckt sich für Traditionelle dann im Weiteren aber unbedingt auch auf die Wirtschaft (Verhältnis Arbeitgeber – Arbeitnehmer), hat eine starke politische und nationalstaatliche Dimension und gilt über die Grenzen hinweg auch für politische und militärische Bündnisse (EU, Nato, UNO).
Solidarität bedeutet für Traditionelle, eingebunden zu sein in ein jederzeit verlässliches soziales Netz, aber auch: selbst für sein nächstes Umfeld da zu sein, Nachbarn, Freunde, Kollegen jederzeit durch praktische Hilfe zu unterstützen. Das gründet in der Weltanschauung und in der praktischen Erfahrung, dass niemand allein zurechtkommt. Sozial ausgegrenzt zu werden und im Alter allein (einsam, unnütz) zu sein, ist für Traditionelle eine Horrorvision, die sie für sich befürchten. Groß und manifest ist ihre Sorge in Bezug auf ihr Leben im Alter, da sie sehen, dass ihre eigenen Kinder heute beruflich gezwungen sind, mobil zu sein, an anderen Orten leben, sie im Bedarfsfall nicht bei sich im Haushalt aufnehmen oder gar pflegen können.
Bemerkenswert ist die Öffnung der Solidarität über den Kreis von Gleichgesinnten hinaus. In diesem Milieu stirbt die ältere Generation mit ausgeprägt ethnischem und hermetischem Nationalstolz (auch soziokultureller Xenophobie) allmählich aus. Sie wird abgelöst von einer neuen Generation Traditioneller, für die die Toleranz von – nicht extrem(istisch) – Andersdenkenden und Andersgläubigen zur sozial erwünschten Norm und Tugend des modernen Bürgers gehört: aufgeschlossen sein, zuhören, *„die Hand reichen"*.

> - *„Solidarität bedeutet, dass man sich für andere einsetzt, einem Menschen mal zuhört, der alleine ist, ihm einen Rat gibt, vielleicht Ängste ausräumen kann."*
>
> - *„Auch wenn man eine Diskussion hat, dem anderen seine Meinung anzuhören, nicht nur auf seinem Standpunkt zu beharren. Andersgläubige sind halt da."*

Der Begriff „Solidarität" erzeugt aber mit Bezug auf die mediale und politische Öffentlichkeit auch massive negative Empfindungen. Für Traditionelle wird der Wert „Solidarität" vor allem in der Politik für Wahlkampagnen missbraucht und überstrapaziert: Den Worten folgen meist keine Taten. Gleichzeitig ist bei Traditionellen die nostalgische Sehnsucht ausgeprägt, dass Solidarität nicht beschränkt werden sollte auf den privaten Bereich, in den er durch Egoismus in Wirtschaft und Politik zurückgedrängt wurde, sondern im öffentlichen Gemeinwesen wieder zentrale Orientierung und Maßgabe sein sollte.

Psychodrawing zum Begriff „Solidarität"

- Eingebunden in einen überschaubaren lebensweltlichen Kontext: Da sind Solidarität und Subsidiarität basale Bausteine und gelten als „Fairness"
- Egoismus ist verpönt, ein Sakrileg, wird auf Dauer stigmatisiert und gilt als Vergehen gegen das eigentliche Mensch-Sein
- Es dominiert die persönliche Solidarität über der systemgetragenen Solidarität, die aber akzeptiert und verteidigt wird, solange sie ihre Menschlichkeit nicht verliert

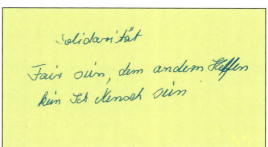

Leistung: vorgegebene Aufgaben fleißig erfüllen

Leistung bedeutet in diesem Milieu, aus Pflichtgefühl und mit Fleiß die Aufgaben des Alltags zu erfüllen. Der semantische Horizont des Werts „Leistung" unterscheidet sich fundamental von der Vorstellung der Performer, bei denen Leistung mit Individualität, beruflicher Karriere und Durchbrechen von Tabus verbunden ist. Bei Traditionellen geht es um die Erfüllung vorgegebener Aufgaben im nächsten Umfeld: Sich auch im Alter noch komplett selbst versorgen können; ohne fremde Hilfe zurechtkommen; für seine Familie und seine Enkel da sein; anderen nicht unnötig zur Last fallen; es bei Wanderungen noch auf den Gipfel eines Berges schaffen: Das ist Leistung. Damit steht Leistung in engem Bezug zu Eigenverantwortung und sozialer Sicherheit.

- „Wenn ich meinen Alltag ohne fremde Hilfe schaffe, ist es Leistung genug, und wenn ich anderen noch helfen kann, ist das ganz toll."
- „Meine Enkelkinder und Kinder versorgen; meine Mutter als Pflegefall pflegen."

Psychodrawing zum Begriff „Leistung"

- Leistung ist primär auf zwischenmenschliche Beziehungen bezogen: „Geben" und „Gegenseitigkeit"; Dasein für andere – das gilt im Privaten wie im Beruf
- Leistung hat keine Steigerungssemantik; keine Konnotation in Richtung Besitz oder Karriere
- Enge Korrespondenz des Wertes „Leistung" zum Wert „Solidarität"

Eigenverantwortung, um anderen nicht zur Last zu fallen

Von Traditionellen wird Eigenverantwortung definiert als: Für sich selbst (und die seinen) sorgen, solange man die Kraft und Möglichkeit hat. Die Delegation von Verantwortung und Arbeiten an andere allein aus Bequemlichkeit ist in hohem Maße diskreditiert und verbietet man sich. „Selbst für sich verantwortlich sein" beinhaltet „so lange wie möglich nicht auf die Hilfe anderer angewiesen zu sein". Unnötig nimmt man die Hilfe anderer nicht in Anspruch, denn eine gewisse Selbständigkeit ist Ausweis der individuellen Nützlichkeit bzw. dass man der Gesellschaft, der Gemeinde, den Nachbarn nicht ohne Not zur Last fällt. Das lässt nicht nur zu, sondern fordert sogar, dass man zum Zweck der Verbundenheit und symbolisch-praktischen Demonstration von Solidarität sich wechselseitig im Alltag hilft – andere um Hilfe bittet und von anderen Hilfe annimmt.

> - „Ich arbeite auch jetzt noch als Rentner nebenbei, weil das meiner Seele guttut. Ich werde gebraucht, kann mir mehr leisten, bin nicht auf den Staat oder andere angewiesen, muss nicht zum Sozialamt gehen: Das ist meine Eigenverantwortung."

Einige der Älteren haben in ihrer Kindheit zu Kriegs- und Nachkriegszeiten die Erfahrung gemacht, dass man sich für das Überleben und Wohl der Familie engagieren muss und die Familie letzter Rückzug und Keimzelle von Geborgenheit und Glück ist. Wie zur Zeit der Gründung ihrer eigenen Familie sieht man sich angesichts der Enkelkinder als ein Teil des generationenübergreifenden Familienverbundes, für den man seinen Teil der Verantwortung beiträgt.

> - „Verantwortlich ist ein Mensch mit weit ausgebreiteten Armen: Verantwortung übernehmen, sich der Fürsorgepflicht verschreiben, in der Familie wie im Beruf."

> "Wir mussten früher auch auf dem Bauernhof mitarbeiten, da habe ich gelernt, dass man immer arbeiten muss, um für sich und die Familie etwas zu haben."

Psychodrawing zum Begriff „Eigenverantwortung"

- Bescheidenheit, Genügsamkeit, Reduktion eigener Bedürfnisse. Motiv: Anderen nicht zur Last zu fallen, solange es irgendwie geht; nicht auf Kosten anderer leben
- Es geht primär um existenzielle, äußere Bedürfnisse (Pflege)

Soziale Sicherheit: Reduktion auf finanzielle Versorgung

Soziale Sicherheit bedeutet in zunehmendem Maße: *finanzielle Absicherung* und *nicht alleingelassen sein (im Alter)*. Traditionelle haben schmerzhaft zur Kenntnis nehmen müssen und akzeptieren es aufgrund der Unausweichlichkeit mittlerweile, dass sie im Alter nicht bei ihren eigenen Kindern leben und von diesen versorgt werden. Die faktische Wirklichkeit hat hier normative Kraft, die sich in der Einstellung Traditioneller niedergeschlagen hat, nicht auf andere angewiesen sein zu wollen.

Hier hat – im Vergleich zu ihrer Elterngeneration – ein fundamentaler Einstellungswandel stattgefunden: Ihre eigenen Eltern forderten von ihnen noch unbedingt, moralisierend und auch autoritär, dass sie ihre Eltern im Alter versorgen und pflegen mussten – und sie nicht ins Altersheim abschieben. Heute sind Traditionelle der Ansicht, dass sie ihren eigenen Kindern nicht zur Last fallen wollen.

Man hat selbst – aufgrund der Tugend Sparsamkeit – einiges zur Seite gelegt, um weder den Kindern noch dem Staat zur Last zu fallen. Zwar erwartet man auch weiterhin, eine Rente beziehen zu können, die einem eine notwendige Grundversorgung ermöglicht. Aber vor allem Frauen aus dem Milieu, die jahrzehntelang als Hausfrau und Mutter ihrem Mann den Rücken freigehalten und durch die Erziehungsaufgabe auch einen wesentlichen Beitrag für die Gesellschaft geleistet haben, bekommen – wenn überhaupt – eine so geringe Rente, dass sie nach dem Tod des Mannes und Hauptnährers (oder bei Scheidung) von massiver Armut bedroht sind. Die Perspektiven dieser Frauen sind düster.

Und dennoch gilt die genannte Maxime: Den eigenen Kindern nicht zur Last fallen! Die älteren Generationen in diesem Milieu haben – lange und massiv – unter der Autorität, dem unbedingten Versorgungsanspruch und der alltäglichen Belastung durch die Pflege ihrer eigenen Eltern gelitten. Das wollen vor allem die Frauen in diesem Milieu ihren eigenen Kindern nicht zumuten. Sie sind daher bereit, allein in ihrem großen (und immer leerer werdenden) Haus zu leben, in eine 2-Zimmer-Wohnung zu ziehen oder in ein Altenheim zu gehen. Die Mehrfachbelastung als „Sandwich-Generation" hat tiefe Wunden geschlagen und mit dem Leiden eine neue Empfindsamkeit und Haltung erzeugt.

So ist der Vorsatz entstanden, sich schon zu Zeiten der Erwerbsarbeit Rücklagen zu schaffen, um von niemandem abhängig zu sein. Die seit Jahren sinkenden (realen) Renten bestätigen die Praxis privater Vorsorge. Doch diese reicht bei den meisten nur für das Allernötigste. Umso stärker ist der Zorn auf die soziale Ungerechtigkeit, die einmal mehr zeigt, dass, wenn es ums Geld geht, die sozial Schwächeren keine politische Lobby haben und vergessen werden. Es ist für sie unverständlich und ungerecht, dass Spitzenverdiener soziale Leistungen und entsprechende Erhöhungen im vollen Umfang mitnehmen, anstatt zugunsten der Geringverdiener auch einmal zu verzichten. „Verzicht" gilt in den Etagen der Macht offenbar nicht, sondern wird den „kleinen Leuten" aufgebürdet. Obwohl die Bereitschaft, sich für den Erhalt des Ganzen einzuschränken und zu verzichten (Lohnerhöhungen, Renten) grundsätzlich groß ist, schwindet diese seit einiger Zeit erheblich und weicht einer ohnmächtigen und stillen Wut. Umso beharrlicher fordern Traditionelle, dass alle Menschen sozial abgesichert sein sollten.

- *„Ich sehe die soziale Sicherheit so, dass alle Leute in unserem Land sozial gesichert sein sollten, d. h., die unteren Schichten sollten eine Erhöhung bekommen und die oberen sollten bei der Erhöhung leer ausgehen."*

Sehnsucht nach Gerechtigkeit in Politik und Wirtschaft

Vor dem Hintergrund einer moralisch zunehmend erodierenden Gesellschaft setzt sich die Haltung fest, dass Gerechtigkeit ein nur schwer oder kaum noch zu erfüllender Wert ist. Die Beobachtung, dass dieser Begriff von Politikern und Parteien – ähnlich wie der Wert Solidarität – inflationär benutzt wird und die Lasten auf die kleinen Leute abgewälzt werden, hat das Vertrauen in „die große Gerechtigkeit" völlig weggespült und die Perspektive darauf reduziert, wenigstens selbst im eigenen privaten Umfeld gerecht zu leben.

Das Vertrauen in die Politik ist ebenso enttäuscht wie der Blick auf die Rechtsprechung und das Sozialsystem. Das illustrieren populäre Fälle, die von der Bild-Zeitung aufgedeckt werden und in der Yellow Press reich bebildert in dramatischem Betroffenheitserzählstil geschildert werden. Das bestätigt Traditionellen täglich ihre Sicht auf den Zustand der Welt.

Gleichwohl wird gerade dadurch der Wert Gerechtigkeit aufgewertet als zentraler Pfeiler der eigenen Lebensführung – und bleibt als Sehnsucht für ein künftiges neues Wirtschafts- und Sozialmodell. Der dabei implizierte Gerechtigkeitsbegriff ist eine diffuse Mischung aus Leistungsgerechtigkeit (wer fleißig ist, muss auch belohnt werden), Chancengerechtigkeit (keiner darf aufgrund seiner Herkunft bevorzugt oder benachteiligt werden) und Bedürfnisgerechtigkeit (keiner darf verloren gehen).

6.6 Bürgerliche Mitte

Harmonische Gleichzeitigkeit vieler Werte

Bei der offenen Frage nach den für sie persönlich wichtigen Werten zeigt die Bürgerliche Mitte das im Milieuvergleich umfangreichste und am wenigsten konturierte Spektrum: Ehrgeiz, Leistung, Toleranz, Freundlichkeit, Vertrauen, Offenheit, Freiheit, Umweltbewusstsein, Beständigkeit, Solidarität, Gerechtigkeit, Gleichberechtigung, Gemeinsamkeit, soziale Kompetenz, Gesundheit, Hilfsbereitschaft, Teamfähigkeit, Disziplin, Wandlungsfähigkeit, Verantwortung, familiärer Rückhalt, Gemeinnützigkeit, Ritterlichkeit u. s. w. Diese Liste ließe sich weiter fortsetzen.

Das Wertespektrum ist weniger profiliert als bei Traditionellen, Konservativen, Etablierten, Postmateriellen und Performern. Es ist das Prinzip, eine *harmonische Gleichzeitigkeit der verschiedenen Werte* zu leben. Bemerkenswert ist die parallele Adaption von traditionellen, modernen und postmodernen Werten, denen jeweils moderate, nichtextreme Bedeutungen zugewiesen werden, die dann in das bestehende Selbst- und Weltbild integriert werden.

Typisch ist in Bezug auf Werte die Maxime der Non-Exklusion. Was aus der Perspektive anderer Milieus als unprofiliert, schal, langweilig, konturlos erscheint, ist aus Sicht der Bürgerlichen Mitte eine besonders hohe Aufmerksamkeit und Wertschätzung für verschiedene Orientierungen. Es ist auch eine Dämpfung extremer Strömungen: Die positiven Aspekte sowohl traditionalistischer Haltungen als auch der exzentrischen Avantgarde werden aufgegriffen, ihre extremen Peaks (als die negativen Aspekte) abgeschnitten. So werden diese Strömungen durch „moderate Adaption" gesellschaftsfähig.

> ▪ „*Von allem etwas! Man versucht im Alltag, einige der Werte als ständiges Ziel vor Augen zu halten.*"

Im Unterschied beispielsweise zu Postmateriellen (einem der „benachbarten" Milieus mit Leitbildfunktion), die die Geltung ihrer Werte in *allen* Lebensbereichen propagieren, hat die Bürgerliche Mitte die Perspektive einer „arbeitsteiligen" und funktionalen Geltung: In der Wirtschaft gelten eben andere Werte als im Privaten. Dabei zeigt die Bürgerliche Mitte die ausgeprägte Haltung, sich an der normativen Kraft des Faktischen zu orientieren.

> ▪ „*Welche Werte gelten, das kommt ganz auf das Umfeld und den Standort an. Beim Reisen ist man nicht umweltbewusst. In der Schule oder an der Uni gelten andere Werte als in der Familie oder im Freundeskreis. Und in der Wirtschaft gilt ganz klar erst mal nur Leistung.*"

Diese Alltagsphilosophie der aufmerksamen Beobachtung verschiedener Trends und der moderaten Adaption ist eine Leistung, die Offenheit und viel Energie erfordert. Man schaut aufmerksam in alle Richtungen, selektiert und sortiert, welche Trends man für welche Sphären des alltäglichen Handelns aufgreift. Die im Alltag gestellten Fragen in Bezug auf die beobachteten Strömungen der Umwelt sind für Menschen aus der Bürgerlichen Mitte: Was sollte oder muss ich unbedingt tun? Was könnte ich aufgreifen und ausprobieren? In welchem Bereich meines Lebens probiere ich das ein Stück weit?

Im Unterschied etwa zu Postmateriellen, die ihre Vision vom richtigen und guten Leben quasi aus inneren Überzeugungen entwickeln (also die Bewegung von innen nach außen), zeigt die Bürgerliche Mitte quasi die umgekehrte Bewegung (von außen nach innen) und ist damit im Kern *das* Integrationsmilieu soziokultureller Strömungen. Auch wenn das auf den ersten Blick durch die harmonische Ummantelung nicht leicht zu erkennen ist: Dieses Milieu praktiziert im Alltag prototypisch und systematisch Patchwork – und sorgt damit maßgeblich dafür, dass extreme Positionen gefiltert, modifiziert und in dieser Form gesellschaftsfähig werden.

Mit Blick auf den gesellschaftlichen Wandel hat die Bürgerliche Mitte die – ihnen selbst so erscheinende – „paradoxe" Einstellung, dass wir zwar so gut leben wie nie zuvor, aber zunehmend in einer unsolidarischen „Angstgesellschaft" und unübersichtlichen Welt.

- Auf der einen Seite blickt man beispielsweise positiv auf die freundliche und euphorische Zeit während der Fußball-WM 2006 in Deutschland zurück: Dort wurde der alte Ruf von Deutschland und „den Deutschen" revidiert; man präsentierte sich der Welt als freundliche, humorvolle, offene und feierlaunige Menschen, die unverkrampft stolz auf ihr Land sind
- Auf der anderen Seite des normalen Alltags fühlt man sich dem Leistungsdenken und dem Wettbewerb auf allen Feldern ausgesetzt, bedroht und unter Druck. Die gesellschaftliche Gegenwarts- und Zukunftsdiagnose ist geprägt von selbstverordnetem Optimismus. Hinter dieser Fassade ist die Sensibilität für die in vielen Lebensbereichen negativen Entwicklungen sehr ausgeprägt

- *„Politiker waren früher viel ehrlicher."*

- *„Früher hatte man viel mehr Vertrauen auch in fremde Personen. Heute hinterfragt man vieles. Misstrauen und Unsicherheit sind da. Überall."*

- *„Man schaut weg von Prügeleien, Kriminalität. Auch durch das Single-Dasein verkümmern Werte, weil keine Familie mehr da ist."*

- *„Nach dem Wirtschaftswunder und auch Anfang der 90er Jahre hatte man weniger Angst. Zukunft, Geld, Aufschwung. Doch dann kam der Knick. Heute sieht man den Abgrund und hat Angst. Jetzt geht es der Wirtschaft wieder besser, es gibt mehr Arbeit – aber keiner merkt's."*

- *„Machen wir uns doch nichts vor: Wir werden knechten müssen, bis wir 68 oder 70 Jahre alt sind."*

- *„Die Medien berichten nur noch über Kriege, Krisen, Entlassungen, Epidemien, Gesundheitsrisiken, Gewalt an Schulen, Eltern, die ihre Kinder vernachlässigen oder sogar umbringen: In was für einer Gesellschaft leben wir denn?"*

Die Elastizität der Werte – in Bezug auf Semantik und Funktion – macht es schwierig, die spezifische Einstellung der Bürgerlichen Mitte zu den prominenten Werten zu identifizieren bzw. klare Konturen zu zeichnen.

Freiheit: romantische Sehnsucht nach „Druckverlust"

Der Wert Freiheit hat in der Bürgerlichen Mitte primär die Konnotation der „Befreiung von ... – mit einem Schlag". In vielen Metaphern (z. B.: „Schwert, das die Handschellen mit einem Hieb zerschlägt") wird deutlich, wie groß der Druck, das Gefühl der Erschöpfung und von ohnmächtiger Last sind, so dass ein eruptiver Befreiungsschlag herbeigesehnt wird, der „Erlösung" im umfassenden Sinne verheißt.

Auch in Bezug auf das Ziel dieser Befreiung vom Druck gibt es signifikante Begriffe und Metaphern:

> *„Sonnenuntergang, Abschalten, Ausruhen, Seele baumeln lassen, keine Pflichten mehr, keine künstlichen Zwänge mehr, etwa von Betrieb, Hektik, Anstrengung."*

Gleichzeitig ist das Bedürfnis da, von sozialen Konventionen und Zwängen befreit zu werden. Doch der Wunsch nach einem ungezwungenen, authentischen Leben wird in der konkreten Praxis unterminiert von der Befürchtung, als schamlos und egoistisch zu gelten. Sehnsucht nach Befreiung: Die Bürgerliche Mitte ist massiv unter Druck und hat keine Ventile. Gleichzeitig besteht auch Misstrauen in eine Freiheit, die keine Ordnung und Orientierung bietet. Hier steht die Bürgerliche Mitte in tiefer Ambivalenz zwischen Anpassung und Egoismus.

> *„Einfach die Seele baumeln lassen und leben, wie man ist. Das tun, zu dem ich Lust habe, ohne schamlos und egoistisch über anderen zu stehen."*

> *„Freiheit ist Chaos."*

In der Wirtschaft jedoch besteht keine Freiheit, sondern der Angestellte wie der Unternehmer obliegen nur Zwängen des Marktes und des Wettbewerbs. Die Rede von der „freien Marktwirtschaft" gilt als Schimäre: Freiheit gibt es hier nur zu Beginn einer Unternehmung, sei es die Berufswahl oder die Wahl des Standorts. Ist der Arbeitnehmer oder der Arbeitgeber aber erst einmal in der Mühle, dann muss er den Regeln und Zwängen des Markts folgen. Freiheit besteht dort vordergründig für die Verbraucher, die entscheiden, welche Produkte sie in welchen Einkaufsstätten kaufen. Aber auch die stehen bei genauer Betrachtung in ökonomischen Zwängen (Preisargument) und sehen sich gedrängt, gesellschaftlichen Trends zu folgen.

Psychodrawing zum Begriff „Freiheit"

- Tiefe Sehnsucht danach, sich fallenzulassen, nach Entspannung, Sorglosigkeit und Geborgenheit: nicht mehr ausgesetzt sein, nicht auf Äußeres reagieren müssen
- Freiheit gilt für den Einzelnen
- Das „echte" Leben ist fremdbestimmt: innerlich und äußerlich

Im Räderwerk der Leistungsgesellschaft: Überwindung fremder, äußerlicher Hürden

Für die Bürgerliche Mitte ist Leistung *eigentlich* der Einsatz des Einzelnen, um seine eigenen Ziele zu erreichen. Das erlebt man noch in Nischen der eigenen Freizeit, wenn man eine sportliche Leistung erbracht hat (Berg erklimmen). Doch in unserer Gesellschaft ist Leistung heute fast nur noch die Erfüllung fremdbestimmter Vorgaben. Es gibt den Druck zu immer mehr und noch besserer Leistung – und genau dieser äußere Druck hemmt, verhindert eine optimale Leistung und nagt an der Persönlichkeit. Das macht auch Angst für die Zukunft. Insofern sind Leistung und Freiheit in der Wirtschaft gegensätzliche Werte.

- *„Leistung heißt, gewisse Hürden immer wieder zu erklimmen."*
- *„Ein Kreislauf, immer wieder von vorne anfangen."*
- *„Bei Nichterfüllung müssen Rechtfertigungen erbracht werden."*
- *„Das kann auch ein Gefängnis sein durch Versagensängste."*
- *„Der Leistungsdruck ist oft von außen vorgegeben."*
- *„Ohne Druck würde ich mehr leisten und Besseres können."*

Für die Bürgerliche Mitte ist Leistung die Überwindung einer fremden, von außen errichteten Hürde. Die quantitative Dimension von Leistung steht dabei meist im Vordergrund – das gilt nicht nur im wirtschaftlich ungeschützten Bereich, sondern auch in der privat geschützten Sphäre.

Psychodrawings zum Begriff „Leistung"

- Achsenkreuz signalisiert die unabhängige Variable (Leistung) und die abhängige Variable (Mensch): Der Mensch muss reagieren auf den Druck von außen
- Lebensverlauf (der Erwachsenen): Am Anfang ist es noch einfach (mit einzelnen Aufs und Abs) – aber dann … Es wird immer schwerer, steiler – und es ist mit Rückschlägen zu rechnen

- Es gibt eine Berg-und-Tal-Fahrt; zwar geht die Entwicklung insgesamt aufwärts – aber es endet symbolhaft pessimistisch, die Trendlinie geht nach unten – Absturz! – und sogar bis unter die Achse: Ausdruck von Zukunftsängsten: Der Druck steigert sich und wird so groß, dass mit Einbrüchen zu rechnen ist

Psychodrawings zum Begriff „Leistung"

- Leistung verlangt, den Pfeil punktgenau ins Ziel zu führen. Man wird in der Leistung immer am Optimum gemessen – alles andere gilt als „daneben"; ist nicht gut genug (= der Mensch ist nicht gut genug)
- Das Optimum (das Zentrum!) ist so klein, dass es kaum möglich ist, es wirklich zu treffen

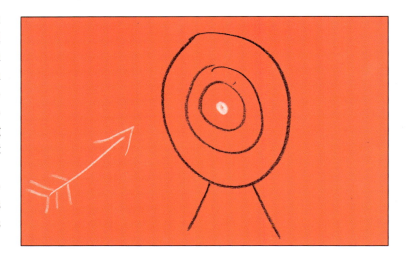

Solidarität mit Gleichgesinnten

Der Wert Solidarität ist in der Bürgerlichen Mitte zunehmend auf die eigene Lebenswelt reduziert. Die Abgrenzung erfolgt nach unten: Die Bestrebungen zur Distinktion gegenüber Menschen am unteren Rand der Gesellschaft wachsen. Man grenzt sich durch materielle und immaterielle Statussymbole ab, um sich und anderen zu zeigen, dass man mit dem ungebildeten und geschmacklosen „Mob" nichts gemein hat: Man meidet den Kontakt (etwa im Job oder Verein) und bei den Kindern reduziert man gezielt Verabredungen, Besuche, Freundschaften.

Gesamtgesellschaftlich hat die Bürgerliche Mitte zwar die Solidaritätsidee „Füreinander einstehen". Doch in der heutigen Wirklichkeit ist die Vokabel „Solidarität" aus Sicht der Bürgerlichen Mitte missbraucht, ein „Schwafelwort", so dass sie zunehmend der Maxime folgt, Solidarität nurmehr in ihrer eigenen Lebenswelt ernst zu nehmen.

- „Menschen sind eigentlich solidarisch. Doch Solidarität hört leider, wenn es drauf ankommt, ganz schnell auf."
- „In dem Wortstamm steckt ‚solide' – das heißt so viel wie fest: Eine Gruppe verfestigt sich gegen was anderes."
- „Solidarität ist ein Wahlkampfbegriff. Das Wort schreckt mich eher ab. Auf Plakaten wird das Wort Solidarität überlesen."

Eigenverantwortung als unaufhaltsamer Trend

Die Bürgerliche Mitte hat gelernt, dass der Trend zu mehr Eigenverantwortung zur political correctness gehört und in allen Sphären des Lebens verlangt wird: Arbeit, Konsum, Freizeit. Die lebensweltliche und hermeneutische Analyse zeigt, dass die Bereitschaft zur Eigenverantwortung in der Bürgerlichen Mitte groß ist, jedoch weniger aufgrund einer intrinsischen Motivation oder durch Identifikation mit einem anthropologischen Menschenbild oder einem sozialpolitischen Gesellschaftsmodell, sondern weil es sozial, politisch und wirtschaftlich unumgänglich ist. Gleichzeitig gibt es die latente Annahme und auch Erfahrung: „Ich muss! Andere in privilegierten Positionen müssen nicht."

- „Egal was man anpackt, man muss es begleiten und Verantwortung zeigen, für die eigenen Kinder wie bei der Arbeit."
- „Eigenverantwortung heißt, pfleglich mit Ressourcen umzugehen."
- „Verantwortung tragen die unten immer, nicht die Politiker – es sei denn, es läuft gut."

Soziale Sicherheit: Eingebunden-Sein in ein Netzwerk und Ankommen

Soziale Sicherheit ist das in der Bürgerlichen Mitte am stärksten mit Ängsten behaftete Feld. Für die Bürgerliche Mitte ist „Ankommen" ein wichtiges Lebensthema und persönliches Ziel. Viele haben ihren Lebenstraum vom eigenen Heim mit Garten für die Familie realisiert und sich dafür verschuldet. Sie sind eingebunden in ein soziales Netzwerk Gleichgesinnter. Angesichts der als prekär empfundenen Wirtschaftslage wäre es ein realistischer Super-GAU, den Arbeitsplatz zu verlieren und gar für eine Zeit lang Hartz-IV-Empfänger zu werden. Das würde nicht nur finanziellen, sondern auch sozialen Abstieg bedeuten, weil man um den Fortbestand der Akzeptanz und Integration im Kreis der Gleichgesinnten fürchten müsste. Dazu kommt die Forderung von Unternehmen nach beruflicher Mobilität und zeitlicher Flexibilität, die als Druck auf den Menschen lastet und vor allem von Familien aufgefangen werden muss.

Chancengerechtigkeit zur Sicherung moderater Aufstiegsziele

Die Bürgerliche Mitte zeigt Sympathie für das Konzept der Chancengerechtigkeit. Die Bürgerliche Mitte hat schmerzlich begriffen, dass sie nicht mehr in einer Aufstiegsgesellschaft lebt, in der vormals jeder, der Engagement zeigte, es nach oben schaffen konnte – selbst wer zunächst nur einen mittleren Bildungsabschluss hatte und eine Lehre absolvierte, konnte es noch vor einigen Jahren sogar bis an die Spitze eines Weltkonzerns schaffen (Beispiel Schrempp). Heute sind die Pfade nach oben kaum noch durchlässig, sondern sehr eng. Es bieten sich dem Einzelnen nicht mehr viele Chancen. Daher darf man weder eine sich bietende Chance verpassen, noch darf man die Zügel schleifen lassen, sondern muss die Gelegenheiten und seine seltenen Chancen nutzen.

Nicht der offene Horizont beruflicher Performance ist die Vision der Bürgerlichen Mitte, nicht Karriere und steiler Aufstieg, sondern es geht darum, die soziale Position zu halten und im besten Fall moderat aufzusteigen. Die Angst vor dem tiefen Fall ist ausgeprägt.

Insofern will man im Job für seine Leistung angemessen entlohnt werden. Aber zum einen ist die Vorstellung, einmal größere Gehälter zu bekommen, eher Traum als Hoffnung; zum anderen zeigt man Misstrauen in die sogenannte Leistungsgerechtigkeit. Man will sich nicht auf Leistung reduzieren lassen, weil die Maßstäbe für diese Leistung von Menschen (an der Spitze der Unternehmen und Konzerne) definiert werden, denen man nicht mehr vertraut und denen man keine selbstlose oder gar solidarische Gerechtigkeit zuschreibt. Insofern reduziert die Bürgerliche Mitte ihre Erwartungen bewusst darauf, zumindest nicht schlechtere Startvoraussetzungen zu haben. Bei allem Zweifel an der Zukunft: Das Selbstvertrauen ist an dem Punkt groß, wo es um die eigene Beharrlichkeit und Zielstrebigkeit zur Erreichung moderater Ziele geht.

Instruktiv ist in diesem Kontext die in der Bürgerlichen Mitte derzeit aktuelle Auseinandersetzung mit der Frage, ob Gerechtigkeit bedeute, alle könnten „gleich" sein: Wird Gerechtigkeit durch Gleichheit verwirklicht? Fazit dieser rhetorischen Frage des Milieus ist, dass materielle Gleichheit nicht gerecht ist. Solche Argumentationsmuster sind kein ernsthaftes und offenes Ringen mit dem „richtigen" Gerechtigkeitsbegriff, sondern Ausdruck von Unsicherheit angesichts diffuser Gerechtigkeitsvorstellungen und der Frage, wie Gerechtigkeit zu bemessen ist. Dabei wird Gleichheit als Gerechtigkeitsziel dezidiert ausgeschlossen. Zum anderen dient solches der Abwehr gegenüber jeder Form von sozialistischen Bestrebungen: Man will nicht noch mehr mit denen am unteren Rand der Gesellschaft teilen müssen, nicht noch mehr vom ohnehin nicht üppigen Einkommen soll in Sozialabgaben fließen und versacken. Hier zeigt sich die Abgrenzung gegenüber den Milieus der modernen Unterschicht.

- „Wenn alle gleich sind – Arbeit, Haus, Kleidung: Ist es dann gerecht? Nein! Es muss Unterschiede geben zwischen den Einzelnen."

6.6 Bürgerliche Mitte

> - *„Jeder hat die gleichen Rechte, nicht den gleichen Besitz."*
> - *„Absolute Gerechtigkeit kann nicht erreicht werden. Man muss sich aber anzunähern versuchen: gleiche Voraussetzungen und Startchancen für Kinder. Das wäre gerecht."*

Psychodrawing zum Begriff „Gerechtigkeit"

- Verteilungsgerechtigkeit: Das Verfügbare soll gleich verteilt sein
- Auch: Abgrenzung, Abschottung des Eigenen, das man für sich beansprucht. Auch Motiv der Sicherung dessen, was einem zusteht, was man für seine Lebensziele braucht

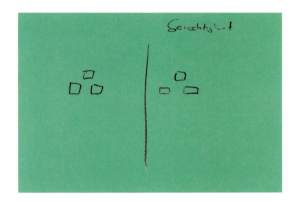

6.7 Benachteiligte

„Geld" ist das A und O für das alltägliche Überleben

Bei der offenen Frage nach den für sie persönlich wichtigen Werten nennen Menschen im modernen Unterschichtmilieu „Benachteiligte": Gesundheit, Geld, Sicherheit, Ehrlichkeit *(„keine Verarsche vom Staat"),* Gerechtigkeit, Freiheit, Respekt. Kein anderes Milieu definiert so offensiv und unverhohlen „Geld" als wichtigen Wert.

Die Sehnsüchte und Tagträume dieses Milieus produzieren innere Bilder, in denen Symbole von Geld und Reichtum dominieren: Das Euro-Zeichen, Bündel von Geldscheinen, prall gefüllte Geldkoffer (kennt man von Geldübergaben in Actionfilmen). „Geld" hatte in diesem Milieu schon immer eine prominente Bedeutung. Doch während man in den 80er und 90er Jahren mit Geld den Traum vom plötzlichen Reichtum verband (mit einem Mal von ganz unten bis ganz nach oben an die Spitze: Es allen anderen zeigen), ist es heute das immer knapper werdende Gut, mit dem man im Alltag zurechtkommen muss. Nicht mehr hochfahrende Träume, sondern Nüchternheit und Sorge plagen dieses Milieu.

Ist die Bürgerliche Mitte unter Druck und geplagt von *latenten* Abstiegsängsten mit Hartz IV als Horrorvision, so ist der Druck im Milieu „Benachteiligte" *manifest* und Hartz IV eine für viele bestens bekannte Realität – durch eigene Betroffenheit oder die von guten Freunden. In keinem Milieu ist die Zahl der Langzeitarbeitslosen so hoch wie in diesem Milieu. Obwohl viele schon keine Hoffnung mehr auf Aufstieg haben, keinen realistischen Ausweg aus ihrer Lebenslage sehen, verstärkt sich ihr Gefühl von existenzieller Armut von Jahr zu Jahr mehr: Das ist ihre Erfahrung im biografischen Rückblick.

Die Welt wird für sie enger und ferner. Es wächst das Gefühl, vom Mainstream ausgeschlossen zu werden und von den meisten Konsumstandards abgehängt zu sein. Die Lust auf Konsum ist ein nurmehr sporadisches Bedürfnis; das Sammeln von protzigen Statussymbolen weicht der privaten Sammlung von Gegenständen, um sich selbst und engsten Freunden zu zeigen, dass man sich doch das eine oder andere leisten kann. Für viele ist die Lebenslage prekär. Es manifestiert sich eine Vermeidungslogik mit Nicht-Betroffenheits-Utopien:
- *nicht* aufgeben, den Alltag irgendwie bewältigen,
- *nicht* die Kraft zum Durchhalten verlieren,
- *nicht* von Schicksalsschlägen zusätzlich gebeutelt werden,
- *nicht* krank werden,
- den Job *nicht* verlieren,
- *nicht* unter das Existenzminimum fallen.

Als „tiefes Glück" gilt, wenn man *nicht* weiter sozial ausgegrenzt wird, sondern partizipieren kann. Anspruchslosigkeit wurde zur gelernten Maxime: keine zu großen Ziele haben, sich keine Illusionen mehr machen, denn wer hoch hinaus will, kann tief fallen. Stattdessen geht es Frauen und Männern in diesem Milieu der modernen Unterschicht heute darum, realistisch, schlicht, nüchtern, pragmatisch zu sein.

Desinteresse und Gleichgültigkeit sind zugleich Schutz, sich emotional, sozial, kognitiv nicht berühren und verletzen zu lassen. Sie nehmen sich selbst (bedauernd) als „hart", „kalt", „leer" wahr.

> - „Sich gefühlsmäßig abschalten, um es auszuhalten."

> - „Ein dickes Fell reicht oft nicht, man muss sich innerlich einfrieren."

Gerechte Entlohnung, die Finanzierung der Krankenkassenbeiträge, Kürzungen des Arbeitslosengeldes und Verschwendung von Steuergeldern sind in diesem Milieu heftig diskutierte Themen, an denen deutlich wird, dass es keine Politikverdrossenheit in diesem Milieu gibt, sondern vielmehr das Gefühl, selbst keine politische Lobby zu haben. Früher hat sich wenigstens die SPD um die traditionelle Arbeiterklasse gekümmert und war – ohne Mandat – ihre politische Interessenvertretung. Das moderne Arbeitermilieu hat keine solche Vertretung; im Gegenteil: Postmaterielle distanzieren sich inhaltlich und stilistisch erheblich von diesem „Mob".

Das Milieu fühlt sich alleingelassen, verachtet von den großen politischen Parteien und von sozialen Bewegungen. Ebenso baut sich zunehmend eine – derzeit ohnmächtige – Wut über die Ungerechtigkeit und Unverfrorenheit der Wirtschaftsbosse auf: Massenentlassungen bei Telekom, Daimler, Deutscher Bank und vielen anderen – und zwar trotz gleichzeitiger (Rekord-)Gewinne. Gleichzeitig aber gibt es gigantische Lohnerhöhungen in den Vorstandsetagen. Auch Skandale wie bei VW (Betriebsrat-Orgien) signalisieren symbolhaft, dass auch die Gewerkschaftsbosse letztlich mit der Unternehmensleitung kungeln und die hohen Lohnerhöhungsforderungen vor Tarifverhandlungen nurmehr Augenwischerei sind: Am Ende kommt deutlich weniger heraus. Für den einfachen Arbeiter wird es immer enger. Viele bleiben ohne Überzeugung in der Gewerkschaft, weil sie nicht ihre letzten Reste und Hoffnungen vermeintlicher Solidarität weggeben wollen.

> - „Es ist alles beschissener geworden. Mehr Arbeit für weniger Geld."

Symbiose von Leistungs- und Bedürfnis-Gerechtigkeit

Beim Wert Gerechtigkeit sind in diesem Milieu zwei Bedeutungslinien miteinander verwoben: Zum einen folgen Menschen in diesem Milieu der modernen Unterschicht der Bedeutungslogik von der „Leistungsgerechtigkeit" (siehe dazu Kapitel „Leistung"); zum anderen bestimmen Sedimente von Bedürfnisgerechtigkeit das Anspruchsklima in diesem Milieu. Dominant ist der Tenor der Anklage, denn Gerechtigkeit findet man in keiner Hinsicht verwirklicht: Weder fühlt man sich für die eigene Arbeitsleistung im Job angemessen bezahlt, noch bekommt man vom Staat das, worauf man als Mensch einen Minimalanspruch hat – auch dann nicht, wenn man vom Schicksal hart gebeutelt ist. Beide Gerechtigkeitsvorstellungen gehen eine Symbiose ein, denn sie ergänzen sich in ihrer Argumentation vom Anspruch-auf-mehr-Haben.

Im Unterschied zum Milieu „Traditionelle", in dem die Tugend der Bescheidenheit das subjektive Gefühl der Frustration dämpft und in der Folge das Gefühl gesamtgesellschaftlicher Zugehörigkeit stützt, ist dies im Milieu „Benachteiligte" anders: Das subjektive Gefühl von vielfach ungerechter Behandlung, Missachtung und gar wirtschaftlicher und politischer Diskriminierung ist massiv und chronisch.

Psychodrawing zum Begriff „Gerechtigkeit"

- Äußerste Fokussierung (Reduktion) von Gerechtigkeit auf Geld und monetäre Verteilung
- Anklage: Ich kriege nicht meinen mir zustehenden Anteil
- Geld ist verzahnt: Geld bildet Schnittmengen nur mit Geld (nicht mit anderen Sphären). Nur wer Geld hat, kriegt leicht auch noch mehr Geld. Geld bleibt unter sich
- Auffällig: Es gibt keine Menschen in dieser Visualisierung von Gerechtigkeit

Sicherheit und Subsidiarität einer niemanden ausgrenzenden Solidarität

Solidarität ist ein wichtiges Thema für dieses Milieu. Solidarität meint in nuce „*Hilfsbereitschaft*" mit dem Verständnis einer Sicherheit gebenden und subsidiaren Gesellschaft. Zwei ineinandergreifende Hände; ein runder Tisch mit mehreren Personen verschiedener Herkunft und Position; Geld, das durch Spenden zusammengekommen ist: Das sind typische innere Bilder ihrer Vorstellung von Solidarität. Es ist eine Gesellschaft, die niemanden ausschließt und jeden teilhaben lässt. Dabei zählen auch die kleinen Gesten, die zeigen, dass man aneinander denkt, füreinander da ist.

- *„Jeder sollte jedem helfen, da würde es uns allen besser gehen."*
- *„Blümchen, fröhliche Ausstrahlung, es sind die kleinen Gesten."*

Leistung ist Anspruch auf materielle Gegenleistung

„Leistung" wird spontan assoziiert mit „Gegenleistung". Wenn jemand etwas geleistet hat, muss er dafür eine adäquate Entlohnung bekommen. Diese Assoziationen sind instruktiv, weil sie den primären Bezug von Leistung offenbaren: Leistung bezieht sich nicht auf die Auseinandersetzung und Weiterentwicklung einer Person in Bezug auf ein Thema oder einen Gegenstand, sondern auf fremdbestimmte Lohnarbeit. So wie das Thema der Leistung nicht aus dem Interesse des Einzelnen erwächst und ihm somit äußerlich ist, so ist auch die Gratifikation auf äußerliche Belohnung reduziert. Daher wird Leistung weniger emotional betrachtet, ist eher ein kühler Wert. (Performer, Etablierte, Postmaterielle betonen dagegen vor allem ihre innere Motivation und Gratifikation).

In ihrer aktuellen Situation erleben Menschen im Milieu „Benachteiligte" meist ein deutliches Ungleichgewicht zwischen Arbeitsleistung und erhaltenem Lohn. Sie fühlen sich übervorteilt, für ihr hartes Arbeiten nicht ausreichend bezahlt, nicht entsprechend ihren Fähigkeiten eingesetzt oder müssen als Arbeitsloser gar lächerliche Konditionen akzeptieren (1-€-Jobs). Dies führt zu massiver Enttäuschung und zementiert die Opferhaltung.

- „Wer viel leistet, soll auch viel Geld bekommen. Aber das wird meist nicht umgesetzt."
- „Manche leisten viel und bekommen wenig, und bei anderen ist es genau umgekehrt."
- „Das Verhältnis zwischen Leistung und Belohnung muss stimmen, sonst treten gesundheitliche Schäden auf."

Psychodrawing zum Begriff „Leistung"

- Man wird unterdrückt/gedrückt von oben: Dieser Druck ist massiv und lässt nicht nach (starker geradliniger Pfeil, oben offen)
- Man ist machtlos und nimmt Schaden (Delle): Ausdruck von Schmerz; man wird immer kleiner und unbedeutender
- Zeit ist ein dominierender Faktor. Die Zeit läuft; man wird in Zeittakten bewertet: Im Vergleich zu vorgegebenen Takten von außen ist man selbst sehr klein

- Immer neue Leistungsschübe werden gefordert
- Kritik an der Ideologie des quantitativen Umsatzwachstums es muss immer mehr sein: Der Mensch spielt keine Rolle; das Leben wird auf Zahlen reduziert
- Gefühl der Überforderung in der Leistungsgesellschaft: Je mehr Leistung gefordert wird, umso stärker geht die eigentliche Leistungskurve aber bergab!

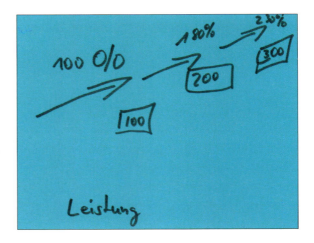

- Leistung ist für den Einzelnen ein Drahtseilakt – ohne Netz. Der Mensch ist letztlich allein und muss immer weitergehen
- Der Schritt nach vorn und der Blick zurück: Man will nicht vor und kann nicht zurück
  - Man darf nicht stehen bleiben – aber es gibt kein (attraktives) Ziel oder Ende: Man ist getrieben von Einsamkeit und Angst
  - Man kann tief fallen
  - Es geht nicht darum, nach oben zu kommen, sondern die Anforderungen der Umwelt zu überstehen

Soziale Sicherheit: Angst vor der Zukunft

Soziale Sicherheit verlangt in erster Linie finanzielle Absicherung für die alltäglichen Ausgaben, für Krankheit und Altersversorgung. „Soziale Sicherheit" ist ein Begriff, der Sorgen und Bedenken hinsichtlich der persönlichen Zukunft auslöst: Wird man wieder Arbeit finden? Wird man seinen Job behalten? Wird man genug verdienen können, um etwas für die nächsten Monate in Reserve zu haben, für einen Urlaub oder fürs Alter?

Man fühlt sich für seine persönliche Absicherung aber auch selbst verantwortlich. Die alte Sentenz vom „Vater Staat", aus der Fürsorge und Obhut sprach, hat in diesem Milieu keine Glaubwürdigkeit mehr. An dessen Stelle ist Misstrauen gegenüber einem Staat gewachsen, der den normalen Bürgern und vor allem jenen am unteren Rand der Gesellschaft immer mehr aufbürdet. Hier zeigen „Benachteiligte" ein tiefes Gefühl von Ungerechtigkeit und Verlassenheit. Insofern ist es aus der Enttäuschung gewachsene Klugheit, nicht mehr auf den Staat zu vertrauen.

Psychodrawing zum Begriff „Soziale Sicherheit"

- Arbeit, Freunde, Familie – das ist wichtig im Leben, aber über allem steht „Geld"
- Die umrahmte, grafisch zentrierte und überbordende – utopische – Zahl (hundert Millionen) ist Ausdruck von angestrebter Maßlosigkeit, aber auch dessen, dass man soziale Sicherheit für einen unrealistischen Traum hält

- Je gigantischer der Traum ist, umso eher erträgt man den Alltag (wenn der Traum realistisch wäre, würde man den Alltag ständig daran messen)

Freiheit: materielle Unabhängigkeit

Freiheit wird – analog zur sozialen Sicherheit – als *finanzielle* Freiheit und als *materielle* Unabhängigkeit verstanden. Freiheit bedeutet reisen können, Urlaub machen, sich etwas leisten können. Entsprechend prägen Urlaubsszenen, Geldscheine oder begehrte Luxusobjekte (Haus, Auto) die inneren Bilder zu Freiheit.

- *„Mit Geld kann man finanziell frei sein."*

Psychodrawing zum Begriff „Freiheit"

- Der (unerreichbare) Traum von plötzlichem Reichtum: eigenes Haus, Auto, Pool, Zaun: geschützt sein
- Mit der finanziellen Absicherung ist der Mensch unabhängig von anderen und kann seine Freiheit in Urlaubsstimmung genießen
- Freiheit hat keine gesellschaftliche und politische Bedeutung – hat nur eine private Bedeutung für den Einzelnen

Eigenverantwortung: Pflichterfüllung am Arbeitsplatz

Der Wert Eigenverantwortung weist für dieses Milieu in zwei Richtungen: Zum einen wurzelt der Wert in der Enttäuschung, vom Staat nicht das zu bekommen oder erhoffen zu können, was einem gerechterweise zusteht. Der Einzelne muss sich um sich selbst kümmern und sollte sich nicht mehr auf andere verlassen (= aus der Not geborene Eigenverantwortung sozialer Absicherung). Zum anderen bezieht sich Eigenverantwortung auf die Pflichterfüllung bei der konkreten Tätigkeit am Arbeitsplatz. Triebfeder ist, den Job nicht zu verlieren. Hier hat man eine Aufgabe, für die man selbst verantwortlich ist.

- „*Eigenverantwortung verbinde ich mit meinem Beruf. Da braucht man viel Eigenverantwortung, weil man in diesem Job aufpassen muss.*"

- Kritik an einer Eigenverantwortung, die auf das isolierte, egozentrische Individuum und auf (Sammeln von) Geld reduziert ist
- Eigenverantwortung heißt: nicht mehr der Staat sorgt für meine Arbeit, sondern *ich selber muss* dafür Sorge tragen, dass ich eine Arbeit und genug Geld zum Leben habe. Das ganze Leben kreist darum, der ganze Alltag ist von Eigenverantwortung bestimmt: Das lehnt man ab!

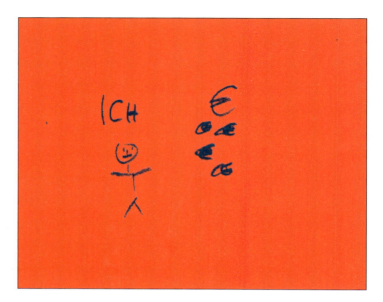

6.8 Hedonisten

Subkulturelle Klage über den Werteverlust der Mainstream-Gesellschaft

Bei der offenen Frage nach den für sie persönlich wichtigen Werten nennen Hedonisten: Freiheit, Selbstverwirklichung, Authentizität, Toleranz, Weltfrieden, Gemeinschaft, Mitgefühl, Hilfsbereitschaft, Solidarität, Rücksicht, Gerechtigkeit, Umweltbewusstsein. Signifikant sind zwei Befunde:

(1) Das Spektrum der Werte ist bemerkenswert breit und beinhaltet nahezu alle Werte, die in den anderen Milieus tragende Säulen sind – mit Ausnahme von zwei Werten: Leistung und Eigenverantwortung. Diese haben im Werteset der Hedonisten keinen Platz bzw. sind stark negativ konnotiert

(2) Das Spektrum der als wichtig kommunizierten Werte erweckt – vordergründig – den Eindruck hoher Ansprüche. Die genaue hermeneutische Analyse zeigt jedoch deutlich, dass a) Hedonisten diese Ansprüche nicht an sich selbst adressieren, sondern an die Gesellschaft; b) dass die Akklamation von Werten den Impetus der Anklage und Reklamation hat

In der natürlichen Perspektive dieses Milieus ist „die Gesellschaft" das Kollektiv, in das sie qua Schicksal hineingeboren wurden, deren Regeln sie ungefragt akzeptieren sollen – aber nicht wollen. „Die Gesellschaft" ist für Hedonisten eine kalte, strenge, unfröhliche und lustfeindliche Leistungsgesellschaft, die auf all jene, die nicht den strengen Standards folgen, mit einer anspruchsvollen Moral(predigt) reagiert oder ökonomischen Druck ausübt, um sie in vorgeformte Bahnen zu zwängen oder ins Abseits zu drängen.

In diesem Weltbild ist der Einzelne den gesellschaftlichen Verhaltensregeln und Leistungsanforderungen, die seinen „natürlichen" Lebensansprüchen entgegenstehen, meistens ohnmächtig unterworfen. Einzig die Freizeit ist Refugium für unprogrammiertes Leben: Hier kann der Mensch seinen eigenen (spontanen) Bedürfnissen nachgehen und intensiv leben.

Die eigene (innere) Distanz zu sozialen Regeln wird als Coolness, Echtheit und persönliche Unabhängigkeit gedeutet: Anders als Menschen, die diesen Regeln gefällig folgen, ist man selbst innerlich frei. Nach außen oft in der Rolle des „underdog", hat man sich innerlich seine Unabhängigkeit bewahrt und lässt sich nicht unterkriegen. Man hat keine Lust, seine spontanen Bedürfnisse zugunsten zukünftiger Erfolge und Belohnungen aufzuschieben, und zeigt Distanz zu einer angepassten „spießbürgerlichen" Lebensführung. Leitmotive sind Spannung und Zerstreuung; Lust am Spontanen, Anstößigen und Exzessiven.

Vor diesem Hintergrund wird verstehbar, warum dieses Milieu der Leistungsgesellschaft den eigenen Spiegel vorhält und anklagt, dass die ach so hehren Werte der bürgerlichen Gesellschaft von dieser selbst nicht gelebt werden.

- *„Politiker leben vor, dass es auf Werte nicht ankommt, sondern dass die Kasse stimmt."*

> - „Ich habe ja in mehreren Ländern gelebt. Deutschland hat ein raueres Klima als manch ein anderes Land. Es ist eines der reichsten Länder der Welt; der Preis dafür ist, dass die Menschen hartherzig geworden sind."
>
> - „Unsere Gesellschaft ist sehr materialistisch."
>
> - „Hilfsbereitschaft und Mitgefühl sind doch keine Floskeln; das versucht man doch auch zu praktizieren. Das sind Werte, wie man sie kennt; große, überstehende Begriffe. Aber das hat nichts mit der Realität zu tun. Beispiel Bahn: Du versuchst auszusteigen und es kommen dir 30 Ellenbogen entgegen. Das ist gesellschaftliche Trägheit. Viele schauen einfach nicht mehr über den Tellerrand."

Eine solche Anklage hat folgende Funktionen:
a) der Gesellschaft die moralische Legitimation entziehen, indem man sie schlicht als dekadent und verlogen stigmatisiert
b) die eigene Wertvorstellung und Lebenspraxis als die ehrlichere präsentieren. Solche Selbststilisierung ist für das Milieu der Hedonisten typisch

In Bezug auf ihre eigenen Bedürfnisse und ihren Lebensstil haben Hedonisten grenzenloses Verständnis; ebenso Nachsicht und unbedingte Toleranz, wenn ihnen etwas nicht gelingt, etwas schiefgeht, sie Fehler machen. Demgegenüber demonstrieren sie in Bezug auf die Gesellschaft eine umso größere Strenge, bewerten und verurteilen diese deutlich. Gleichzeitig aber fordern sie Leistungen von der Gesellschaft, damit sie in ihrem eigenen Lebensstil ungestört und versorgt sind.

Von äußeren Konventionen und inneren Zwängen frei sein

Die Diagnose von Hedonisten ist, „*dass es mit der Freiheit in unserer Gesellschaft nicht gut steht*". Diese pessimistische Einschätzung geht bisweilen so weit, Freiheit als gänzlich unrealistischen Wert zu beschreiben. Dahinter steht die Verknüpfung der eigenen Identität mit einer Freiheit, die bei Hedonisten eine emphatische Bedeutung hat: a) Unabhängigkeit von äußerlichen Konventionen und Kontrollen; b) innere Immunisierung gegenüber Normen und Mustern der Gesellschaft, von denen man natürlich – oft unmerklich – geprägt wird, die den Einzelnen mit spießbürgerlichen Einstellungen infizieren und ihm dadurch unsichtbare Fesseln anlegen.

> - „*Freiheit ist für mich frei wie ein Vogel sein.*"
>
> - „*Freiheit: ein Schiff, draufsetzen und losfahren.*"
>
> - „*Freiheit meint für mich: grenzenlos.*"
>
> - „*Freiheit ist vor allem der Vergleich zu dem, was man nicht hat.*"

Freiheit ist für Hedonisten vor allem „Befreiung von ..." – jedoch nicht „Freiheit zu ...". So emphatisch, überhöht und konturlos die Semantik von „Freiheit" ist, so radikal und hart ist die Einstellung, dass man zu wirklicher Freiheit nicht durch Reformen kommt, sondern nur durch *Systemveränderung*. Es ist die notorische Feststellung von Hedonisten, dass das jeweils aktuelle System schlechter ist als (fast) jedes andere.

> ▪ „Ich habe die Möglichkeit, alles zu machen, theoretisch zumindest, was ich will."

Entscheidend ist – aus der Perspektive der Hedonisten – die *Fähigkeit* zur Freiheit. Man muss auch etwas mit seiner Freiheit anfangen können, doch genau das kann nicht jeder. Es gibt in ihrer Weltperspektive viele Menschen, die „noch bei der Hand genommen werden wollen" und für die Freiheit eine Bedrohung ist; während andere (sie selbst) erst durch die Freiheit aufblühen.

Psychodrawing zum Begriff „Freiheit"

- Innerlich frei ist der Mensch, der den Mut hat zu provozieren, der sich keine äußeren Fesseln anlegen lässt
- Lachende, große Augen: persönliche Lust, sich so zu äußern
- Die spitze, „stechende" Zunge als Stachel gegenüber anderen (auffällig: Die Zunge ist rot umrandet)

Eigenverantwortung: ein unangenehmer, düsterer Wert

Die Logik anderer Milieus, Freiheit impliziere auch Eigenverantwortung, gilt nicht im Milieu der Hedonisten. Im Gegenteil: Die Psychologik dieses Milieus sieht beide Werte als Antipoden. Während „Freiheit" bedingungslos positiv ist, wirkt „Eigenverantwortung" negativ.

> ▪ „Mit dem Wert Eigenverantwortung verbinde ich etwas Düsteres, etwas Unangenehmes. Es klingt so, als ob man knallhart auf dem Boden der Realität landet. Kühl und hart."

> ▪ „Der Begriff ist für mich negativ behaftet. Das passt zu meiner Einstellung eigentlich gar nicht, ist aber so."

> ▪ „Ich würde mir manchmal weniger Eigenverantwortung wünschen, dass mir auch mal jemand unter die Arme greift."

> - „Selbstverantwortung hat auch etwas von Alleinesein, Allein-gelassen-Sein."
>
> - „Ich bin ziemlich unselbständig erzogen worden. Als ich das erste Mal ausgezogen bin, bin ich erst mal richtig auf die Schnauze gefallen."

Mit Freiheit assoziieren Hedonisten: Luft, Himmel, Weite, Ferne. Mit Eigenverantwortung verbinden sie dagegen den Preis der Freiheit: die unbarmherzige harte Realität, für sich selbst sorgen zu müssen, nicht versorgt zu werden.

Eigenverantwortung verlangt auch, dass man Geld verdienen muss, also einen Job finden und sich dort an einen geregelten Tagesablauf halten muss. Das gilt nicht nur für Singles, die in diesem Milieu überrepräsentiert sind, sondern auch für Hedonisten, die in einer Partnerschaft leben und Familie haben.

> - „Mit Geld kann ich mich um mich selbst und meine Familie kümmern. Ich finde es allerdings nicht schön, dass es so ist mit dem Geld, das man ja nicht einfach kriegt. Ich bin leider nicht in der Lage, es ohne Geld zu schaffen."

Für Hedonisten ist der Wert Freiheit so elementar, dass sie lieber Gelegenheitsjobs annehmen oder in Berufen tätig sind, in denen sie eine innere Distanz und Coolness bewahren, als in einer Gesellschaft zu leben, in der man vollständig versorgt, aber damit auch vollständig kontrolliert und in die Pflicht genommen wird.

Leistung: massive Bedrohung von Individualität und Bedürfnissen

„Leistung" ist – noch mehr als der Wert „Eigenverantwortung" – negativ behaftet. Leistung gilt als Angriff auf die eigene Vision vom wahren Mensch-Sein. Die eigene Frontstellung gegenüber der Mehrheitsgesellschaft gilt neben der moralischen und stilistischen Spießbürgerlichkeit vor allem der *Leistungsanforderung*.

Von der bürgerlichen Leistungsgesellschaft fühlt man sich in eine bestimmte, ungeliebte Richtung gedrängt, wird dadurch behindert in der Selbstentfaltung und gestutzt im Bedürfnis nach Selbstentfaltung, Kreativität und Individualität. Leistung ist für Hedonisten primär eine „Waffe" der gegnerischen Seite zur Domestizierung des Einzelnen.

> - „Leistung ist für mich unheimlich negativ besetzt, weil es meinen Raum für meine individuelle Kreativität nimmt. Wir sind eine Leistungsgesellschaft, die Gleichmacherei der Menschen, es geht nur um das Geld. Keine Individualität mehr."
>
> - „Leistung ist ein Damoklesschwert, das schwebt über uns und wir wuseln als kleine Punkte darunter herum. Es gibt dort draußen ein wirtschaftliches und politisches Konzept, das uns immer wieder dazu antreibt, Leistung zu bringen. Man muss immer am Anschlag sein. Egal was man macht: Die Leistungsschraube wird immer weiter angezogen."

Tragisch und skandalös für Hedonisten ist, dass es nicht genügt und ausreicht, wenn man *seine* Leistung bringt. Zum einen wird die Leistungsschraube immer weiter angezogen – es gibt keine Zufriedenheit in der Wirtschaft. Zum anderen reicht ihnen selbst der gezahlte Gegenwert für ihre Arbeit nicht für ihre Existenzsicherung und Lebensgestaltung aus: Viele Hedonisten gehören zur Gruppe der *Working Poor*, die einen Job haben, aber trotzdem nicht mit dem Geld auskommen. Hier entwickelt sich aus Sicht der Hedonisten unsere Gesellschaft in eine „perverse" Richtung: Es wird immer mehr Leistung verlangt für immer weniger Gegenleistung (Beispiel: Lohnkürzung bei Erhöhung der Arbeitsstunden).

Psychodrawing zum Begriff „Leistung"

- Leistung ist harter Druck von oben und macht den Einzelnen traurig, klein, deprimiert ihn; nimmt jede Lebensfreude
- Der Druck geht an die Substanz: erschlaffte, wehrlose lethargische, kraftlose Gestalt

Soziale Sicherheit: nehmen ohne zu geben

Die hedonistische Logik und Kritik am „gesellschaftlichen System" wird plastisch beim Thema „Soziale Sicherheit": Zunächst demonstrieren Hedonisten ihre Genervtheit, Gereiztheit und Übersättigung bei Themen, die von ihnen einen irgendwie gearteten Beitrag für eine Solidargemeinschaft fordern könnten. „*Das ist absolut negativ besetzt bei mir*" ist eine stereotype Spontanreaktion.
Alsdann wird begründet, dass die Gesellschaft ihrem eigenen Anspruch, allen soziale Sicherheit zu bieten, nicht gerecht wird und dass damit das ganze System aus Sicht der Hedonisten „kaputt" ist, „mit einem Schlag weggewischt werden sollte". An dieser Stelle wird auch sichtbar, dass „die Gesellschaft" für Hedonisten eine Projektion ist, die sie nach eigenem Belieben und eigener Passung für ihre Anklage mit beliebigen Inhalten füllen.
Die aus Sicht der Hedonisten „*logische Konsequenz*" ist die Reduktion des Werts „Soziale Sicherheit" auf den privaten, familiären Kreis. Schließlich steht am Ende die Einsicht, dass die Familie und die eigene Clique als Auffangstation für Notzeiten nicht mehr selbstverständlich und bedingungslos zur Verfügung stehen. Hier hält man ein soziales Netz für notwendig.

- *„Soziale Sicherheit sind gegebenenfalls nur noch Freunde."*

> - „Wichtig ist, dass man, wenn man mal nicht weiterarbeiten kann, aufgefangen wird. Zumindest eine Zeit lang. Vor allem in einem Zeitalter, wo wir nicht mehr auf diese Familienzusammenhänge bauen als Auffangkonstrukt."
>
> - „Ja, scheiße, wir können ja die Leute nicht verhungern lassen, weil das sieht ja blöde aus."

Bewusst unklar bleibt, ob sie mit „*die Leute*" andere meinen oder ob sich Hedonisten damit selbst im Blick haben: als Leistungsempfänger.

Psychodrawing zum Begriff „Soziale Sicherheit"

 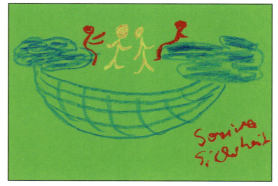

- Sicherheit bedeutet, mit der Clique „in den Wolken" zusammen zu sein: sorglos „schweben"
- Es gibt aber ein Netz, das den Einzelnen – sofort – auffängt, wenn dieser abstürzt: Man fällt nicht tief, kann jederzeit wieder auf die Sonnenseite, auf „Wolke 7" steigen

Gerechtigkeit: Furcht vor Leistung als Gerechtigkeitsprinzip

Auch der Wert Gerechtigkeit wird von Hedonisten zunächst emphatisch aufgeladen, um die schreiende Ungerechtigkeit in unserer Gesellschaft anzuprangern.

> - *„Ein Ausrufezeichen: Gerechtigkeit sollte es auf jeden Fall geben, gibt es aber nicht."*
>
> - *„Ein großes Fragezeichen. Ich finde, es gibt ziemlich wenig Gerechtigkeit."*

Gleichzeitig spüren Hedonisten, dass die in der Gesellschaft geltende Art von Gerechtigkeit für sie selbst harte Folgen hat:

- *„Gerechtigkeit kann auch sehr grausam sein. Zum Beispiel, dass man sagt: ‚Wenn es dir so dreckig geht, ist das zwar nicht schön für dich, aber es ist gerecht, wenn du dir das selbst eingebracht hast'."*
- *„Gerechtigkeit hat etwas sehr Kühles, ist neutral, ohne Menschlichkeit."*

Darin kommt zum Ausdruck, dass Hedonisten keinen eigenen, positiven Gerechtigkeitsbegriff besitzen, sondern primär Furcht vor einer Leistungsgerechtigkeit haben, die ihnen das Leben schwer macht und eine ständige Bedrohung ist, da sie die Konsequenzen ihres Verhaltens selbst tragen müssen.

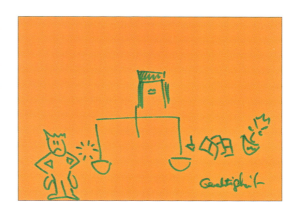

Kritik an mangelnder Solidarität der Gesellschaft

Ihre Kritik an mangelnder Solidarität innerhalb der Gesellschaft (Ellenbogenmentalität, Egoismus, jeder denkt nur an sich) übersetzen Hedonisten gern in ihre normative Vision einer vollkommen solidarischen Gesellschaft, in der jeder für jeden da ist – unabhängig von Ansehen und Ansichten. Gerade weil Hedonisten oft selbst die Erfahrung machen, dass sie von der Mehrheitsgesellschaft ausgegrenzt werden, beklagen sie diese mangelnde Solidarität. Um-

gekehrt stellen sie ihre eigene Solidarität gegenüber der Gesellschaft unter Bedingungen, definieren selbst autonom ihre Form der Solidarität oder verweigern ihre Solidarität aus Trotz, Unlust oder mit dem Argument, dass die Gesellschaft ihre Solidarität gar nicht verdient habe. Dieser Außenperspektive diametral entgegengesetzt ist im lebensweltlichen Binnenverhältnis eine enge solidarische Verbundenheit mit Gleichgesinnten innerhalb der eigenen Szene oder Clique. Hier wird Solidarität begründet und immer wieder reproduziert durch eine gemeinsam geteilte Frontstellung sowie durch ähnliche Werte und Lebensstile.

6.9 Expeditive

Freude an der Entdeckung von Leben

Bei der offenen Frage nach den für sie persönlich wichtigen Werten nennen Expeditive: Individualität, Kreativität, Identität, Integrität, Freiheit, Respekt, Engagement, Offenheit, Toleranz, Nachhaltigkeit, Menschlichkeit, Verständnis, Naturliebe.

Es ist ein sehr entspannter, aufgeschlossener Umgang mit dem Leben, der eigenen Situation, der Umwelt und den Mitmenschen, den diese Gruppe zeigt. Expeditive haben das Gefühl, dass manch einem in Deutschland die *„Freude am Leben"* fehlt, Unzufriedenheit den Alltag der Menschen bestimmt und sehr viel *„genörgelt"* wird. Dagegen lebt man selbst zufrieden, fröhlich, positiv, kommt auch mit wenig Geld gut aus, weil man es versteht, kreativ zu sein, das Beste aus dem zu machen, was man hat.

- *„Freude am Leben, das fehlt mir in Deutschland."*
- *„Es gibt sehr verschiedene Arten glücklich zu sein, man muss es nur wollen."*
- *„Als alleinerziehende Mutter hat man es nicht leicht, trotzdem sind wir nicht negativ eingestellt. Wir leben mit ganz, ganz wenig Geld ziemlich gut. Die Lebenseinstellung ist einfach auch eine Sache von Kreativität, von persönlicher Integrität und Lebendigkeit."*

Für dieses Milieu, das sich als kreative und kulturelle Avantgarde der Gesellschaft begreift, bedeutet Lebensqualität, den eigenen „inneren Kern" zu entdecken und diesem gemäß (intensiv) zu leben: Das geschieht durch das experimentelle Erproben unkonventioneller Stile, durch den virtuos-kreativen Umgang mit Regeln und das Durchbrechen von Tabus, durch geistige und körperliche Grenzerfahrungen und durch den Wechsel von Realitätsebenen. Expeditive erleben Verhaltenskodizes und Routinen als Beschränkung in der kreativen Entwicklung eines individuellen Stils, denn diese lassen dem Einzelnen wenig Spielraum zur Selbstentdeckung.

Umso klarer ist die Abgrenzung von starren Strukturen, rigidem Sicherheitsdenken und kleinbürgerlichen Idyllen; aber auch von der Fixierung auf beruflichen Erfolg, Geld und Karriere. Dem setzen Expeditive ihr eigenes Leitmotiv entgegen: Entdecken der vielfältigen Aspekte des Lebens (der Welt und des Selbst); Entfalten der eigenen Talente und Möglichkeiten. Lebensziel ist nicht, irgendwo ankommen und sich dort für den Rest des Lebens ausruhen (typisch für die Bürgerliche Mitte), sondern immer in Bewegung zu bleiben, denn sonst verliert man das Gefühl zu „leben".

Egozentrische Freiheit zur offenen Selbstentfaltung

Freiheit ist der wichtigste Wert für dieses Milieu. Freiheit ist ein Grundgefühl. Es bedeutet nicht nur, etwas tun oder lassen zu können, freie Zeit ohne Termindruck oder finanzielle Freiheit zu haben, sondern: frei sein in sich selbst, frei denken, sich frei entfalten.

> - „*Freiheit ist für mich, aus eingefahrenen Denkmodellen auszusteigen und ins Offene reinzugehen.*"
>
> - „*Freiheit der Entfaltung; die Freiheit, mein Ziel zu suchen.*"

Es ist eine extrem offene, konstruktivistische, egozentrische und explorative Wirklichkeitsauffassung. Es geht darum, eigene Ziele zu setzen und neue Ziele zu *suchen* (nicht ein von anderen vordefiniertes Ziel zu erfüllen). Der/die Einzelne definiert autonom, was das Ziel seines/ihres Suchens ist – und letztlich geht es nicht um den Dienst für einen äußeren, materiellen oder gesellschaftlichen Zweck, sondern um das Individuum selbst.

Freiheit bedeutet damit unbedingt (nicht nur als Nebenwirkung, sondern als Ziel der Bemühungen), sich von Konventionen zu befreien. Mehr noch: Das Spüren von Reibung und Widerstand ist ein Maß dafür, wie sehr man sich von den Fesselungen der Gesellschaft (metaphorisch auch beschrieben mit: „Einfrierungen", „Einlullungen", „Weichspülung") befreit hat. *Mut* haben, *Tabus* durchbrechen und *Härte* zeigen, sind in diesem Milieu wichtige Sekundärtugenden – für die eigene Freiheit zur Befreiung von Konventionen, aber auch von selbst geschaffenen Fesseln: Selbstzufriedenheit ist eine tückische Falle und muss immer wieder durchbrochen werden. Insofern sind in diesem Milieu Narzissmus und Selbstzweifel aufeinander angewiesene kultivierte Gegenpole.

Die in diesem Milieu typischen Visualisierungen der Befindlichkeit drücken Grenzenlosigkeit bzw. die Suche nach neuen Grenzen aus: der offene Horizont, fliegen können wie ein Vogel, die Weite des Meeres oder die Vielfältigkeit von verschiedenen Möglichkeiten und Wegen.

> - „*Wenn man Existenz nur vom Geld her sieht, ist es schwierig. Aber wenn man es philosophischer betrachtet, kann jeder denken und machen, was er will, und sich auch entscheiden, wie er will.*"

Psychodrawing zum Begriff „Freiheit"

- Der Weg ist das Ziel; neue eigene Wege gehen
- Der Weg ist nicht gerade, sondern lebendig geschwungen (organisch); Ausdruck innerer Bewegtheit und Beweglichkeit
- Auf dem Weg neue Erfahrungen sammeln; offen sein für Eindrücke von außen und die eigene Richtung jederzeit ändern können
- Es gibt von außen Anstöße, aber der Einzelne ist frei, wie er darauf reagiert. Es gibt kein Gut oder Falsch, keine vorgezeichneten Hauptwege (keine Kreuzungen)
- Ausgang ist das „Herz" / „der Baum mit Wurzeln": das ist „Leben" im emphatischen Sinn ➔ der Mensch mit seinen Gefühlen; der eigene innere Kern

Leistung jenseits von Erwerbsarbeit: eigene Ziele erreichen

Leistung ist der Schlüssel zum Erfolg und verlangt Engagement und Hingabe. Leistung heißt, ein selbstgesetztes Ziel zu erreichen. Leistung aber auf Arbeitsleistung zu reduzieren, greift zu kurz. Es gibt darüber hinaus noch viele andere Arten von Leistung, die nicht in Erwerbsarbeit erbracht werden und die nicht monetär honoriert werden.

- *„Alle glauben immer nur, Leistung ist Arbeitsleistung. Aber es gibt auch andere Leistungen. Und die werden vernachlässigt, z. B. nachbarschaftliche Hilfe oder soziales Engagement."*

Leistung ist in der Logik des Milieus losgelöst von einer Gegenleistung. Zwar will jeder, der arbeitet, dafür angemessen und gut entlohnt werden. Aber Leistung geht über ein gemessenes Arbeitsprodukt hinaus, ist ein ganz persönliches *Erlebnis;* eine Herausforderung. Insofern unterscheiden Expeditive zwischen der äußerlich-materiellen und der persönlich-bedeutsamen Leistung.

- *„Wenn man was geleistet hat, aus lauter kleinen bunten Steinchen, das ist auch noch anbaufähig, ausbaufähig. Dann kann man feiern und sich auf den Tag freuen."*

Von einem Großteil der Gesellschaft wird Leistung – so die Wahrnehmung von Expeditiven – nur sehr einseitig und reduziert verstanden als Arbeitsleistung. Die Erwartung, dass diese Arbeitsleistung stets erbracht werden muss, dass sie immer weiter gesteigert werden soll, setzt die Menschen unter enormen Druck und lastet wie ein Mühlstein auf ihrem Gemüt – eine Chance zum Gefühl innerer Freiheit kann so kaum entstehen. Schon bei Kindern wird dieser Zwang der Gesellschaft zur Leistungserbringung und -steigerung festgestellt und als furchtbar erlebt. Schließlich versteht man den Menschen als wertvolle Persönlichkeit mit kreativem Potenzial, nicht als Maschine.

- *„Das Wort Leistung zu verbinden mit Kindern, finde ich eine ganz schlimme Katastrophe. Dass der kleine Mensch in erster Linie als Mechanismus, der die Gesellschaft zu fördern hat, gesehen wird, und nicht als Persönlichkeit, die Förderung braucht, um sich als Persönlichkeit zu entwickeln."*

Psychodrawing zum Begriff „Leistung"

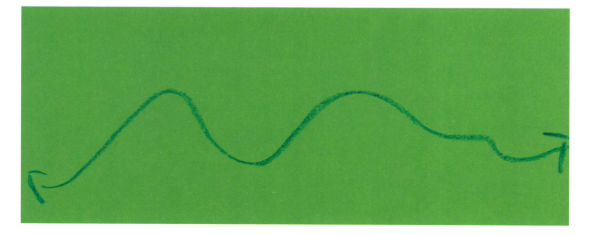

- Kein Zwang, nach „oben" gehen zu müssen; keine Angst vor dramatischer Talfahrt, sondern im Gegenteil: Man ist sicher, es geht mal nach oben und mal nach unten – so ist das Leben
- Offenheit und Gelassenheit: Leistung ist eine sanfte wellenförmige Bewegung in mehrere Richtungen: Leistungsziele und Leistungsformen sind multioptional (Pfeile in beide Richtungen)
- Die Pfeile zeigen an beiden Enden nach oben. Optimismus, im eigenen Leben das umzusetzen, was einem wichtig ist
- Nicht nur ein vorgegebenes Ziel, das man – möglichst schnell und effizient – erreichen muss (kein gerader Pfeil nach oben)

Der eigenverantwortliche Einzelne in seiner Verantwortungsgemeinschaft

Für Expeditive fängt Verantwortung immer bei einem selbst an: Jeder trifft Entscheidungen für sein eigenes Leben und muss sich über die Konsequenzen dieser Entscheidungen im Klaren sein, diese tragen und aushalten. Da man aber immer auch in ein menschliches Umfeld eingebunden ist, trägt jeder auch Verantwortung für diese anderen. Umgekehrt besteht die Gewissheit, dass Menschen der eigenen Umgebung für einen selbst auch Verantwortung tragen. Insofern schafft sich der Einzelne seine lebensweltliche Verantwortungsgemeinschaft. Neben diesem Mikrokosmos der Verantwortung denken Expeditive Verantwortung auch in globaler, kosmopolitischer Perspektive (insb. Umweltschutz, soziale Gerechtigkeit). Hingegen ist bei vielen kaum vorhanden ein Verantwortungsbegriff auf den Ebenen von nationalen korporativen Institutionen und Organisationen. Bei aller Individualität und persönlichen Freiheit besteht also kein asozialer Egoismus, sondern man erlebt und versteht sich als Teil einer Gemeinschaft, die man respektiert.

- *„Das Wort Verantwortung schließt das Wort Eigenverantwortung gleich mit ein."*
- *„Mal hat man Verantwortung für sich, mal nicht. Mal hat es ein anderer für einen, mal hat man Verantwortung für viele. Und das steht im ständigen Wechselspiel."*

Solidarität: lebensnotwendige Verbundenheit mit anderen

Dem egozentrischen Freiheitsbegriff entspricht – als Gegenpol – die selbstverständliche und lebensnotwendige Verbundenheit mit anderen. Solche Solidarität meint nicht die auferlegte Pflicht für eine Nation oder einen Staat, zu dem man qua Geburt und Staatsdekret gehört, sondern die lokale und die globale Schicksalsgemeinschaft.
Solidarität bedeutet: Für andere da sein, sich als Teil eines (kleinen oder großen) Ganzen verstehen, gemeinsam stark sein. Es ist ein außerordentliches Zusammengehörigkeitsgefühl, das in keinem anderen Milieu so bewusst reflektiert und prägnant kommuniziert wird. Für Ex-

peditive hat diese Verbundenheit keine instrumentelle oder gar materielle Bedeutung, sondern ist Teil ihrer Identität als ein in die Existenz geworfener Mensch, der dieses Schicksal mit anderen teilt und sich dabei mitteilt. Solidarität ist ein ausgesprochen wichtiger Wert, denn er macht das menschliche Zusammenleben aus.

- *„Solidarität ist für mich das, was eine Gesellschaft ausmacht."*

- *„Für andere da zu sein, mit anderen zusammen zu sein. Nicht nur mich zu sehen, sondern das Ganze zu sehen."*

- *„Und einfach gemeinsam miteinander, weil da viel mehr Stärke drin ist als im Einzelnen."*

Soziale Sicherheit: eigeninitiativ und nur im persönlichen Umfeld

Soziale Sicherheit steht im gleichen Verweisungshorizont wie der Wert Solidarität: Die Hängematte, das Netz, das Dach über dem Kopf, Familie und Freunde oder auch ein Fallschirmspringer, der aufgefangen wird, sind typische Bilder. Sich aufgehoben fühlen in seinem sozialen Umfeld, in seiner Familie und bei seinen Freunden. Insofern hat soziale Sicherheit eine elementar nichtmaterielle Bedeutung. Betont werden die Bedeutung, aber auch Begrenzung anderer Sicherheiten wie Geld und Staat:
– Geld wird als nützlich dafür angesehen, sich Sicherheit zu schaffen. Aber letztlich bietet es eine nur sehr begrenzte Hilfestellung
– Bei der Schaffung der eigenen persönlichen und sozialen Sicherheit verlässt man sich lieber auf sich selbst. Es besteht kein Vertrauen in eine staatliche Gewährleistung von sozialer Sicherheit, weder für die Altersversorgung, noch für die Versorgung im Krankheitsfall

- *„Erst mal mein eigener persönlicher Lebensraum, wo ich gerne leben möchte. Natürlich die Gemeinschaft mit anderen, das ist mir wichtig, soziale Kontakte, einen sozialen Raum."*

- *„Wenn ich das Thema Rente anschaue. Das ist eine Illusion: Man bezahlt für etwas, was man nie bekommen wird."*

Gerechtigkeit ist individualisiert: subjektiv und relativ

Gerechtigkeit ist eine Frage des Standpunktes, der persönlichen Situation und Empfindung. Jeder wird mit unterschiedlichen Fähigkeiten und Möglichkeiten (= Startvoraussetzungen) geboren und stellt ganz unterschiedliche Ansprüche an sich, das Leben und seine Umgebung. Damit entwickelt jeder auch ein individuelles Empfinden von Gerechtigkeit.

- *„Meiner Meinung nach wird man Gerechtigkeit nie auf einen gemeinsamen Nenner bringen."*

> ▪ „Gerechtigkeit kommt auf den Standpunkt an."

Bemerkenswert ist einerseits die diskursive und zum Teil intellektuelle Auseinandersetzung mit dem Thema „absolute Gerechtigkeit"; zum anderen der Standpunkt, dass es keinen Maßstab für eine absolute Gerechtigkeit mehr gibt, weil dieser der Individualität des Einzelnen immer unrecht tun würde. Wenn Gerechtigkeit aber in der Konsequenz abhängig ist vom Bedürfnis und Standpunkt des Einzelnen, Ausdruck seines Gefühls, dann ist Gerechtigkeit radikal subjektiviert. Das zeigt sich beispielsweise darin, dass man Gerechtigkeit gern in Verbindung bringt mit „Zufriedenheit".

> ▪ „Ich finde, das hat ganz viel mit Zufriedenheit zu tun. Denn das Gefühl von Ungerechtigkeit ist oft ein Gefühl von Falsch-behandelt-Sein, das Unzufriedensein auslöst."

Psychodrawing zum Begriff „Zukunft"

- Die Farben und Motive (Menschen mit offenen Armen auf den Hochhäusern) signalisieren die Vielfalt und Vitalität im urbanen Umfeld
- Der Mensch ist wichtig! Er erhebt sich über alles Materielle (Gebäude); er ist größer als das, was seine Umgebung suggeriert

7 Subdifferenzierung der Milieulandschaft

Die qualitativen und quantitativen Befunde zeigen, dass es innerhalb der jeweiligen Basismilieus sinnvoll (und notwendig) ist, weiter zu differenzieren. So werden Submilieus kristallin. Ein Submilieu ist dabei jeweils eindeutig einem Basismilieu zuzuordnen, weil es deutlich größere Nähe zum anderen Submilieu desselben Basismilieus hat als zu einem Submilieu des angrenzenden Basismilieus. Dabei wird deutlich, dass Milieus keineswegs starr und eindimensional sind, sondern dass sich Milieus bewegen. Vor allem für die konzeptionelle und praktische Arbeit scheint diese Submilieudifferenzierung hilfreich, um präzise zu verstehen, was ein Milieu bewegt.[88]

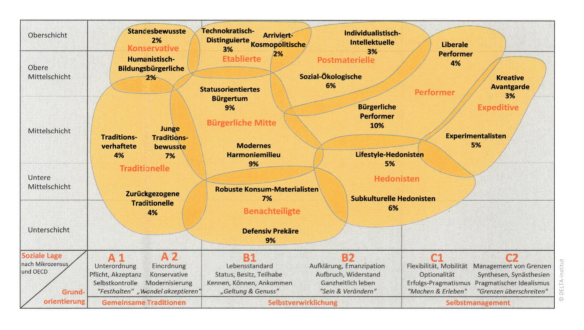

---

88 Das kann und soll auch davor warnen, alle möglichen Projektionen und Phantasien bloß aufgrund des Milieulabels zu entwickeln.

Konservative

1) Standesbewusste Repräsentanten

> Die in hohen ökonomischen, politischen, verbandlichen Positionen stehende konservative Führungselite: Entscheidungsträger und Repräsentanten. Hochkultureller Hintergrund und patriarchalischer Habitus mit Substanz, Weitblick und Erfahrung.

Grundorientierung

- Selbstverständnis als moralische und gesellschaftliche Autorität qua Herkunft, Position und Lebensführung
- Dominanz von Pflicht, Leistung und Verantwortung – für das Wohl von Staat, Verbänden, Unternehmen. Hervorragend vernetzt mit Entscheidungsträgern und Repräsentanten in Politik, Wirtschaft, Kultur
- Stilistische und sozialethische Abwehrreflexe gegenüber krudem Materialismus und Hedonismus, aber auch gegen postmaterielle Gruppierungen (Alternativ-Intellektuelle, neue Öko-Bewegung, Feministinnen) sowie gegen Ideen und Protagonisten einer Postmoderne (Vorwurf der Unverbindlichkeit und Beliebigkeit)
- Forderung – an individuelle Lebensführung und Politik – nach Klarheit und Verantwortung für alle Generationen. Fortschritt durch neue Technologien auf dem Fundament elementarer Werte und Tugenden, auf die sich zu besinnen gerade in Zeiten des schnellen Wandels notwendig ist
- Probleme im Alltag stets lösen im Horizont langfristiger Folgen: Nachhaltigkeit
- In ihrer beruflichen Position fordern und fördern sie mit Begeisterung und Nachdruck engagierte Nachwuchskräfte: Pflicht als Staatsbürger und qua Amt, jungen Begabten und Ambitionierten Türen zu öffnen und sie „auf die richtige Schiene" zu setzen

Alltagsphilosophie

- Haltung bewahren – in jeder Situation! Im Privaten und in der Öffentlichkeit unbedingt die Form wahren: Contenance und Disziplin
- Vom Schicksal an einen bestimmten Platz gestellt, seine/ihre Pflicht tun für den Erhalt des „Ganzen"; sorgen für jene Menschen und Dinge, die einem anvertraut wurden
- Nicht *schnell* und *populär* entscheiden und handeln, sondern *richtig:* sich an Prinzipien orientieren
- Streng zu sich und auch zu anderen sein: mit Augenmaß und Weitblick
- Vorbild und „Prophet" (Mahner) sein für andere

Ausstrahlung

- Starker Repräsentant und Autorität qua Herkunft und Position
- Situationen und Menschen bestimmen
- Hohes Verantwortungsgefühl, reflektierte Maßstäbe, klare Urteile

2) Humanistisch-Bildungsbürgerliche

> Die kulturhistorisch und sozialpolitisch gebildete intellektuelle Elite mit konservativer Zeitgeistkritik; beheimatet in der klassischen mitteleuropäischen Hochkultur mit transnationaler Perspektive: Blick für „das Ganze". Humanistische Ideale in Bezug auf Persönlichkeitsbildung, Individualität, Staat und Gesellschaft.

Grundorientierung

- Kritisch-aufgeschlossene Beobachtung des technologischen und kulturellen Wandels; mit Blick auf „das Ganze" werden aktuelle Entwicklungen in Politik, Erziehung, Bildung, Wirtschaft, Technologie, Medizin u. a. bewertet
- Leidenschaftliches Eintreten für die moralische und funktionale Zukunftsfähigkeit unserer Gesellschaft, Kultur und Nation. Sorge um den gesellschaftlichen Zusammenhalt (Solidarität, Eigenverantwortung) sowie um die Zukunft des Wohlfahrtsstaats
- Ausgeprägtes historisches, sozialethisches und (geo)politisches Wissen und darauf gründend eine Gegenwarts- und Zukunftsperspektive
- Engagiert in Fördervereinen und Gremien: Impulse geben, die Richtung (mit)bestimmen, für den Erhalt der Grundidee, der Vision und der Kultur sorgen. Neue Entwicklungen fördern und klug mit der Tradition verbinden (kein Entweder-oder, sondern sukzessive Weiterentwicklung). Häufig ehrenamtlich tätig für sozial-karitative und kulturelle Organisationen
- Schöne Erlebnisse: Zusammenkommen der Generationen in der Familie. Angenehme und anregende Gespräche im Kreis von Gleichgesinnten (z. B. Literaturabend)

Alltagsphilosophie

- Sich *persönlich* engagieren für Themen, die einem wichtig sind: sich einmischen, sich zu Wort melden
- Mehr „Sein" als „Scheinen"!
- Genauigkeit ist wichtiger als Geschwindigkeit
- Offen sein für moderne Entwicklungen – aber kein Modernismus!

Ausstrahlung

- Ausdauer, Disziplin und Beharrlichkeit; gebildet, belesen, wohl informiert: vitale Nachdenklichkeit
- Kritisch-substanzielle Analyse historischer Ereignisse und zeitgenössischer Entwicklungen
- Sachverhalten und Menschen auf den Grund gehen; akribisch und gewissenhaft; sich vom Schein(en) nicht täuschen lassen; hinter die Kulissen blicken

Etablierte

1) Technokratisch-Distinguierte

> Ökonomische und politische Führungskräfte und Entscheidungselite mit meritokratischer Grundeinstellung. Ökonomische und politische Autorität qua beruflicher und gesellschaftlicher Position. Sorge um die Zukunftsfähigkeit unserer Gesellschaft, die Wettbewerbsfähigkeit der Wirtschaft, die Finanzierung des Gemeinwesens: Habitus, den Lösungsweg zu kennen und die richtigen Entscheidungen für die Zukunft zu treffen.

Grundorientierung

- Kritik an traditionalistischer Unbeweglichkeit, postmoderner Beliebigkeit, moralischer Nörgelei und sozialethischem Kritizismus. Stattdessen Betonung von Eigenverantwortung, Wettbewerb und Innovationsdruck zur Sicherung, Reform und Weiterentwicklung des Unternehmens wie des Wirtschaftsstandorts; Selbstverständnis als Entscheider und Weichensteller mit Weitblick
- Berufliches und Privates stark trennen; in beiden Sphären jeweils bewusst und gezielt entscheiden, was man preisgibt
- Beruflich die ausgeprägte, durch das Alltagsgeschäft bedingte Tendenz, sich primär in exklusiven Kreisen zu bewegen: stets auf der Bühne stehen, beobachtet werden, repräsentieren und leiten
- Im Privaten Rückzug in die exklusiven Enklaven von Gleichgesinnten: sich entspannen, die „einfachen" Dinge des Lebens genießen (Zeit, Ruhe, Sport, Gespräche, Kunst, Architektur) und sich auch etwas gönnen
- In der beruflichen (und medialen) Öffentlichkeit stets semantische und stilistische Korrektheit, die der Position angemessen ist
- Großen Wert legt man auf gute Kleidung, Stilsicherheit und Haltung

Alltagsphilosophie

- Man bestimmt selbst den Kurs und trifft die Entscheidungen; man lässt sich nicht bewegen, sondern bewegt (sich nichts aufschwatzen, sich nicht beschwatzen lassen)
- Offen sein, aber sich nicht manipulieren lassen und die Entscheidungshoheit bewahren. Aus der Vielzahl von Optionen und Varianten (Angebote, Konzepte, Produkte, Menschen) das eine Wertvolle mit Potenzial identifizieren, sich zu eigen machen, es intelligent implementieren und damit erfolgreich sein

Ausstrahlung

- Klarheit, Festigkeit, Entschlossenheit, Überlegenheit
- Unnahbar, dominant, ernst, freundlich-bestimmt
- Sicher in den Umgangsformen und gesellschaftlichen Ritualen (parkettsicher)

2) Kosmopolitisch-Arrivierte

> Die zielstrebige, erfolgsorientierte und wohlsituierte Elite, tätig in und für Unternehmen, Politik, Verbände, Universitäten und Kultur; national und international gut vernetzt, bestens informiert über aktuelle Entwicklungen und innovative Ansätze.

Grundorientierung

- Selbstbild als professioneller und kreativer Vor- und Querdenker mit pragmatisch-intellektueller Ausstrahlung und sensiblem Sensor für gesellschaftliche Veränderungen. Berater und Wegweiser für neue Strategien in Unternehmen, Organisationen, Parteien
- Habitus des anspruchsvollen und erfolgsorientierten Kosmopoliten, sensibel für Zeitgeist, für weak signals und die Notwendigkeit, umzudenken (beliebte Themen sind: Technologien, kulturelle Umbrüche, Unternehmenskulturen und -strategien, Frauen in Führungspositionen; Nachhaltigkeit, Klimaschutz u. a.): Ausrichtung auf zukunftsorientierte Ansätze
- Selbstbewusstsein, innerlich frei im Denken und unabhängig im Handeln zu sein
- Kommunikative und ästhetische Demonstration von Autonomie, Überlegenheit und (scheinbarer) Unkonventionalität: Zeigen von gutem Geschmack und Stilsicherheit; leger erscheinen wollen, kein strenges Outfit (typisch: zwar notorisch Anzug ohne Krawatte; aber darin konventionell: exklusive Marke und perfekte Passung; bewusst gewählter Schnitt): Statement im Kleidungsstil
- Verschiedene Zeichen und Gesten von „Lockerheit", die man sich aufgrund seines Wissens und seiner Kompetenzen leisten kann

Alltagsphilosophie

- Unkonventionelle Führungskraft, die Perspektiven aufzeigt, Horizonte eröffnet und Lösungen entwickelt: kreative Elite
- Unternehmen, Organisationen, Menschen bewegen und weiterbringen – aber nichts umstürzen; an den „Scharnieren" und „Weichen" ansetzen; das stabile Fundament nicht antasten
- Wissen intelligent in die Praxis übersetzen, in zählbaren Erfolg umsetzen

Ausstrahlung

- Beruflich äußerst diszipliniert und fokussiert: innovativ, vielseitig interessiert, smart, dynamisch, hartnäckig
- Verbindung von: seriös und beweglich; kreativ und realistisch
- Lebensgenuss (Connaisseur): Kenner hervorragender Restaurants, Lokalitäten, Hotels, Organisationen, Cafés, Produkte, Marken. Sich was Gutes tun; sich gelegentlich nur das Beste gönnen
- In der Kommunikation charmant, aufgeschlossen, liberal, humorvoll; in der Sache fordernd, taxierend, „bohrend"

Postmaterielle

1) Individualistisch-Intellektuelle

> Aufgeklärte Bildungselite mit individualistischer und liberaler Grundhaltung, postmateriellen Wurzeln und kosmopolitischer Perspektive. Passion für kritische Auseinandersetzungen und intellektuelle Diskurse mit dem Fokus von Selbstbesinnung und Selbstveränderung, von Weltdurchdringung und Weltveränderung.

Grundorientierung

- Selbstbewusstsein als kritische Begleiter und Kommentatoren gesellschaftlicher Strukturen und Entwicklungen
- Selbstverständnis als Querdenker, als konstruktive Vordenker des sozialen Wandels (oder Stillstands). In die eigene Diagnose die Berücksichtigung kultureller, ökonomischer, politischer, rechtlicher und ethischer Aspekte; mit lokalen, regionalen, nationalen und globalen Bezügen: Komplexität und Differenzierung als Maximen
- Sezierende Beobachtung und Kommentierung des Zeitgeschehens. Kritik an gesellschaftlichen Strukturen einerseits; sarkastische und (selbst-)ironische Kommentierung alltäglicher (grotesker, typischer, entlarvender) Situationen und Strömungen andererseits
- Reflex, eine Gegenposition zum Mainstream sowie zu den herrschenden Meinungen und Eliten einzunehmen. Vision einer aufgeklärten und sozial gerechten Gesellschaft. Wunsch nach einem selbstbestimmten Leben, hochkulturellen Reizen und Entdecken neuer Interessen
- An kritischen „Auseinandersetzungen" (im wörtlichen Sinn) interessiertes Milieu wissenschaftlicher, journalistischer und künstlerischer Provenienz. Belesenheit als Primärtugend; „Bildung" als umfassender Begriff verlangt Sachwissen und Informiertheit, aber auch multiperspektivische und dialektische Reflexion; Anti-Fundamentalismus (auch in Bezug auf radikale „Ökos"). Distanz gegenüber Status, Besitz und Konsum – allerdings ein ausgeprägtes Statusbewusstsein als kritische Bildungselite, v. a. in Bezug auf die eigenen wissensfundierten Sachgebiete sowie die eigene kritisch-reflektierte Herangehensweise
- Das schöne Erlebnis: Etwas Neues ausprobieren und lernen (z. B. Segeln, Skilaufen, Bergwandern): Selbst-Erlebnisse auf unbekanntem Terrain; den eigenen Körper spüren (Abstand zum Beruflichen, Komplexen, Technischen, Lärmenden)
- Selektiver Konsum: Connaisseurship, hoher Anspruch an die Qualität der Dinge. Aber auch Genuss des Einfachen, Schlichten, Reduzierten

Alltagsphilosophie

- Kritik und Differenzierung; dem Schein, der Masse und v. a. den Diagnosen der anderen nicht trauen
- Alltagsmethodologischer Individualismus: Jeder (v. a. man selbst) ist sein eigener Kosmos und einzigartig; Anschlüsse finden und von anderen verstanden werden ist nicht einfach

- Kritische Begleiter des politischen Geschehens, des technologischen, kulturellen und insgesamt zeitgeschichtlichen Wandels (in kleinen wie in größeren zeitlichen Dimensionen denken): im Mikrokosmos den Makrokosmos erkennen (vice versa)
- Große Aufgeschlossenheit für gesellschaftliche Innovationen; Entwicklungen mehrdimensional und ambivalent wahrnehmen und bewerten

Ausstrahlung

- Einzigartig, anders als der Mainstream, belesen, nachdenklich, sinnierend, wägend, kognitiv überlegen, eloquent, ausgesuchter Freundeskreis

2) Sozialökologische

> Das nach einem bewussten und ganzheitlichen, sozial gerechten und ökologischen Leben strebende Milieu. Authentizität und Selbstbestimmung als zentrale Werte. Kritische und sozialpolitische Grundhaltung; wichtigste Prinzipien sind Aufklärung, Emanzipation und Geschlechtergerechtigkeit. Grundlegende Wahrnehmung ist Ambivalenz.

Grundorientierung

- Im Kern ist dies nicht nur ein „umwelt"ökologisches Milieu, sondern ein auf soziale Ökologie ausgerichtetes Milieu (Umwelt ist ein wichtiger Baustein mit und neben anderen Dimensionen)
- Forderung, unbedingt in globalen Zusammenhängen zu denken und zu handeln. Keine Globalisierungsgegner mehr, aber Skeptiker einer ökonomischen Globalisierung. Hohe Sensibilität für Umweltereignisse (verdrängt der öffentliche Hype zum Klimawandel andere wichtige Umweltthemen?) sowie für Neben- und Spätfolgen politischer Maßnahmen und Richtungsentscheidungen; ausgeprägte Skepsis gegenüber der Wirtschaft (insb. transnationalen Konzernen)
- Kritische Auseinandersetzung mit aktuellen Zeitgeiststömungen, vor allem mit neuen Medien und Konsumangeboten. „Entschleunigung" für ein bewusstes, „echtes", intensives, auf die menschliche Natur und persönlichen Bedürfnissen ausgerichtetes Leben. Vor diesem Hintergrund eine besondere Naturverbundenheit: beständiges Streben, in der schnelllebigen Zeit seinen eigenen Rhythmus zu finden
- Anspruch an sich, konsequent zu leben und permanent an sich zu arbeiten – dabei sein individuelles „tieferes" Glück zu finden. Anspruch auch, andere (vorsichtig) zu überzeugen, ihre Lebenseinstellung und ihren Lebensstil für eine bessere Welt zu überdenken und ggfs. umzustellen
- Einerseits Sehnsucht nach der guten alten Öko-Bewegung der 1980er Jahre (Wurzeln; damals war Umweltschutz noch eindeutig; man musste sich nicht mit Paradoxien herumschlagen)
- Andererseits keine Technikfeindlichkeit (mehr), sondern innovative Technologien als zweite Säule neben der individuellen Lebensführung zur Lösung von Umweltproblemen. Forderung nach Professionalisierung von Umweltkonzepten. Massive Kritik an der Massentier-

haltung und Gentechnologie in der Landwirtschaft: „Das System ist krank!" Andere Strukturen sind nötig für ein anderes Marktverhalten der Verbraucher
- Präferenz für eine ganzheitliche positive Erziehung, Bildung und Pädagogik, die an persönlichen und kulturellen Ressourcen des/der Einzelnen orientiert ist

Alltagsphilosophie

- Einbeziehung des/der anderen; Suche nach dem Gemeinsamen
- Etwas verändern wollen – im Großen wie im Kleinen: ungerechte Strukturen, „ungute" Lebensbedingungen, unfreie Lebensformen
- Blick auf die ganze Gesellschaft – gerade auf Nischen, auf Benachteiligte und „Vergessene": Anwalt und Mentor für Menschen am Rande der Gesellschaft
- Empathie für die Benachteiligten; couragierte Kritik und Widerstand gegen die Mächtigen

Ausstrahlung

- Einerseits: empathisch, solidarisch, „Gut-Mensch", engagiert, hilfsbereit, uneitel
- Andererseits: stilistische und moralische Verachtung für den „Mob" in der modernen konsum- und medienorientierten Unterschicht ebenso wie für Geschäftsleute in der Spitze von Wirtschaftskonzernen

Performer

1) Liberale Performer

> Die ökonomisch und kulturell liberale, multioptionale und effizienzorientierte Leistungselite mit globaler Ausrichtung, kosmopolitischem Bewusstsein und ausgeprägtem Fortschrittsoptimismus. Selbstverständnis als „neue Elite": Projektpioniere, Komplexitätsmanager, Innovationsinspirateure (Spitzenleute).

Grundorientierung

- Das Selbstwertgefühl speist sich weniger aus dem, was man bisher schon alles geleistet hat, sondern eher aus dem, was man künftig leisten kann und will: dem eigenen Potenzial. Dies liegt in der einzigartigen Zusammensetzung von Kompetenzen: Dynamik, Fachwissen, Engagement, Flexibilität, Pragmatismus, Erfolgshunger, Eloquenz
- Abgrenzung von der Steifheit der Etablierten und Statusorientierten sowie vom Kritizismus und von der Problemperspektive der Postmateriellen. Man zählt sich selbst zur jungen, frischen Generation, die frei von inneren Barrieren ist. Selbstbewusstsein als technologische, ökonomische und kulturelle Elite – global vernetzt
- Umfassendes und stets aktualisiertes Gegenwartswissen über neue Technologien, Politik, Kultur und gesellschaftliche Ereignisse – jederzeit auf dem aktuellen Stand sein (kontinuierlich über Websites, Foren, Blogs; ebenso Fachzeitschriften). Höchste Ansprüche an Professionalität, Geschwindigkeit, Qualität, Stilistik und Leistung
- Fokussierung auf Internationalität (Sprachen, Reisen), sich mit den und dem Besten umgeben, Risikobereitschaft, Spitzen-Know-how, neueste Informations- und Kommunikationstechnologien als notwendige „Sinnesorgane"; Beschleunigung und Höchstgeschwindigkeit (technologisch wie persönlich) als Wettbewerbsvorteil und soft skills
- Der primäre Blick gilt nicht mehr der deutschen Gesellschaft in ihren geografischen nationalen Grenzen und sozialen Rändern. Vielmehr werden neue Grenzen des Relevanten gezogen nach Kriterien von Nützlichkeit, Attraktivität und Chancenpotenzial
- Fest eingebunden in hohe Positionen mit großer Verantwortung und einem sehr engen Termin- und Reisekalender. Innerlich jedoch unabhängig und frei: jederzeit umsteigen und sich woanders engagieren: stets offene Sensoren für attraktive Angebote mit Perspektive – bereit für den Sprung
- In der Phase der Familiengründung stärkere Tendenzen zu Stabilität und Sicherheit – ohne die eigenen Kernkompetenzen der Flexibilität aufzugeben
- Early Adopter von Produkten des gehobenen Lifestyles (Technologie, Kleidung, Accessoires)

Alltagsphilosophie

- Anforderungen sehr schnell erkennen und sich anpassen: *Work hard, play hard*": Zu den Besten gehören („der Beste im Team sein")

- *Weiter-denken, weiter sein, schneller sein* als andere – als Chance zur Profilierung (USP). Erkennen und nutzen, was weiterbringt. Sich nicht aufhalten lassen; sich nicht mit unnötigen, destruktiven, fundamentalkritischen Debatten („Schleifen") befassen
- Auf verschiedenen „Bühnen" souverän sein und sich profilieren

Ausstrahlung

- Smart, sicher, adrett, gewandt, aufgeschlossen, vielseitig interessiert, locker und leger im Umgang, mit starker eigener Position und fester Überzeugung
- Klar fokussiert, hohe Ziele; hoch konzentriert und fordernd bei der Arbeit

2) Bürgerliche Performer

Die gut ausgebildete, weltoffene, zielstrebige und veränderungsbereite neue bürgerliche Mitte mit ausgeprägtem Lebenspragmatismus und Nutzenkalkül. Streben nach beruflichem Aufstieg, aber *auch* partnerschaftlich, familiär und sozial eingebunden sein. Selbstbewusstsein, im Wettbewerb und für die Zukunft bestens gerüstet und abgesichert zu sein. Der Beruf ist sehr wichtig, aber nicht alles.

Grundorientierung

- Sich auf veränderte Bedingungen (lebensphasenspezifisch und bei veränderter Marktkonjunktur) gut einstellen können: den richtigen Mix finden von erfolgsorientiert *und* kompromissbereit, avantgardeorientiert *und* konventionell, flexibel *und* sicherheitsorientiert, pragmatisch *und* idealistisch, „Durchstarten" *und* „Bodenhaftung behalten"
- Akzeptanz, dass Lebensverläufe perforiert sein können und nicht immer linearer verlaufen: mehrmals im Leben „ankommen": in einem erreichten Stadium nicht stehen bleiben und sich ausruhen, sondern von dort wieder aufbrechen und „weitergehen"
- Man zählt sich selbst zur Avantgarde der „digital generation"; geht mit neuen Informations- und Kommunikationstechnologien nicht nur spielerisch um, sondern produktiv und professionell.
- Stehen auf dem Boden von Emanzipations- und Ökologiebewegung, werten diese rückblickend als notwendige und richtige Entwicklungen, halten sie aber nicht mehr für ein zeitgemäßes politisches Programm und für Sphären, auf denen man keine Lorbeeren mehr erntet (sondern allenfalls den Makel eines „nostalgischen Fundis" bekommt): ausgeprägte Distanz zu weltanschaulichen und politischen Grundsatzkämpfen
- Ästhetik als elementare Dimension jeglicher Kommunikation: auf die Verpackung einer Botschaft und des Boten (Habitus, Outfit, Stilistik) kommt es an
- Demonstrativ lässig-legerer Kleidungsstil: Jeans, Jackett mit Hemd/Bluse. Bei geforderten Anlässen aber auch sicher, souverän und topmodisch im geforderten Outfit
- Großer Freundeskreis: Mit Gleichgesinnten unangestrengt locker Zeit verbringen (Essen gehen, Kochen)
- Auch Familie und eine dauerhafte Wohnsituation (Eigentumswohnung, eigenes Haus) werden als angenehm und erstrebenswert erachtet (insb. in der Lebensphase der beruflichen Etablierung; meist ab ca. 40 Jahren)

Alltagsphilosophie

- Etwas Sinnvolles *und* Neues *und Schönes* tun, an einem besonderen Projekt mitarbeiten (an etwas Großem und Zukunftsweisenden beteiligt sein)
- Sich weiterentwickeln – persönlich und wirtschaftlich weiterkommen
- Ständig an der „eigenen Form" arbeiten (i. w. S.)

Ausstrahlung

- Umgänglich, aufgeschlossen, charmant, mit Haltung und Überzeugungen, aber in der Kommunikation „unschwierig", unideologisch
- Flexibel, robust, belastbar, veränderungsbereit und -fähig

Traditionelle

1) Junge Traditionelle

> Die „jüngere" Generation der Traditionellen (aufgewachsen in den Wiederaufbau- und Wachstumsjahren nach dem Krieg), die sich vom pflichtbestimmten und „reduzierten" Leben ihrer Eltern und Großeltern abgrenzen, die mit der Zeit gehen, sich „im Rahmen" anpassen und etwas Neues erleben wollen (nicht nur arbeiten, sparen und verzichten, sondern das Leben auch genießen).

Grundorientierung

- Mobil sein: Städtereisen mit engen Freunden oder Vereinsmitgliedern; auch zu populären Musicals (Cats, Starlight Express, Phantom der Oper); Kurzreisen und Urlaube auch ins Ausland (in Rom, London, Paris o. Ä. gewesen sein); oft auch eine größere Reise: in der Regel mit einer gut organisierten Reisegesellschaft
- Im Alltag eine traditionelle Rollenteilung, wobei Frauen trotz familienbedingter Erwerbsunterbrechung nicht Hausfrau bleiben wollen (und auch nicht seitens ihres Partners sollen), sondern auch berufstätig sind (oft Teilzeit) und Geld zur Finanzierung der Familie und Alterssicherung verdienen
- In Abgrenzung zur Moralvorstellung ihrer eigenen Eltern und Großeltern wollen sie Verständnis und Empathie für die jungen Generationen und Lebensstile haben. Neue Lebensweisen nicht pauschal und moralisierend kritisieren – zugleich aber eine große persönliche Distanz
- „Alles" für die eigenen Kinder zu tun, immer für sie da zu sein und darin einen wesentlichen Sinn im Leben zu sehen: die heile Kernfamilie als Zentrum des individuellen Lebens – auch wenn man im eigenen Umfeld beobachtet, dass Ehen scheitern
- Eingebundensein in die „Heimat": enge (biografische) Verbundenheit – mental und sozial
- Hohes Engagement bei der Arbeit; oft enge und langjährige Bindung an den Arbeitgeber: Aufgehobensein im Betrieb. Zugleich heute Sorge vor Umstrukturierung und Arbeitslosigkeit → „Entheimatung" durch die Not, woanders eine Stelle suchen zu müssen, pendeln oder mit der Familie umziehen zu müssen (Identitätsbruch)
- Sich neben der Berufstätigkeit in örtlichen Vereinen engagieren und helfen, wo man gebraucht wird; der Ort/die Nahwelt als elementarer Teil des „Eigenen": hier seinen Beitrag leisten
- Sich für eine moderate Modernisierung im Ort einsetzen (neue Geräte, Öffentlichkeitsarbeit), damit der Ort attraktiv ist und bestehen bleibt

Alltagsphilosophie

- Unbedingt ehrlich, treu und loyal sein
- Teil der lokalen Gemeinschaft sein: dort aufgehoben sein und seinen Platz haben
- Verbundenheit mit der Heimat (nicht wegziehen wollen)

Ausstrahlung

- Solide, pragmatisch, unternehmungsfreudig, offen für Neues

2) Traditionsverwurzelte

> Die Sicherheit und Ordnung liebende Kriegs- und Nachkriegsgeneration. Verwurzelt in der lokalen kleinbürgerlichen Welt bzw. in der traditionellen Arbeiterkultur. Klarheit, Überschaubarkeit und Eindeutigkeit in der Welterfassung. Pflicht, Treue, Solidarität sind zentral in sozialen Beziehungen.

Grundorientierung

- Leben im gewohnten ruhigen Rhythmus; sich nicht mehr umstellen und verändern wollen. Festhalten am Gewohnten; keine Bereitschaft, sich (innerlich oder äußerlich) zu verändern, etwas Neues anzufangen oder zu entdecken, kein Verlangen nach starken Reizen, sich nicht ständig neue Ziele setzen. Man ist „zu Hause"!
- Ausgeprägte Identifikation mit der Region und der Gemeinde: Sie sind elementarer Teil der Identität und Heimat. Ehrenamtliche Unterstützungen für die Gemeinde (wenn man gefragt wird, hilft man; wenn sich die Gemeinde öffentlich zeigt, ist man dabei)
- Im gewohnten Rhythmus den Tag mit Arbeit, Ausruhen, Gesprächen mit Nachbarn / Freunden sowie Vereinstätigkeiten verbringen. An dem Platz, an den man (vom Herrgott) gestellt ist bzw. den man schon immer hatte, seine Pflicht tun. Es geht darum, sinnvoll, sicher und maßvoll zu leben; seinen festen Ort und Rhythmus im Jahreskreis zu haben. Eigene Beschwerden und Bedürfnisse zurückstellen; sich nicht exponieren, sondern sich einfügen und anpassen
- Seit vielen Jahren Mitgliedschaft und Engagement in den örtlichen Vereinen: Kirche, Kolping, Heimatverein, Gesangsverein, Kyffhäuser, Sport: Hier übernimmt man Ämter und Aufgaben. Einige (i. d. R. Männer) sind / waren aktiv in der Kommunalpolitik (Gemeinderat, Ortschaftsrat) – gelten „als Institution" und Autorität im Ort
- Grundlegend für den Weltzugang ist die paradigmatische Unterscheidung zwischen „dem Eigenen" und „dem Fremden". In diesem Zusammenhang Sorge und Verteidigung der Heimat (Distanz gegenüber Zugezogenen; Vertrautheit zu jahrzehntelangen und generationenübergreifenden Bewohnern im Ort)
- Sorge sowohl vor der Zerstörung der „Umwelt" (im weitesten Sinn) als auch vor „störenden Ökos"
- Existenzielle Angst vor dem Abbau des Wohlfahrtsstaats: Ohnmacht und Wut, von der großen Politik im Stich gelassen zu werden: „Wir als kleiner Mann / kleine Frau haben ein Leben lang eingezahlt und im Alter werden wir vergessen." Zugleich kein aktives Aufbegehren – aber ausgiebiges Klagen im eigenen Umfeld: Hier ist Politik oft – neben Krankheit – ein wichtiges Thema

Alltagsphilosophie

- Alles soll möglichst so bleiben, wie es ist!
- Im festen Rhythmus bleiben (im Tagesverlauf, im Jahreskreis); sich auch im Alter eine Beschäftigung suchen
- Für die Dinge und Menschen sorgen, die einem anvertraut sind

Ausstrahlung

- Heimatverbunden, langsam, bedächtig, robust, sich und anderen treu
- Konsistent und klar (ohne mentale Brüche): „aus einem Guss"
- Zurückhaltend auf fremdem Terrain; selbstbewusst auf eigenem Terrain

3) Zurückgezogene Traditionelle

> Die ökonomisch häufig am Rande des Existenzminimums lebenden, sozial zurückgezogenen, oft einsamen und öffentlich kaum sichtbaren Traditionellen. Meist ältere Generation der Traditionellen, die den Tag überwiegend allein in der Wohnung verbringt. Ein Alltag mit sehr wenigen Kontakten, meistens sieht man an einem Tag nur ein oder zwei Personen (Tochter/Schwiegertochter; Nachbarn; Pflegedienst).

Grundorientierung

- Sie leben – allein oder mit ihrem Partner – sehr zurückgezogen, fühlen sich „übriggeblieben" und zurückgelassen; die Kinder leben oft weiter entfernt und es fehlt der Kontakt zu Nachbarn und Verwandten. Den Tag gestaltet man in einem festen Rhythmus, der Halt gibt: Aufstehen, Anziehen, Waschen, Frühstück, Ordnung machen, (ggfs.) Pflegedienst, Zeitung lesen, Mittagessen vorbereiten, sich hinlegen, Kaffee trinken, ab einer bestimmten Uhrzeit erst fernsehen …, früh ins Bett gehen
- Wenig mobil aufgrund von fortgeschrittenem Alter, von Krankheit oder weil ein erreichbares Ziel fehlt bzw. der Partner kann aufgrund von Gebrechen nicht (oder ist nicht mehr da). Einige gehen regelmäßig zu bestimmten Orten, um einmal aus dem Haus zu kommen: Arzt, Laden um die Ecke, Friedhof, Einkaufszentrum, Café – sitzen oft allein
- Der Alltag besteht wesentlich darin, zu warten: dass jemand vorbeikommt, dass sich etwas tut und die Zeit vergeht. Alleinseinwollen oder Einsamkeit bestimmt die Atmosphäre. Einige übernehmen die Verantwortung für ein liebgewonnenes Haustier, das zum wichtigen Lebensbegleiter geworden ist; andere suchen sich „stille Beschäftigungen": Sticken, Stricken, Basteln, Handwerken (oft mit Holz), Spielen, Zeitung/Zeitschrift lesen, Rätsel lösen, Sammeln
- Grundlegend für den Weltzugang ist die dichotome Perspektive von „drinnen" und „draußen". Und der Weg nach draußen ist häufig versperrt (körperliche und soziale Immobilität)! *„Man braucht mich nicht mehr"* und *„Es gibt für mich keinen Platz mehr"* sind Erfahrungen und Erklärungen für die eigene Situation
- „Gebraucht werden" war ein Leben lang der zentrale Zugang (v. a. für die, die ledig geblieben waren, sowie für Frauen in der traditionellen Ehe sowie als Hinzuverdienerin). Sie wurden von anderen „geholt", eingesetzt und waren notwendig, sofern und solange sie ihre Leistung brachten: Heute werden sie nicht mehr gebraucht und fühlen sich „liegengelassen". (Hier ist die Grundorientierung in diesem Werteabschnitt auf die Spitze getrieben: Die anderen – die Welt – hat mich auf einen Platz gesetzt: passiver Schicksalshabitus)

- Ein Teil dieser Menschen verabschiedet sich mehr und mehr, wartet auf das Ende. Häufig korrespondiert diese Logik mit körperlichen Gebrechen, die die eigene Mobilität noch stärker einschränken. Was bleibt ist das Telefon – „Aber wer ruft mich schon an"?
- Da man immer seltener in der Welt „draußen" ist und sie erfährt, wird sie zunehmend „fremd", auch „zum Fremden", teilweise bedrohlich, diffus und undifferenziert wahrgenommen, was den Rückzug bestätigt und beschleunigt. Bei einigen schlägt dies um in Misstrauen und Verbitterung auf nahezu „alles da draußen"

Alltagsphilosophie

- Mit Anstand leben, nicht laut klagen, sein Glück im Kleinen finden
- Täglich seine Aufgaben erledigen und sich nicht vernachlässigen („sich nicht gehen lassen"): die Pflichten im Haushalt und in der Wohnung tun, alles in Ordnung und sauber halten; an Geburtstage der Enkel; Neffen und Nichten denken; mit den Kindern telefonieren

Ausstrahlung

- Dezent, leise, einfach, leidgeprüft im Leben, demütig, kontaktarm

Bürgerliche Mitte

1) Statusorientiertes Bürgertum

> Der mit Gütern, Wissen und Berufsprestige komfortabel ausgestattete statusorientierte Mainstream mit dem Selbstverständnis gehobener arrivierter Bürgerlichkeit. Ökonomisch wohlsituiert und abgesichert, in stabilen (beruflichen und familiären) Verhältnissen und Sozialbeziehungen, in gehobenen beruflichen Positionen mit Verantwortung und Privilegien.

Grundorientierung

- Streben nach Erhalt der Stabilität, weiteren materiellen Annehmlichkeiten und einigen ausgewählten kulturellen Highlights (mit Prestigewert). Ausgeprägte Distinktion gegenüber krudem Hedonismus und experimentellen Lebensweisen; ebenso Ablehnung von weiteren sozialpolitischen Umverteilungen sowie gegenüber einem hartnäckigen politischen Kritizismus, der die moderne Ordnung verrückt (Ökos, Alternativ-Intellektuelle)
- Synthese von konservativen Werten und modern-bürgerlicher Lebensart: Eigenverantwortung und Anpassung an liberale Leistungsnormen; beruflicher Ehrgeiz und demonstrativer Stolz auf erreichte Positionen und den gehobenen Lebensstandard, den man sich erarbeitet hat: Zeugnisse des Erreichten
- Moderate Wettbewerbs- und Aufstiegsorientierung: Wer Talent hat, Kompetenz erworben hat und dauerhaft Engagement zeigt, soll Chancen zum Aufstieg in der Gesellschaft haben. Zugleich Abwehr gegen eine allzu sozialhierarchisch mobile Gesellschaft: Die bestehenden Verhältnisse sollten weitgehend stabil bleiben. Latente Sorge vor dem Verlust eigener erreichter Positionen
- Statussymbole sind materieller Wohlstand (Auto, Immobilienbesitz, gehobene Wohnungseinrichtung) ebenso Wissen (Sachwissen, Veranstaltungen, Verbindungen haben, regionale Künstler kennen). Dabei findet sukzessive eine Transformation statt von ehemals nur materiellen Gütern zu mehr immateriellen Gütern
- Über Wissen und fachliche Kompetenzen verfügen als Ausweis von gehobener Modernität: sich vergewissern und anderen gegenüber demonstrieren, dass man einen gehobenen gesellschaftlichen Rang innehat. Symbolischer Ausweis dafür ist: was man kennt und kann
- Ausgeprägte Aufstiegsorientierung in Bezug auf die eigenen Kinder: Kinder als Investitionsgut mit symbolischem Prestigewert; Investition (Geld, eigene Zeit) in die Bildung der Kinder.
- Engagement im Ort; Wortführer und Meinungsbildner in der Gemeinde

Alltagsphilosophie

- Die Nase vorn haben, sich nicht überholen lassen auf der Autobahn des Lebens
- Den Status bewahren, ausbauen, verteidigen
- Anschluss halten an neue Entwicklungen im Bereich Alltagstechnologie (Automobil, IT)
- Balance halten zwischen Abgrenzung gegenüber der Unterschicht einerseits und der Erdung als normaler Bürger andererseits (normal, nicht abgehoben)

Ausstrahlung

- Wohlsituiert – privat und beruflich
- Bürgerliche Meinungsführer, moderne Bewahrer
- Tendenz zu dosiertem Stolz auf das materiell Erreichte, auf die berufliche Position, auf das soziale Prestige

2) Modernes Harmoniemilieu

Das moderne kleinbürgerliche Milieu der qualifizierten Handwerker, Angestellten und kleinen Selbständigen. Eingebunden und engagiert in der Ortsgemeinde, in Vereinen (Sport, Feuerwehr, Musik).

Grundorientierung

- Die eigene Familie (Basis, Keimzelle), die Verwandtschaft sowie Nachbarn und Freunde im Ort sind lebensweltliche „Heimat", ihre Burg für soziale und emotionale Sicherheit. Latente Sorge, dass man durch (längere) Arbeitslosigkeit aus diesem Gefüge herausfallen könnte oder berufsbedingt gezwungen werden könnte, wegzuziehen: ausgeprägte geografische und soziale Verwurzelung in der Region (oft in einem konkreten Ort)
- Nach außen optimistisch-gelassener Habitus und Wunsch nach regelmäßigen gemeinsamen Aktivitäten mit Gleichgesinnten (Gemeinschaftserlebnisse); teilweise auch gemeinsamer Jahresurlaub mit Freunden aus dem Ort. Bei signifikanten sozialen Ereignissen dabei sein (Ortsfeste; gemeinsame Urlaube und Städtereisen mit Freunden, Vereinsmitgliedern). Sparen im Unsichtbaren (Pauschalurlaub, Nahrungsmittel vom Discounter, Achten auf Sonderangebote)
    - Ein ausreichendes Einkommen haben und sich ein Eigenheim leisten können. Modern sein und mit der Zeit gehen, aber nichts übertreiben und kein Risiko eingehen: Primat von Partnerschaft und Familie
    - Moderne Form des genügsamen kleinbürgerlichen Lebensstils
- Ausgeprägte regionale Verbundenheit, Engagement in mehreren örtlichen Vereinen: Eingebundensein in die lokale und regionale Nahwelt mit einem dichten Netzwerk von Freunden, Nachbarn, Vereinen: darin bürgerliche Selbstverwirklichung finden. Streben nach der Gleichzeitigkeit von Harmonie und Modernität – beruflich und privat
- Anschluss halten durch Streben nach Modernität (subjektiv: im Unterschied zu ihren Eltern) durch Anschaffung neuer Geräte (Handwerk, Haushalt), moderner Informations- und Kommunikationstechnologien sowie Freizeitaktivitäten (Skifahren, Städtereisen einmal im Jahr mit Freunden, Rad-/Wanderurlaub)
- Distanz zu traditionsverhafteter Starrheit ihrer Eltern und Großeltern; Bereitschaft und auch Wunsch, moderne Entwicklungen mitzunehmen (Zeitgeist, Lebensstil), aber ohne die gewohnten Routinen aufzugeben und ohne die materiell-soziale Stabilität zu gefährden
- Moderne Aufgeschlossenheit und Gepflegtheit in Bezug auf das eigene Heim und Kleidung. Berufsbedingte Trennung zwischen der strapazierfähigen Arbeitskleidung einerseits, der bequemen Freizeit- und der Sonntagskleidung andererseits

- Betonung von Solidarität und sozialer Gerechtigkeit; Kritik am Turbo-Kapitalismus und Shareholder-Value; dagegen Festhalten am Wohlfahrtsstaat und Identifikation mit der sozialen Marktwirtschaft. Zugleich besorgte Wahrnehmung, dass liberale Marktwirtschaft immer mehr vordringt und man sich anpassen muss, will man nicht (allein) gegen den Strom schwimmen
- Lebensweltliche Moral ist die Einbindung von Zugezogenen in die harmonische und solidarische Gemeinschaft der Ortsansässigen – unter der Maßgabe, dass sich Zugezogene einfügen und beteiligen (stigmatisiert wird demonstratives Sichdistanzieren oder Sichverweigern)

Alltagsphilosophie

- „Mit dabei sein": die Feste, Rituale und Unternehmungen der gehobenen Mitte übernehmen (wenn man es sich leisten kann); Teil der gehobenen bürgerlichen „normalen" Kreise sein; Betonen von Solidarität
- Mitmachen, aber sich nicht übernehmen

Ausstrahlung

- Trotz beschränkter Mittel „zufrieden", angekommen, eingebunden in die soziale Nahwelt (dort die junge Generation, die etwas bewegt), privat und beruflich weitermachen, keine hochfliegenden Pläne haben
- In stiller, steter Sorge, den Arbeitsplatz zu verlieren und sozial abzustürzen
- Zupackend, pragmatisch, unkompliziert, zuverlässig, hilfsbereit und offen

Benachteiligte

1) Robuste Konsum-Materialisten

> Stark materialistisch geprägte Unterschicht; Anschluss halten an die Konsum-Standards des Mainstreams. Ökonomisch begrenzte Möglichkeiten, geringes Bildungskapital. Sozial häufig benachteiligt durch Ausgrenzung seitens der Mitte der Gesellschaft.

Grundorientierung

- Zentrale Lebensziele und Motive sind die *Anerkennung* durch die „normalen Bürger im Ort" und das *Partizipieren* sowohl an den Aktivitäten der Gemeinde als auch an Angeboten der Konsumindustrie
- Wahrnehmung massiver Ausgrenzung und Benachteiligung: deutlich geringere Chancen als andere haben, von der gehobenen Klasse (in Wirtschaft, Wissenschaft, Politik) nicht beachtet und nicht wertgeschätzt oder aber verachtet werden. Einerseits sozial und materiell weitgehend ausgeschlossen sein, andererseits unter massivem normativem Druck des lokalen Umfelds sowie von Ämtern, Vereinen, der „großen Politik", dass man sich anders verhalten sollte. Gerade deshalb der demonstrative Habitus: sich daraus nichts machen, sondern auf die eigenen Stärken, Bedürfnisse und Rechte setzen
- Dominant ist das Bild, dass man von anderen als Unterschicht gesehen wird, mit der niemand etwas zu tun haben will. In offensiver Reaktion: Sich (partiell) freimachen von diesen Anwürfen und zu den eigenen Bedürfnissen stehen sowie sich auf die eigenen Stärken besinnen: Solidarität unter Seinesgleichen, handwerklich was können und auch „richtig" feiern können.
- Sich und anderen zeigen, dass man stark und robust ist und „ganz schön was verträgt" (auf eigenem Terrain zeigen, wer „Chef im Ring" ist). Tendenz, sich zu verbrüdern – eine starke Gemeinschaft. Mitgliedschaft in Kleintierzüchter- und Kleingärtnervereinen; Besuch von Fußball- und Eishockeyspielen; Mitgliedschaft im Fanclub; Urlaub mit (günstigen) Pauschalangeboten (All inclusive) in Ferienanlagen für die Familie
- Auf Sozialleistungen und Gang zum Amt so lange, wie es irgendwie geht, verzichten, damit andere – Freunde, Nachbarn, Bekannte – nicht von der eigenen Bedürftigkeit erfahren; auch als Signal für sich selbst, dass man noch nicht zu den Hartz-IV-Empfängern gehört, von denen man sich abgrenzt. Erst wenn es gar nicht mehr geht, bittet man um „sein" Geld – nachdrücklich, weil man ja lange darauf verzichtet hat, obwohl man schon längst ein Recht darauf hat und es einem zusteht
- Ablehnung des Dezenzgebots (gilt als stilistische und intellektuelle Besserwisserei): Handfeste Körperlichkeit und offensiv männliches Gebaren einerseits; weiblich-derbe Erotik sowie Unterordnung der Frau unter den Mann andererseits; Direktheit und Unempfindlichkeit: einstecken und austeilen können
- Das schöne Ereignis: Skat- und Kegelrunde; Grillen am Wochenende mit Freunden, das Ortsfest mit Bierzelt. Als „richtiger" und treuer Fan regelmäßig zu den Spielen seines Fuß-

ball-/Eishockeyclubs gehen; Public Viewing der Fußball-Weltmeisterschaft (-Europameisterschaft). Mit der Familie im Movie Park, Sea Life, Phantasialand Freizeitpark (mit Fallschirmsprung, Bungee-Jumping,); auf Kart-Bahn Runden drehen

Alltagsphilosophie

- Das Leben ist schwer genug, es wird einem nichts geschenkt. Man sollte sich daher das Leben so angenehm wie möglich machen
- Zunehmende Emanzipation von den Erwartungen der Bessergestellten: sich freimachen von Erwartungen, Vorhaltungen, Vorschriften!

Ausstrahlung

- Robust, bodenständig, derb, geselligkeits- und geltungsorientiert
- Ehrlich, unverstellt, unverkrampft (unter Seines-/Ihresgleichen)
- Empfindlich (aber nicht sentimental), verletzbar, unterprivilegiert

2) Defensiv Prekäre

Auf die tägliche materielle Versorgung konzentriertes, sich sozial ausgeschlossen und abgestoßen fühlendes Milieu. Rückzug in die enge lokale Enklave der wenigen, die mit einem Kontakt haben wollen: Hier nur fühlt man sich sicher und nicht ausgesetzt.

Grundorientierung

- In der Öffentlichkeit ein defensives, oft „unsichtbares" Milieu; Menschen, die nicht zur Last fallen und nicht als Belästigung wahrgenommen werden wollen. Einerseits Träume von Anerkennung und Einbindung durch die Bürger im Ort (auch: etwas beitragen/leisten können). Andererseits die Routine und der Reflex, nur bei unumgänglichen Gelegenheiten den Kontakt mit „Bessergestellten" zu suchen
- Milieu, das sich vom Schicksal geschlagen sieht, von der Mehrheitsgesellschaft ausgeschlossen und stigmatisiert – oder gar nicht mehr beachtet. Oft deprimierter Rückzug in die Enklave mit der Partnerin/dem Partner sowie sehr guten Freunden, denen es genauso geht
- Wenig qualifizierte Jobs mit geringer Entlohnung; teils hohe Arbeitslosigkeit (viele Langzeitarbeitslose und „Hartz IV-Empfänger auf Lebenszeit"): die „Dinge" geregelt bekommen, den Job durchhalten und behalten, sich und die Familie versorgen (hoher Anteil von Familienernährerinnen in traditioneller Rollenteilung)
- Wunsch nach Anerkennung, wahrgenommen werden, ernst genommen werden, den Alltag bestehen, über den nächsten Monat kommen
- Wenig Vertrauen in die eigenen Ressourcen und (echten) Chancen. Um überhaupt über die Runden zu kommen (insb. Versorgung der Familie, eigene Krankheiten), ist man auf Unterstützung des Staats angewiesen

- Stets in der enormen Anstrengung, nicht die Konsequenz aus der eigenen Ohnmacht und Resignation zu ziehen; sich täglich aufrappeln mit dem Gedanken, sich (v. a. der Kinder wegen) nicht aufgeben zu dürfen und weitermachen zu müssen
- Vermeidung: sich nicht mehr den Erwartungen und Vorwürfen der anderen aussetzen, nicht mehr verletzt werden, sich nicht noch mehr beladen. Teilweise Demonstration von stiller Robustheit: sich einen Panzer zulegen
- In ihrer Grundorientierung unterscheiden sie sich signifikant von den „Zurückgezogenen Traditionellen", bei denen die Erfahrung bestimmend ist: „Es gibt für mich keinen Platz (mehr)" (→ Vergessen- und Überholtsein durch das fortgeschrittene Alter und Zeitläufte; aber man hatte einmal seinen Platz in der Gesellschaft). Hingegen dominieren bei „Defensiv Prekären" die Erfahrung und das Selbstbild: „Ich bin nichts wert." Dies ist verknüpft mit einer substanziellen Wertlosigkeit für die Gesellschaft in jeder Hinsicht und für alle Zeit
- Grundlegend für den Weltzugang ist die durch Erfahrung entstandene, in vielen Bereichen des Alltags bestätigte und zementierte Einstellung: *„Im normalen Leben schaffe ich doch nichts, werde ich weggeputzt."* Diese Menschen arbeiten nach ihrem halben Jahr als Minijobber oder „1-€-Jobber" – sofern sie die Chance bekommen – sehr gern in kirchlichen/karitativen Einrichtungen (z. B. ehrenamtlich in Tafeln und im Sozialkaufhaus). Eine bezeichnende Antwort auf die Frage, was heute anders ist als vorher: *„Ich werde wieder gegrüßt."*
- Soziale Anerkennung und Würde sind eng aneinandergeknüpft!

Alltagsphilosophie

- Alle Kraft investieren müssen, um den Alltag zu überstehen und die eigene Situation auszuhalten
- Situationen meiden, in denen man anderen ausgesetzt ist.

Ausstrahlung

- Defensiv, sozial und körperlich zurückgezogen, ängstlich, unsicher (fast unsichtbar: „grau"), schlicht, ärmlich, resigniert, ambitionslos, dankbar

Hedonisten

1) Lifestyle-Hedonisten

> Das nach aufregendem Lifestyle und Glanz strebende Erlebnismilieu der (unteren) Mitte. Primäre Sphären sind Fashion, neue Medien und jederzeitige Kommunikation mit engen Freunden. Streben nach auffälligen und glänzenden Oberflächen. Outfit und neue Kommunikationsmedien als wichtiges Ausdrucksmittel.

Grundorientierung

- Looks aus Zeitschriften und Medien; populäre Prestigemarken (meist als Fakes; das Emblem genügt): D&G, Gucci, Ray Ban, DKNY, Louis Vuitton, Chanel u. a.: Marken als äußere Symbole zur Produktion innerer Erlebniszustände und um Wirkung zu erzeugen. *("Ein bisschen sein wie ..."; „Ein bisschen scheinen wie ...")*
- Im Kontakt bleiben mit der bürgerlichen Gesellschaft und v. a. mit der Herkunftsfamilie: sich nicht abkapseln von der normalen Gesellschaft; von ihr nicht stigmatisiert oder gar diskriminiert (ausgestoßen) werden. Stattdessen: Die spannenden und vielfältigen Möglichkeiten und Angebote der Medien- und Eventgesellschaft auskosten ist elementares Grundbedürfnis. Makellos sein, die eigene Oberfläche stylen mit den Mitteln der Medien- und Produktgesellschaft – motiviert von dem Wunsch, bei anderen als besonders schön und zeitgemäß zu wirken (ausgeprägte Außenorientierung). (Schönes) Scheinen und (aufregendes) Erleben bestimmen das Sein. Zeigen, dass man nicht im Alltagstrott erstarrt, sondern lebendig ist, das Leben mit allen Sinnen aufsaugt und auslebt. Starke Wahrnehmung und Orientierung an aktuellen medialen Trends, Popikonen und Kultgegenständen
- Tendenz zu Jobs mit Lifestyle-Dekoration und Erlebnischarakter: Surf-Lehrer (auch als Ferienjob bei Reiseveranstaltern; Urlaubsanimateur); Café-Bar und Cocktail-Bar; Verkäufer in CD-Laden, Motorrad-/Bike-Laden, Young-Fashion-Boutique. Aber auch bedingt durch die Ausbildung teilweise auch im öffentlichen Dienst und in Konzernen als kleine/mittlere Angestellte. Oft Zeitverträge und dann eine diskontinuierliche und kurzfristige Berufs- und Lebensperspektive, die zentraler Bestandteil des Lebens im Hier und Jetzt ist
- „Arbeit ist Mittel zum Zweck!": Beruflich hohe Anpassungsfähigkeit, z. B. an geforderte konventionelle Kommunikations- und Arbeitsformen; Höflichkeit und Erwartungen erfüllen: selbst auferlegte und trainierte hohe Frustrationstoleranz: Das eigentliche Leben findet in der Freizeit statt; um sich diese(s) leisten zu können, muss man im Pflichtleben funktionieren, unauffällig sein (Sicherung des Jobs)
- Jederzeitige Demonstration von Spontaneität, Jugendlichkeit, Lebendigkeit, körperlicher und erotischer Attraktivität

Alltagsphilosophie

- Sich aufregende Erlebnisse mit Thrill und Action gönnen
- Stressfreiheit: den Erwartungen und dem Druck des Umfelds ausweichen

Ausstrahlung

- Sich an Stars und Sternchen orientieren: Glamour zeigen und inszenieren
- Popmedialer Jugendlichkeits- und Body-Kult (körperbetonte enge Kleidung, Demonstration der männlichen/weiblichen Vorzüge), die in diesem Milieu mächtige Lifestyle-Normen sind und innerhalb des Milieus wichtige Symbole für Zugehörigkeit sind (bereiten älteren Milieuangehörigen aber zunehmend Probleme)

2) Subkulturelle Hedonisten

> Stilistische, weltanschauliche und moralische Counter-Culture zur bürgerlichen Leistungsgesellschaft. Selbstbewusste Selbstverortung am unangepassten modernen Rand der Gesellschaft. Identität als unangepasste und freie Menschen, die das tun, wozu sie Lust haben (und nicht, was ihnen jemand vorschreibt).

Grundorientierung

- Es geht darum, die eigenen Bedürfnisse nicht zu unterdrücken, sondern im Hier und Jetzt zu leben: Ausgeprägte Orientierung an kruden Erlebnissen
- Suche nach starken Reizen, Spaß an Tabuverletzung und Provokation, demonstrative Unangepasstheit; häufig Identifikation mit antibürgerlichen, „krassen" Szenen und Gruppen (Fankulturen, Hardrockbands, Motorradclubs etc.). Nostalgisches Tradieren „großer Ereignisse": 90s-Trash-Party, div. Motorradtreffen, Hard-Rock/Heavy-Metal/Gothic-Metal-/Dark-Metal-Konzerte (legendär: Wacken)
- Beheimatung in subkulturellen Szenen. Breites Spektrum an expressiven Ausdrucksweisen mit hoher Symbolkraft (Rasta – Irokese – Skin – Gothic – Metal – EMO u.a.)
- Den Werten, Moralvorstellungen, Vorschriften und Vorhaltungen der angepassten spießbürgerlichen Welt setzt man sich möglichst nicht aus. Präferenz für Jobs mit hohem Erlebniswert, freier Zeiteinteilung, hohem Selbstbestimmungsgrad (oft Gelegenheitsjobs, Zeitarbeit)
- Nur ungern liefert man sich dem Druck und der Kontrolle der Arbeitswelt aus: Sehnsucht nach einer beruflichen Tätigkeit, die den eigenen Bedürfnissen entspricht (DJ, Surftrainer, Animateur an Urlaubszielen). Meist aber „normale" Jobs, zu denen man eine äußere Distanz braucht, um damit zurechtzukommen (dann ist der Job notwendiges Übel zum Geldverdienen): Das eigentliche Leben findet in der Freizeit statt
- Wohlfahrtsstaatliche Einrichtungen (Jugendamt, Sozialhilfeamt, Bundesagentur für Arbeit u.a.) werden wahrgenommen als autoritäre Instanzen mit arrogantem Personal, von dem man diskriminiert wird. Projektion und Erfahrung, dass sich Mitarbeiter von Behörden ih-

nen überlegen fühlen, einige sich als Richter ihrer Moral und ihres Lebensstils aufspielen, Vorschriften manchen und ihre Freizeit und Selbstbestimmtheit bedrohen
– Tendenz zu ungewöhnlichen Hobbys

Alltagsphilosophie

– Die eigene Freiheit leben!
– Echt und authentisch ist man nur im Kreis von Gleichgesinnten
– Krass *und* cool sein; sich verweigern; sich nicht einspannen lassen

Ausstrahlung

– Leben in Szenen
– Außenorientierung: von Kopf bis Fuß „konsequent" und „radikal" den eigenen Look durchziehen
– Null-Bock-Generation – die aber auf anderem Terrain enorme Aktivitäten entwickeln kann

Expeditive

1) Kreative Avantgarde

> Die hoch gebildete, mobile, unkonventionelle Avantgarde, auf der Suche nach Veränderungen und neuen Grenzen. Individualistische Vision von einer Welt der Kreativität, Toleranz, Umweltfreundlichkeit und Weiterentwicklung (i. w. S.). Anspruch, dass die eigene (berufliche) Tätigkeit neue Erfahrungen und Perspektiven eröffnet – jenseits von finanziellem Gewinn.

Grundorientierung

- „Aufbruch" von Denk- und Lebensmustern: nicht bereit, im Mainstream mitzuschwimmen und sich treiben zu lassen, sondern der Wille, aktiv neue, eigene Wege zu gehen
- Überzeugung, dass für das eigene eigentliche Leben die etablierten Systeme und Organisationen notwendig sind, dass sich aber der Einzelne von vorgegebenen Plattformen, Regeln und Konventionen (innerlich) immer wieder emanzipieren muss, um neue Wege zu denken und zu gehen. Das verlangt anspruchsvolles Selbstmanagement und hohen Leistungsanspruch: Grenzgänge zwischen dem Konventionellen und Riskanten. „Provokateure" im wörtlichen Sinn
- „Grenzarbeiter" zwischen Spannung und Zerstreuung: thematisch und stilistisch die Grenzen des Gewohnten, Bewährten, Akzeptierten, Normalen überschreiten; dabei auch persönlich an die kognitiven, emotionalen, physischen Grenzen gehen. Andererseits sich Phasen der Entspannung und Zerstreuung gönnen; sich treiben lassen: Flaneure und urbane Vagabunden in den Passagen der Gegenwart. Selbstbewusstsein als individualistische Vor- und Querdenker
- Im Gegensatz zu Postmateriellen keine normative Botschaft für die ganze Gesellschaft, im Unterschied zu Arriviert-Kosmopolitischen nicht die Haltung als überlegene (die Lösung kennende) Ratgeber, in Abgrenzung zu den Liberalen Performern nicht die Fokussierung auf ökonomischen Erfolg, sondern die Einstellung, ohne den „fertigen Weltentwurf", ohne „die Lösung" und ohne Effizienzkalkül sich weiterzuentwickeln: bei und mit einigen Aufgeschlossenen etwas bewegen mit offenem Ausgang. Die Zukunft ist offen und vielfältig; es gilt nicht das *Entweder-oder*, sondern das *Sowohl-als-auch*
- Spezifisches Werteprofil: Beharrlichkeit, hart arbeiten: intellektuell, körperlich, emotional; Spannungen erzeugen; wissenschaftliche und praktische Kreativität: postmoderne intellektuell inspirierte Pragmatik

Alltagsphilosophie

- Das Außeralltägliche, Unwahrscheinliche denken und wagen
- Sich durch – zustimmende oder ablehnende – Geschmacks- und Moralurteile weder beirren noch „fangen" lassen
- Im spezifisch eigenen Projekt Grenzen überschreiten und sich schutzlos auf unbekanntes Terrain begeben (zentrifugal). Im Alltag aber „normal sein"; einfache gute Freundschaften pflegen: unaufgeregt und schlicht

Ausstrahlung

- Begeistert, tolerant, offen – aber mit Tabuzone
- „Spannend" und „schräg" im Denken und Tun: Freigeist, unabhängig und passioniert, risikobereit
- Im Outfit teilweise schlicht, teilweise demonstrativ nonkonformistisch; im Habitus unprätentiös und unaufgeregt

2) Experimentalisten

Junge urbane Boheme; postmoderne Selbsterfinder: Jäger und Entdecker neuer Welten und Identität(en). Flaneure und kreative Vagabunden in den pulsierenden Metropolen; stets auf der Suche nach dem Glück spannender Momente und Begegnungen.

Grundorientierung

- Sich für ungewöhnliche, auch extreme und skurrile Ideen, Weltanschauungen, Perspektiven und Ausdrucksformen interessieren und begeistern: neue experimentelle Musik verschiedener Provenienz (Jazz, Klassik, Independent), Malerei und Fotografie, Esoterik, Buddhismus; Öko-Kommune, Graswurzel-Kommunitarismus. Sympathie für „Radikales" im eigentlichen und positiven Sinne des Wortes: durch Grenzgänge zu den Ursprüngen und Wurzeln gelangen
- Ausgeprägter Wunsch nach kompromissloser Liberalisierung, Demokratisierung und öffentlicher Transparenz. Sympathie für die „Piratenpartei" ebenso wie für WikiLeaks
- Aufgrund biografischer Brüche, materieller Unsicherheit und unsteter Beschäftigungsverhältnisse teilweise das Lebensgefühl von Heimatlosigkeit als notorischer Dauerzustand: „Auf der Reise sein" ist beglückende Identität und Belastung zugleich
- Anders als die „Kritische Avantgarde" spüren Experimentalisten stärker ihre geringeren Chancen auf dem normalen Arbeitsmarkt. Keine klassische Karriereorientierung trotz hoher Bildungsabschlüsse. Experimentalisten sind meist nicht bereit, sich dauerhaft strengen, fremdbestimmten, in ihren Freizeitbereich hineinragenden beruflichen Zwängen anzupassen oder auszuliefern. In keinem Milieu ist die Statusinkonsistenz so hoch wie bei Experimentalisten: z. B. hohe berufliche Bildung (Studium), aber beruflich häufig tätig in befristeten und schlecht bezahlten Arbeitsverhältnissen
- Sie nehmen das eigene Leben als Spagat wahr zwischen ökonomischen Zwängen und eigenen Visionen. Bei Älteren Frustration aufgrund aufgezwungenen Konsumverzichts und geringer Sicherheiten trotz vieler Jahre der Berufstätigkeit. Pragmatismus im beruflichen Alltag (Gefühl von Entfremdung); teilweise Rückzug in eine subkulturelle Gegenwelt mit eigenen Gesetzmäßigkeiten, Werten, Umgangsformen
- Mit Distanz zum konventionellen und neuen Mainstream (Bürgerliche Mitte, Performer) wird ihr eigener, vormals nur auf Lebensstilunverträglichkeiten gründender Gegensatz im Sinne eines weltanschaulich begründeten Gegenentwurfs überhöht: Kampf dem Leistungs-

terror, der neoliberalen Wirtschaftsideologie, dem unmenschlichen Effizienzdenken und der sozialen Kälte des neoliberalen Systems: So entwickelt sich eine Counter-Culture gut gebildeter Frauen und Männer
- In diesem Segment sammeln sich (mehr oder weniger enttäuschte) Idealisten. Abkehr vom herrschenden Konsum-Materialismus, radikale Subjektivität mit eigenen kreativen Produkten (Musik, Kunst, Sport). Materiell unkomfortabel ausgestattet mit geringen Rücklagen (oft nur die Eltern als Sicherheit) richten sie sich auf einem niedrigen Subsistenzniveau ein; führen ein Doppelleben zwischen Pflicht und Kür

Alltagsphilosophie

- Kein Tag ist wie der andere – die Welt und sich selbst immer wieder neu und anders sehen, finden, erfinden
- Im Tiefsten ist jeder einzigartig, ein eigener Kosmos. Nur an wenige Gleichgesinnte gibt es Anschlüsse, echte Verständigung und Verbundenheit
- Abgrenzung von allem, was die Masse mag, wohin die Massen strömen, was in den Mainstream-Medien verbreitet wird (hat seine „originelle Unschuld" verloren)

Ausstrahlung

- Selbstbewusst, lässig, unstet, kreativ
- Bewusst lässige, auch abgetragene Kleidung: sich aus Geschmacksurteilen anderer nichts machen
- Schwer für andere Lebenswelten zu „erreichen"

8 Methodologie

8.1 Forschungsprogramm zum soziokulturellen Wandel

Methodologie sozialwissenschaftlicher Forschungsprogramme

Der erkenntnistheoretische Hintergrund und das methodologische Vorgehen der vorliegenden Studien und Befunde basieren auf der Wissenschaftstheorie von Imre Lakatos, einem Schüler von Karl Raimund Popper: Lakatos (1977, 1982) entwickelte vor dem Hintergrund der wissenschaftstheoretischen Auseinandersetzung zwischen Poppers kritischem Rationalismus und Thomas S. Kuhns sozialpsychologischer Theorie wissenschaftlicher Revolutionen eine „Methodologie wissenschaftlicher Forschungsprogramme", an der sich unsere fortlaufende Überprüfung des Milieumodells orientiert.

Zentral ist dabei die Abgrenzung vom „naiven" Falsifikationismus, nach der eine Theorie oder ein Modell aufgegeben werden muss, wenn sie von empirischen Resultaten (z.B. auf Basis einer einzigen Stichprobe) widerlegt wird. Vielmehr werden nach der Methodologie wissenschaftlicher Forschungsprogramme auch bei empirisch widersprechenden Daten die Grundüberzeugungen, die den Kern des Forschungsprogramms und des jeweiligen Modells bilden, beibehalten und zunächst nur die über den Kern hinausgehenden Zusatzannahmen modifiziert.

Das heißt: Die Grundannahmen, die hinter unserem aktuell gültigen Milieumodell stehen, werden erst dann aufgegeben, wenn ein besseres Milieumodell vorhanden ist, das einen Gehaltsüberschuss gegenüber dem Vorgängermodell aufweist. Konkret: Wenn empirische Befunde von den Basisbeschreibungen eines Milieus dauerhaft und systematisch abweichen, werden zunächst die Beschreibungen angepasst. Wenn die empirischen Befunde auf Dauer nicht mit dem Gesamtmodell vereinbar sind, werden Hypothesen formuliert, die das gesamte Modell betreffen: Einteilung und Benennung der Achsen im Positionierungsmodell, Anzahl der Milieus, Milieucharakterisierung, Milieubezeichnung, Größe und Positionierung der Milieus im Modell und in Relation zueinander.

Kein Modell ist aus empirischen Daten kausal und eineindeutig ableitbar. Der Wissenschaftstheoretiker Willard van Orman Quine (2001) nennt dies „Unterdeterminiertheit einer Theorie". Damit ist gemeint, dass zu denselben Elementarsätzen verschiedene Theorien und Modelle kompatibel sind. Das öffnet nicht der Beliebigkeit oder laxer Empirie Tor und Tür, sondern reflektiert das Verhältnis von Daten und Modellen. Es verlangt vom Forscher, als Rekonstrukteur von Gesellschaft, sich nicht frühzeitig auf ein Modell festzulegen, sondern alternative Konfigurationen mitzubedenken. Auf Quines These gründet die Maxime einer auf Modellbildung ausgerichteten Forschung, ihre Daten so zu erheben, dass der „Sprung" von den Daten zum Modell möglichst klein ist. Das bedeutet aber auch, dass sich kein theoretisches Modell analytisch aus den Daten ableiten ließe. Ohne Interpretation, die jedoch kontrolliert und nachvollziehbar sein muss, gibt es kein empirisch begründetes Gesellschaftsmodell.

Dafür ist Multiperspektivität durch verschiedene Theorie- und Datenreferenzen hilfreich.[89] Solche Multiperspektivität ist wichtig bei einer Erstmodellierung, aber auch im Prozess der kontinuierlichen Überprüfung eines Modells. Im Gegensatz zu den Naturwissenschaften, vor deren Erfahrungshintergrund die meisten wissenschaftstheoretischen Thesen entwickelt wurden, befindet sich in den Sozialwissenschaften der Gegenstandsbereich selbst in permanenter Veränderung: Es ist eine triviale Erkenntnis, dass sich die Gesellschaft durch den technologischen, demografischen und soziokulturellen Wandel verändert – aber die Konsequenz ist, dass sozialwissenschaftliche Forschung nicht nur die Aufgabe hat, ihre Modelle zu optimieren, sondern auch, sie ständig an die veränderte Wirklichkeit anzupassen.

Es geht also nicht primär um die immer präzisere Messung sozialer Tatbestände, sondern um die möglichst zeitnahe Erfassung und Beschreibung von sozialem Wandel und seinen Konsequenzen. Doch Wandel erfolgt nicht nur in Schüben, bewegt nicht alle „Scharniere" einer Gesellschaft gleichzeitig, manifestiert sich nicht nur in großen Ereignissen. Insofern sind feine Instrumente notwendig, um auch die *weak signals* zu identifizieren, Hypothesen zu formulieren und diese empirisch zu verfolgen. Multiperspektivität erfordert somit unbedingt ein breites Portfolio empirischer Methoden und Instrumente.

Es ist die zentrale – und im Grunde banale – Erkenntnis, dass Lebenswelten so komplex sind, dass eine einzelne Ad-hoc-Studie diese gar nicht suffizient begreifen und messen kann. Mit jeder einzelnen Dimension einer Lebenswelt (z. B. Wertorientierungen) kann – und muss – man sich so intensiv und extensiv ausführlich beschäftigen, dass ein mehrstündiges Einzelinterview, eine dreistündige Gruppendiskussion oder ein 30-Minuten-Interview gefüllt wäre. Entscheidend für eine Lebenswelt sind die Tiefendimensionen eines Aspekts, aber auch seine Verweisungszusammenhänge. Es wäre vermessen und eine Überhebung, wollte eine einzelne Ad-hoc-Studie beanspruchen, die Struktur und Kultur eines Milieus erschöpfend zu behandeln bzw. die Milieulandschaft umfassend zu beschreiben. In der Lebensweltforschung sind Soziologen und Sozialpsychologen notwendig auf eine Vielzahl sich ergänzender Untersuchungen angewiesen. Im Milieu-Forschungsprogramm des DELTA-Instituts werfen die verschiedenen Ad-hoc-Auftragsstudien sowie die hauseigenen Programmstudien verschiedene Lichter auf die Milieulandschaft. Basisthemen verzahnen sich mit spezifischen Fragestellungen und Facetten und erzeugen im Prozess der kontinuierlichen Analyse ein näherungsweise ganzheitliches Bild.

Im Kaleidoskop dieser Untersuchungen gibt es jene Basisthemen (Alltagsleben, Werte, Lebensstil, Alltagsästhetik) sowie die lebensweltlichen Manifestationen. Dabei ist es eine wichtige Erkenntnis, dass man an die Basisthemen oft nur über die Manifestationen herankommt. Eine Frage etwa zur Zustimmung nach isoliert abgefragten *Werten* (Pflicht, Selbstverwirklichung, Genuss u. a.) erzeugt unter Umständen lediglich Artefakte, weil sie keine Anbindung haben. Zum wirklichen Verstehen ist die Erfassung des Bedeutungshorizonts elementar. Beispielsweise zeigen die sozialen Milieus „Konservative" und „Performer" in Bezug auf den Wert „Pflicht" jeweils eine überdurchschnittliche Zustimmung – aber das allein dringt nicht in

---

89 Siehe dazu auch das folgende Kapitel „Triangulation".

den soziokulturellen Kern beider Milieus vor. Entscheidend ist, in welcher *Beziehung* der Wert Pflicht zu anderen Werten steht (ist er Selbstzweck oder Funktion für etwas anderes?), wie das *semantische Begriffsverständnis* ist und welche *alltagsbezogenen Konnotationen* mit ihm verbunden sind – und schließlich und eigentlich: welche Wertearchitektur die einzelnen Milieus haben. Dasselbe gilt für den *Lebensstil:* Welche Gewohnheiten und Routinen, Rituale und Symbole zeigen die Menschen im Alltag? Es ist evident, dass „Lebensstil" sich nur über *konkretes* Verhalten erfassen lässt. Dazu bedarf es der differenzierten und fokussierten Analyse verschiedener Situationen, Orte und auch Vergemeinschaftungsformen. Das Paradoxon ist: Nur in dieser Vertiefung und Differenzierung gelingt eine möglichst ganzheitliche Analyse der Lebenswelten.

Triangulation

Gemäß der Methodologie sozialwissenschaftlicher Forschungsprogramme kann eine einzige empirische Untersuchung eine Theorie bzw. ein Modell weder suffizient konstituieren noch es (endgültig) widerlegen. Es bedarf eines breiten Spektrums an Methoden, Daten und Theorien, um ein möglichst umfassendes Bild vom Untersuchungsgegenstand zu bekommen.[90] Was ist Triangulation? Triangulation ist kein spezifisches Messinstrument und erschöpft sich nicht in der Verbindung verschiedener Methoden. Es ist vielmehr ein methodologisches Konzept, das fordert, an den Untersuchungsgegenstand mit unterschiedlichen Perspektiven heranzugehen. Ziel war zu Beginn die Überprüfung und Validierung von Befunden von Untersuchungen mit anderen Methoden und Daten. In einem intensiven Methodenstreit bestand bald Konsens darüber, dass ein Befund durch die Überprüfung mit anderen Methoden nicht widerlegt werden kann, weil jede Methode einen spezifischen Blickwinkel auf den Forschungsgegenstand wirft und selbst „blinde Flecken" hat. Insofern geht es heute nicht mehr um Falsifikation, sondern um Anreicherung und Verdichtung von Erkenntnissen. Ihr Potenzial einer umfassenderen Erkenntnis entfaltet sie in der Verknüpfung von Daten, Methoden und Theorien unterschiedlicher Provenienz.[91]

Entstanden ist das Konzept der Triangulation bereits in den 1950er/1960er Jahren im Kontext erkenntnistheoretischer und wissenschaftssoziologischer Diskurse. Die kritische Frage damals wie heute ist: Wird der Forschungsgegenstand durch die eingesetzten Methoden verfälscht? Damit ist nicht die Reliabilität (Zuverlässigkeit) einzelner Forschungsinstrumente gemeint, sondern ihr obstrusives Einflusspotenzial auf den Gegenstand selbst. Diskutiert wurde dies u. a. unter dem Label „Reaktivität von Messverfahren". Vor allem das Frankfurter Institut für Sozialforschung hat die kritische Reflexion des Zusammenhangs von Methoden und Befunden bzw. des präjudizierenden Einflusses der Methoden auf den Forschungsgegenstand selbst immer wieder angemahnt und diskutiert. Inzwischen wird die Frage der Reaktivität

---

90 Diese Einsicht ist in der akademischen Lebenswelt- und Milieuforschung zum Teil theoretisch vorhanden, nicht jedoch in der empirischen Forschungspraxis.
91 Vgl. Denzin 1970, 1989, 2000; Hammersley 1983; Silverman 1985; Fielding/Fielding 1986; Flick 2004.

über die Forschungsinstrumente hinaus auch auf andere Aspekte bezogen. Triangulation im aktuellen sozialwissenschaftlichen Kontext bezieht sich auf:

- Daten: Durch Einbeziehen verschiedener Datenquellen mit denselben Methoden wird ein höheres Maß an Erkenntnis und Suffizienz erzielt: Das Erkenntnispotenzial der Methode wird ausgeschöpft; der Befund ist nicht abhängig von nur einer kontingenten Datenquelle[92]
- Forschungspersonen: Einsatz verschiedener Interviewer und Beobachter bei der Erhebung sowie von Analysten bei der Auswertung[93]
- Forschungsmethoden: Einsatz verschiedener Methoden für denselben Gegenstandsbereich. Damit ist nicht die naiv-pragmatische Kombination von Methoden gemeint, sondern der bewusste, kritische Prozess der Methodenauswahl und Reflexion über den Einfluss der Methode auf den Untersuchungsgegenstand und Befund (vgl. Flick 2004, S. 16)
- Theorien: Damit der empirische Befund unabhängig ist von der soziologischen Theorie bzw. einem Paradigma, sollen auch andere Theorien herangezogen werden. Das gründet in der Annahme, dass der Gegenstand nicht nur durch die eingesetzte Methode konstituiert wird, sondern auch durch die dahinterstehende Theorie. Insofern geht es darum, (1) die theoretischen Vorannahmen explizit zu machen und (2) bewusst auch andere theoretische Modelle heranzuziehen. Das sind in unserer Milieuforschung zum Beispiel (scheinbar) inkompatible Theorien wie die Phänomenologie und Systemtheorie. Es können aber auch Theorien verschiedener Ebenen, Reichweiten und Provenienz sein[94]

Ziel der Triangulation ist also nicht die Überprüfung einer Studie durch den Einsatz anderer Methoden, sondern eine „umfassendere Gegenstandsabbildung durch die eingesetzte Methodenvielfalt" (Flick 2004, S. 19). Das meint zum einen die additive Ergänzung und Anreicherung der Befunde; zum anderen die Konstitution eines wechselseitig nutzbaren Interpretationshintergrunds qualitativer und quantitativer Daten. Insofern korrespondiert die Methodologie der Triangulation mit der ganzheitlichen Heuristik der Lebensweltforschung.

Grounded Theory

Für unsere Analyse der Lebenswelten ist die *Grounded Theory* das grundlegende Verfahren. Diese von Barney Glaser und Anselm Strauss, die in der Tradition der Chicagoer School stehen, unter dem Titel *The Discovery of Grounded Theory* (1967) umfassend dokumentierte Forschungsprogrammatik ist nicht zu verstehen als ein präskriptives Verfahren in Form einer Checkliste. Vielmehr ist die Grounded Theory eine konzeptionell verdichtete, methodologisch

---

92 Davon abgegrenzt ist die Verwendung unterschiedlicher Methoden zur Hervorbringung von Daten.
93 Damit ist nicht Arbeitsteilung gemeint und auch nicht die Delegation von Teilaufgaben an wissenschaftliche Hilfskräfte, sondern die kontrollierte, gezielte und wenn möglich systematische Einbeziehung von Forschern.
94 Dazu gehören mikro- und makrosoziologische Gesellschaftstheorien und deren Bezüge (Di Fabio 1991), Theorien mittlerer Reichweite (sogenannte Bindestrich-Soziologien: Familien-Soziologie, Jugend-Soziologie, Kultur-Soziologie, Technik-Soziologie, Konsum-Soziologie u.v.m.) sowie Ansätze aus Parallelwissenschaften wie der Pädagogik, Psychologie, Therapie, Medizin, Ökonomie und Kommunikations- und Medienwissenschaft.

begründete und in sich konsistente Sammlung von Vorschlägen, die sich für die Erzeugung gehaltvoller Theorien über sozialwissenschaftliche Gegenstandsbereiche als nützlich erwiesen hat. Die Grounded Theory ist ein Gegenentwurf zum oft praktizierten Vorgehen in der konventionellen Forschung, zunächst alle Daten zu sammeln, nach Abschluss der Feldphase die Daten zu sortieren, zu codieren, zu analysieren, dann Thesen zu formulieren, eventuell ein Modell zu konzipieren bzw. eine Theorie zu entwickeln, die im letzten Schritt des Berichtschreibens dokumentiert wird. Dagegen ist die Grounded Theory strukturell darauf angelegt, Datenerhebung, Datenanalyse, Thesen-, Modell- und Theoriebildung und Berichtstellung eng miteinander zu verzahnen, den Prozess als sukzessives Forschungshandeln anzulegen und so lange durchzuführen, bis durch neue Daten und Analyseschritte die Theorie bzw. das Modell nicht mehr substanziell im Kern bezweifelt oder ergänzt wird. Hintergrund ist die Erkenntnis von Vertretern der Ethnomethodologie (Garfinkel) und Wissenssoziologie (Mannheim), dass die Sozialwissenschaft bei der hermeneutischen Rekonstruktion der sozialen Wirklichkeit implizit auf Regeln und Kompetenzen zurückgreift (zurückgreifen muss), die die Menschen intuitiv in ihrem Alltagshandeln anwenden. Dieser in den 1960ern als Provokation empfundene Gedanke, der zum Teil erhebliche Aggression auslöste, gehört heute zum Grundbestand qualitativer hermeneutischer Methodologie:

„Wenn sich methodische Kontrolle und methodologische Reflexion in der Weise vollzieht, dass wir die Verfahrensweisen und Methoden der Interpretation rekonstruieren, die gleichermaßen im Alltag derjenigen, die Gegenstand der Forschung sind, wie im Alltag der Forschenden selbst zur Anwendung gelangen, so lassen sich in dieser Hinsicht – d. h. in Bezug auf diese Methoden und Kompetenzen – Ansprüche auf eine erkenntnislogische Differenz zwischen alltäglicher und wissenschaftlicher Interpretation im Sinne einer prinzipiellen Überlegenheit letzterer nicht mehr aufrechthalten." (Bohnsack 2007, S. 26)

In Bezug auf die Basisregeln und Basiskompetenzen (Habermas spricht in diesem Zusammenhang von „pragmatischen Universalien" als Bedingungen der Möglichkeiten kommunikativer Verständigung) besteht kein grundlegender Unterschied zwischen der sozialwissenschaftlichen Hermeneutik und der im natürlichen Alltag praktizierten Hermeneutik. Es gibt aber einen Unterschied zwischen wissenschaftlicher und alltäglicher Vorgehensweise, nämlich dass die Wissenschaft ihr rekonstruktives Verfahren und ihre Voreinstellungen reflektieren und kontrollieren muss. Das ist die (methodologische) Rekonstruktion der (methodischen) Rekonstruktion der (alltagsnatürlichen) Konstruktion von sozialer Wirklichkeit – und insofern ein selbstreflexives Verfahren.
Für die Grounded Theory ist die Einsicht elementar, dass es einen untrennbaren Zusammenhang von Theorie und Beobachtung bzw. von Theorie und Erfahrung gibt. Dieser hermeneutische Zirkel ist konstitutiv für jedes Verstehen: Wir nehmen – im Alltag wie in der Wissenschaft – Beobachtungen und Erzählungen immer und notwendig selektiv im Horizont einer Theorie wahr. Umgekehrt wird eine Theorie und eine modellhafte Vorstellung nur durch vorgängige Erfahrungen inhaltlich greifbar und relevant. Weil Daten in der empirischen Sozi-

alforschung, vor allem bei Instrumenten der qualitativen Feldforschung, immer theoriegetränkt und theoriegeleitet sind, sollten Datenerhebung und Datenanalyse nicht künstlich getrennt, sondern ihre Verzahnung methodisch systematisch eingesetzt und kontrolliert werden. Folgt man diesem Gedanken konsequent, dann ist Erkenntnisfortschritt nur denkbar, wenn man aus dem Zirkel aussteigt und in einen anderen Zirkel einsteigt. Bei gleicher gegebener Datenlage wird eine Theorie (bzw. ein Milieumodell) also nicht falsifiziert, sondern durch eine andere Theorie (ein neues Milieumodell bzw. ein Milieu-Update) ersetzt, die gleichermaßen plausibel erscheint und noch enger mit den Daten korrespondiert. Glaser/Strauss fordern, dass der gesamte Forschungsprozess auf Theoriegenerierung bzw. Modellbildung hin orientiert sein soll. Es geht also in der sozialwissenschaftlichen Lebensweltforschung nicht um die Frage der Falsifikation eines aktuell gültigen Milieumodells, denn dieses lässt sich nicht falsifizieren. Vielmehr geht es um die Entwicklung eines hypothetisch alternativen Modells mit der Frage, ob dieses an die Stelle des bisherigen treten könnte, also mehr zum Verstehen der Sozialstruktur und der Alltagskulturen beiträgt als das bisher gültige Milieumodell. Solches lässt sich nicht durch eine einzelne Ad-hoc-Studie validieren, sondern wird durch mehrere unabhängige qualitative und quantitative Studien geprüft.

Die Arbeitsschritte der Datensammlung und Modellierung sind also im Erkenntnisprozess keine getrennten Phasen, sondern rekursiv und miteinander verzahnt: Auf die Datenerhebung folgt eine erste Modellbildung, die als Hypothese empirisch überprüft wird, was i.d.R. zur Modifikation des Modells führt. So werden sukzessiv Hypothesen generiert und überprüft, bis eine gesättigte Theorie bzw. ein robustes Modell entwickelt ist.[95]

Aus der Verzahnung von Datensammlung und Analyse folgt ein wichtiges Grundprinzip, das ebenfalls auf Glaser/Strauss zurückgeht: Möglichst früh mit dem Schreiben beginnen. Die Berichtlegung ist *kein isolierter Akt nach der Analyse,* sondern elementarer Bestandteil der Analyse und dort wichtiges Instrument: Das Aufschreiben der einzelnen (ersten) Befunde, ihrer Interpretation und ihrer Transformation in einen theoretischen Rahmen ist für den Forscher ein Prozess der Klärung und Strukturierung. Unbedingt haben diese ersten Befunde den Status von begründeten *Hypothesen*. In weiteren Analysen neuer Fälle stellen die ersten Hypothesen den Deutungshorizont dar, der aber auch zur Disposition gestellt und modifiziert wird, gegebenenfalls durch eine ganz andere Perspektive ersetzt wird. Damit geht der Forscher im Fortgang der Untersuchung immer wieder auf das Datenmaterial der ersten Explorationen zurück und interpretiert sie neu im Lichte der überarbeiteten und aufgeschriebenen Befunde. Analysieren und Aufschreiben bilden nicht nur eine Einheit, sondern sind ein Akt permanenten Entwerfens, (Re-)Strukturierens und (Re-)Formulierens. Dieser findet einen Abschluss durch die Feststellung, dass sich die Hypothesen durch weitere Interviews oder analytische Blickwinkel nicht mehr substanziell verändern.

---

[95] Vgl. Glaser/Strauss 1967, 1979; Corbin/Strauss 1990; Glaser 1992; Strauss 1994; Strauss/Corbin 1996; Strübing 2004. Die Methodologie der Grounded Theory ist an diesem Punkt bei uns eng verknüpft mit der erkenntnistheoretischen „Methodologie wissenschaftlicher Forschungsprogramme".

Hermeneutische Rekonstruktion

Kern unserer qualitativen Datenanalyse ist die sozialwissenschaftliche Hermeneutik nach der Methodologie von Soeffner/Hitzler (1994). Diese sozialwissenschaftliche Auslegung des Alltags (Soeffner 1981 1988 1989) rekonstruiert am einzelnen Fall die subjektive Auslegung des Alltags im Kontext objektiver Lebensumstände und zielt darauf, in der individuellen Konfiguration das Typische zu identifizieren.

„Sozialwissenschaftliche Auslegung ist notwendigerweise exemplarische Arbeit am Fall. Sie vollzieht sich auf zwei Ebenen: 1. im Aufsuchen, Erproben und Absichern ihrer Interpretationsregeln und ihrer Verfahren; 2. in der Rekonstruktion einer Fallstruktur, in der sie Bedingungen und Konstitutionsregeln sozialer Erscheinungen und Gebilde in ihrer Konkretion, ihrer konkreten Wirksamkeit und Veränderbarkeit sichtbar macht. Dabei sollen einerseits der Fall in seiner Besonderheit und die Bedingungen seiner Individuierung sichtbar werden [...]. Andererseits sollen diese Typik und Vergleichbarkeit aus der Analyse der Formen und Strukturen der Typenbildung und -veränderung entwickelt und ‚erklärt' werden.
Ziel der Analyse ist die Rekonstruktion eines objektivierten Typus sozialen Handelns in seinen konkreten, fallspezifischen Ausprägungen. Dieser objektivierte Typus ist insofern ‚Idealtypus', als er mit dem Zweck konstruiert wird, einerseits gegenüber der Empirie insofern systematisch unrecht zu haben, als er das Besondere im Einzelfall nur unzulänglich wiedergibt, andererseits aber gerade dadurch dem Einzelfall zu seinem Recht zu verhelfen, daß er das historisch Besondere vor dem Hintergrund struktureller Allgemeinheit sichtbar abhebt [...]. Die Einzelfallanalysen dienen so der schrittweisen Entdeckung allgemeiner Strukturen sozialen Handelns."[96] (Soeffner/Hitzler 1994, S. 111)

Darüber hinaus umfasst unser Methodenspektrum verschiedene hermeneutische Teildisziplinen wie die Inhaltsanalyse, Motivanalyse, Deutungsmusteranalyse[97], wissenssoziologische Hermeneutik[98], biografische Selbstpräsentation[99], ethnografische Semantik[100], struktural-her-

---

96 Soeffner/Hitzler 1994, S. 111.
97 Vgl. Knorr-Cetina 1984; Heinze 1987; Lamnek 1988; Lüders 1991, 1994; Lüders/Meuser 1997.
98 Bei der wissenssoziologischen Hermeneutik geht es stets um die rationale Rekonstruktion des Typischen, das sich ja nur im Besonderen, d.h. im Einzelfall, als Repräsentant des Typus zeigt, d.h., es geht um die Rekonstruktion des typischen, subjektiv gemeinten Sinns (vgl. Schütz 1972; Soeffner 1989, Schröer 1997).
99 Weil durch den Prozess gesellschaftlicher Pluralisierung und Individualisierung der Einzelne zur Rekonstruktion und Formulierung seiner Identität (Wer bin ich? Wie bin ich geworden, wer ich bin?) herausgefordert ist, kommt biografischen Methoden eine hohe Relevanz zu, um die Selbstverortung und Selbstinszenierung des Einzelnen aus seiner subjektiven Perspektive zu verstehen. In der biografischen Erzählung manifestiert sich die aktuelle Selbstverortung und Grundorientierung des Einzelnen. Weil dieser immer auch typischer Repräsentant einer Lebenswelt ist, zeigen sich in biografischen Selbstpräsentationen auch Strukturen und kulturelle Grundmuster seiner Lebenswelt. Dazu sind bereits in der Erhebungsphase narrative Interviewformen notwendig (vgl. Schütze 1977, 1983, 1984; Rosenthal 1995).
100 Die ethnografische Semantik steht in der Tradition von Ethnologie, Kulturanthropologie und Ethnografie. Dabei geht es – verkürzt gesagt – darum, das Fremde in der Nähe zu entdecken und zu beschreiben (vgl. Honer 1989, 1993; Maeder/Brosziewski 1997).

meneutische Symbolanalyse[101] u.a. Diese unterscheiden sich vor allem durch ihren Fokus, sind aber keineswegs streng voneinander getrennt.

Tiefenstruktur und Oberfläche

Das Bestreben unserer Lebensweltforschung ist, hinter die Fassade der Befunde, so wie sie sich zunächst präsentieren, zu blicken, in den „tieferen Schichten" zu graben und die hintergründigen Überzeugungen, Motive und Verfassungen zu entdecken. Andererseits und gleichzeitig ist die Oberfläche der Phänomene nicht wertlose Akzidenz. Vielmehr gibt die Oberfläche, das Design selbst, eine wichtige Auskunft über die „Seele" der Gesellschaft und ihrer Subkulturen. Sie findet schon bei Georg Simmel ihre entsprechende Würdigung, wenn er beschreibt,

> *„... dass sich von jedem Punkt an der Oberfläche des Daseins, so sehr er nur in und aus dieser erwachsen scheint, ein Senkblei in die Tiefe der Seele schicken lässt, dass alle banalsten Äußerlichkeiten schließlich durch Richtungslinien mit den letzten Entscheidungen über den Sinn und Stil des Lebens verbunden sind."*
> (Georg Simmel: Die Gross-Städte und das Geistesleben, 1903, S. 195)[102]

Aus diesem Grund sind Alltagsästhetik und Semiologie zentrale Erhebungs- und Analysefelder. Praktisch ist daher die intensive Untersuchung von Stilpräferenzen, ihre Dokumentation in Form von Bildern und Videosequenzen und die Decodierung der milieuspezifischen Wohnästhetik fester Bestand der Lebensweltforschung. Durch diese Koppelung von Designforschung und semiologischer Analyse können die verschiedenen Zeichen, die uns im Alltag begegnen (von Naturbildern, Stadtvierteln, Hausansichten bis hin zu Werbung, Mailings, TV-Formaten oder dem Visual Merchandising), sowie die nonverbalen Ausdrucksformen hinsichtlich ihrer semantischen und ästhetischen Bedeutung und Wirkung analysiert werden. Das führt direkt zu einem Kernphänomen des soziokulturellen Wandels. Waren Informationen bis in die späten 80er Jahre primär verbal codiert, wird diese verbale Codierung heute fast immer von ästhetischen Codes überlagert. Die multimedialen Möglichkeiten haben nicht nur in Unternehmen den Zwang zur „sinnlichen" Präsentation durchgesetzt, sondern durchziehen das gesamte Alltagsleben der jüngeren Lebenswelten. Um diese richtig zu verstehen, genügt es deshalb nicht, verschriftete Protokolle von Interviews oder Gruppendiskussionen zu lesen. Man versteht diese Milieus nur dann wirklich, wenn man auch ihre ästhetischen Expressionen erfasst und dechiffriert. Im Alltag junger Lebenswelten muss Kommunikation immer auch sinnästhetisch präsentiert werden, damit sie überhaupt rezipiert, verstanden und

---

101 Vgl. Barthes 1981; Müller-Doohm 1993, 1997; Huber 2004. Dieses Verfahren wird v.a. zur Analyse der „Kreationen" in milieurekrutierten Gruppenwerkstätten eingesetzt, z.B. von Collagen, Tagebüchern, Psychodrawings, Skulpturenbau u.a.

102 Für den Hinweis auf dieses Simmel-Zitat danke ich herzlich meinem Kollegen und Freund Matthias Sellmann.

akzeptiert wird. Darin manifestiert sich ein tiefgreifender soziokultureller Wandel, denn nicht nur (banale) Alltagskommunikation, sondern auch Identität und Lebenssinn werden ästhetisch „verpackt". Dieser Übergang zum Ästhetizismus in der Alltagswelt der Menschen macht eine systematische und professionelle Forschung des Alltagsdesigns unabdingbar.

8.2 Wertestudie

Um alle relevanten – manifesten und vorbewussten – Einstellungsdimensionen zum Thema zu erfassen, wurde als Erhebungsmethode die kreative Gruppenwerkstatt eingesetzt. Eine solche Gruppenwerkstatt dauerte ca. 3 Stunden und ermöglichte eine intensive Beschäftigung mit dem Thema. Die Gesprächsführung erfolgt themengestützt, nondirektiv, unter Einsatz assoziativer, projektiver und expressiver Erhebungstechniken, um auch vorbewusste und latente Bewusstseinsinhalte zu erfassen. Die Ergebnisse der Untersuchung sind repräsentativ in dem Sinne, dass das *typische* semantische Umfeld und die konzeptionelle Konfiguration von Werten aus der milieutypischen Perspektive und „(Psycho-)Logik" exploriert wurden. Empirische Datenbasis der vorliegenden Untersuchung sind:

- Insgesamt 28 Gruppenwerkstätten in allen DELTA-Milieus®. Jede Gruppe wurde milieuhomogen zusammengesetzt, d. h., alle Teilnehmer einer Gruppe kamen aus demselben Milieu: Sie waren milieutypisch in Bezug auf Grundorientierung, Lebensstil, soziale Lage (Bildung, Einkommen, Berufsprestige) und Altersspektrum. Jede Gruppenwerkstatt setzt sich aus 8 bis 10 Teilnehmern zusammen, je zur Hälfte Männer und Frauen. Die Gruppen wurden deutschlandweit in verschiedenen Städten und Regionen durchgeführt
- Moderiert wurden die Gruppen von zwei Mitarbeiterinnen und Mitarbeitern (Doppelmoderation)
- Die Gruppenwerkstätten wurden digital aufgezeichnet, die Mitschnitte transkribiert
- Um vorbewusste oder schwer verbalisierbare Einstellungen zugänglich zu machen, wurden Kreativtechniken eingesetzt, vor allem Psychodrawings und Collagen. Die von den Teilnehmern erstellten Produkte wurden nach der Methode semiologischer und hermeneutischer Zeichen- und Textinterpretation von dazu speziell ausgebildeten Experten analysiert

Die Analyse von Einstellungen zu Werten erfolgte nach der Methodologie sozialwissenschaftlich-hermeneutischer Rekonstruktion auf Basis der Ethnomethodologie, der Grounded Theory sowie der Triangulation. Der methodologische Hintergrund soll im Folgenden kurz skizziert werden:[103]

Ziel der Untersuchung war es, auf der Grundlage qualitativ-ethnomethodologisch gewonnener Daten das Selbst- und Fremdverstehen der Menschen in Bezug auf eigene Wertorientierungen sowie die von ihnen hergestellten Bezüge zu Politikfeldern zu rekonstruieren. Eine solchermaßen empirische Milieuanalyse zielt darauf, den Wahrnehmungs- und Orientierungshorizont sowie die Muster und Logiken der Transformation privater Werthaltungen auf das Feld der Politik zu rekonstruieren.

Die sozialwissenschaftliche Rekonstruktion der Lebenswelt arbeitet *exemplarisch*. Dahinter steht die Annahme, dass Menschen nicht unvergleichbare Einzelwesen (Unikate) sind, sondern soziokulturell vergesellschaftete und vergemeinschaftete Wesen. Der Einzelne ist Manifestation und Spiegelbild dessen, was wir als „typisch" bezeichnen. Die einzelne Grup-

---

[103] Glaser/Strauss 1967; Glaser 1992; Strübing 2004; Flick 2004; Bohnsack 2007; S. 13–30, S. 105–154; Honer 1989; Soeffner/Hitzler 1994.

penwerkstatt, in der Menschen aus jeweils einem Milieu zusammenkommen und sich konzentriert – und durch Moderation geführt – mit einem Thema befassen, ist eine momenthafte Verdichtung des Milieus. Durch die (künstliche) Gruppensituation, in der jeder Einzelne aufgefordert ist, authentisch und ungefiltert seine Einstellung zu kommunizieren, und in der die Teilnehmer sich schnell als „Gleichgesinnte" identifizieren, entsteht eine Situation, in der in Worten, Dialog- und Handlungsmustern, Collagen, Psychodrawings etc. die Grundeinstellungen mit ihrem jeweiligen Verweisungshorizont und ihrer „Soziologik" sowie mit den verschiedenen Facetten, Konditionen und Maximen ausgedrückt werden.

Insofern ist qualitative Lebensweltforschung per se Fallanalyse und zielt auf das Typische. Es geht bei der Analyse um drei Aspekte: (1) Die Gruppe in ihrer Besonderheit (Idiosynkratie, Individuierung); (2) die Gruppe als typische Manifestation des Sozialen (= des Milieus); (3) Vergleichbarkeit der empirisch gewonnenen Typen: Nähe und Distanz der einzelnen Gruppen zu den Idealtypen sowie zwischen den Typen. Der endgültige Befund baut sich auf durch einen *sukzessiven und rekursiven Prozess* von Einzelgruppenanalysen, Gruppenvergleichen und Typvergleichen.

Voraussetzung für diese sozialwissenschaftlich kontrollierte Hermeneutik ist das „Datum": Lebensäußerungen der Befragten müssen diskursiv vorliegen, müssen fixiert und reproduzierbar sein. Nach der Methodologie der Triangulation setzten wir dabei mehrere Arten von Instrumenten zur Gewinnung von Daten ein. Denn jedes einzelne Instrument hat seine Grenzen und blinden Flecken. Beispielsweise hat das Gruppengespräch Grenzen in der Verbalisierungskompetenz des Probanden und es lässt vorbewusste sowie emotionale Bewusstseinsinhalte nicht (authentisch und messbar) zum Ausdruck kommen. Daher setzen wir verschiedenartige, einander ergänzende Instrumente ein, die fixierte Daten erzeugen: Psychodrawings, Collagen, Assoziationstests, Sortings, Zuordnungsverfahren u.a.

Die Auswertung der Daten ist nicht das solitäre Vergnügen eines einzelnen Sozialforschers, sondern Arbeit und Arbeitsteilung im Team. Diese durch inflationären Gebrauch mittlerweile fast diskreditierte Rede „im Team" hat im Forschungsprozess dieser Studie eine methodologische Grundlegung, sie beruht auf zwei gegensätzlichen Anforderungen an den Forscher:

(1) Vertrautheit und Nähe: Herstellung von *gegenseitigem Vertrauen* zwischen dem Forscher und seinem Informanten ist die Voraussetzung für authentische Daten: Der Moderator muss den Befragten in seiner ganzen Erscheinung signalisieren, dass er nicht „weit weg" ist von ihnen, ein echtes Interesse hat sowie die soziokulturelle Nähe und Kompetenz, die Befragten wirklich zu verstehen. Das erfordert Vorinformation und Erfahrung mit der Zielgruppe in Bezug auf Dos & Don'ts in der Kommunikation. Gleichzeitig muss sich der Moderator neutral verhalten, darf keinen persönlichen Input liefern, muss natürlich und authentisch wirken, darf sich nicht verstellen, weil Befragte solches sofort identifizieren und durch ein krudes Antwortverhalten sanktionieren – insofern ist eine gezügelte, moderate Anpassung nötig. Diese Vertrautheit mit dem „Material" ist auch in der Phase der hermeneutischen Analyse eine konstitutive Voraussetzung, denn Verstehen verlangt Nähe mit dem Sinn- und Verweisungshorizont: Man muss die Semantik der Befragten aus ihrer subjektiven Perspektive verstehend rekonstruieren.

(2) Fremdheit: Nähe kann den Blick für das Selbstverständliche verstellen. Insofern ist eine zweite methodologische Anforderung, dass der Ethnograph der eigenen Gesellschaft als ein Fremder begegnen sollte. Der Ethnologe fremder Naturvölker ist zu Beginn per se und existenziell in der Position des Fremden, der aus der Nähe das Verstehen des Selbstverständlichen anstrebt. Der Ethnograph der eigenen Gesellschaft dagegen hat eine umgekehrte Ausgangsposition und muss sich jene Fremdheit künstlich selbst auferlegen. Er muss in andauernder Selbstkontrolle zumindest so tun, als ob er ein Fremder wäre. Er muss sich immer wieder sagen, dass er die ‚Sprache des Feldes' tatsächlich *nicht* ohnehin und selbstverständlich beherrscht. Er muss in nächster Nähe jene Fremdheit überhaupt wieder entdecken, gegen den eigenen spontanen Reflex des „ist schon klar" andenken und permanent spontane Verständlichkeiten wieder in Zweifel ziehen (Honer 1989). Das Staunen und Sich-Wundern sind dazu wichtige Techniken.

Es ist evident, dass solche Anforderungen eine Person allein überfordern würden. Daher war das Forscherteam arbeitsteilig zusammengesetzt. Zwei Forscher(innen) übernahmen die Moderation der Gruppen und damit die existenzielle Position der Nähe; zwei weitere Forscher(innen) übernahmen die existenzielle Position des Fremden.

Der Auswertungsprozess selbst war in sieben Phasen gegliedert:

1. Jeder Forscher liest die Transkripte der Gruppen unabhängig von den anderen Forschern. Der in die Äußerungen der Befragten eingelassene und im Transkript manifestierte Sinn erschließt sich in seiner Originalität durch konsequent iterativ-sequenzielle Analysen der einzelnen Passagen. Dazu gehören an den entsprechenden Stellen die in der Gruppensitzung erstellten „Produkte" (Psychodrawings, Collagen) sowie deren Kommentierung der Befragten. Zu Beginn des Transkripts eröffnet sich ein breiter Sinnhorizont mit einer Vielzahl alternativer Deutungen. Es gilt, diese zu formulieren (auf den Begriff zu bringen), beim weiteren Lesen zu überprüfen, zu modifizieren, sukzessive bestimmte Deutungen auszuschließen, die schließlich ausgewählte Deutung als Befund zu präzisieren
2. Austausch der einzelnen Forscher über den Bedeutungshorizont, die Hypothesen und Befunde für den einzelnen Fall
3. Aufdecken von Widersprüchen und Inkonsistenzen: Dazu ist der Text selbst die Korrekturinstanz (und nicht ‚haltlose', intuitive Annahmen). Gegebenenfalls werden die Thesen erneut modifiziert. Dieses Drechseln an der Perspektive geschieht so lange, bis die Thesen zu den Daten „passen" und eine analytisch konsistente Rekonstruktion ergeben (wobei empirische Widersprüche durchaus möglich sind und Teil des Befundes sein können)
4. Sukzessiver Gruppenvergleich mit den Fragen: *„Was sind Gemeinsamkeiten? Wo liegen Differenzen und Barrieren?"*
5. Vergleich mit Daten der Milieu-Grundlagenforschung: In dieser Phase gehen wir bewusst und gezielt über das Datenmaterial dieser Studie hinaus und ziehen Befunde aus anderen Studien heran, um die Befunde in einen ganzheitlichen Deutungshorizont zu stellen. Damit eröffnen wir bewusst einen zweiten hermeneutischen Zirkel zu einem vertieften Verständnis

6. Abstecken des Spektrums innerhalb eines Milieus (Milieustruktur) und Zusammentragen der verschiedenen Facetten (Oberflächen, Manifestationen): Formulierung von vorläufigen *dichten Beschreibungen* (Geertz); Identifikation von Lücken und Inkonsistenzen
7. Spiegelung der dichten Milieudiagnosen mit den Transkripten so lange, bis eine empirisch gesättigte Analyse vorliegt

Die Darstellung der Befunde ist ergänzt durch Zitate und Psychodrawings aus den Gruppenwerkstätten. Diese sind nicht Belege, sondern Illustrationen.

9 Exkurs: Warum keine Sinus-Milieus mehr

Im Herbst 2010 hat das Sinus-Institut ein neues Milieumodell vorgestellt, das sich erheblich von vorhergehenden Modellen unterscheidet. Die sozialwissenschaftliche, theoretische, methodische und empirische Überprüfung dieses Modells lässt erhebliche Mängel feststellen.[104]

Die differenzierte Kritik trifft verschiedene Ebenen und Aspekte:
- **Das grafische Modell:**
  - Im vorhergehenden Sinus-Milieumodell waren die Milieus „Konservative" und „Etablierte" unterschieden und in zwei getrennten Werteabschnitten (Konservative im Achsenabschnitt A; Etablierte im Achsenabschnitt B) positioniert. Im neuen Modell „Sinus-Milieu in Deutschland 2010" sind beide Milieus zusammengefasst unter das Label „Konservativ-etabliertes Milieu". Damit werden zwei paradigmatisch unterschiedliche Lebenslogiken und Identitäten, Wertegerüste und Lebensstile sowie ästhetische Präferenzen miteinander vermischt und damit verwischt. Das widerspricht allen sozialwissenschaftlichen Daten und Alltagsbeobachtungen und ist nicht haltbar.
  - Auffällig ist, dass der untere und traditionelle Bereich der Grafik sehr viel grober modelliert ist als der modern-gehobene Bereich. Das ist verwunderlich, denn Prozesse der Diffusion und Imitation von Werten und Lebensstilen sowie die angespannten und schwankenden sozioökonomischen Rahmenbedingungen haben gerade diese Segmente der Gesellschaft betroffen. Zu erwarten war, und dies wird durch empirische Daten bestätigt, dass die Menschen in den dort gelagerten Milieus auf die beschleunigte Dynamik der Gesellschaft unterschiedlich reagieren und es daher (auch) in diesen Bereichen zur soziokulturellen Pluralisierung und Submilieubildung kommt. Allerdings sind diese Bereiche für viele Markenartikler weniger interessant als die „schön-reich-modernen".
- **Verbale Beschreibungen von Milieus:**
  - In der verbalen Beschreibung der Sinus-Milieus hat sich subkutan eine Wertung der Milieus eingeschlichen: Wer am soziokulturell jungen und rechten Rand der Karte positioniert ist (Expeditives Milieu, Milieu der Performer), wird – das zeigt eine semiologische Inhaltsanalyse der Sinus-Milieubeschreibungen – mit uneingeschränkt positiven Nomen und Attributen beschrieben mit den Konnotationen „weiter", „attraktiver", „zukunftsfähiger" und auch „wertvoller". Hingegen werden die traditionellen Milieus mit primär negativ konnotierten Attributen beschrieben; ebenso das Milieu am unteren Rand der Gesellschaft, das merkwürdig abgehandelt wird und nur in Defiziten beschrieben und stilistisch diskreditiert wird. Dieser einseitig wertende Positivismus ist ein neuer Zungenschlag in der Institutssprache, verteilt Empathie einseitig und ist damit nicht wert-

---

104 Die folgende Grafik ist entnommen der Website des Sinus-Instituts am 15. Juli 2011; http://www.sinus-institut.de/uploads/pics/Die_Sinus-Milieus_in_Deutschland_2010.jpg.

neutral. Ausgeblendet werden die Leistungen des traditionellen Segments und der Mitte der Gesellschaft für das Gemeinwesen, für das bürgerschaftliche Engagement, für die Kommunalarbeit und den lokalen Zusammenhalt, für die soziale Arbeit. Hypostasiert werden hingegen die ökonomischen, technologischen und kreativen Leistungen der sogenannten postmodernen Milieus.

– Das Expeditive Milieu wird in seiner zentralen Grundorientierung beschrieben als „digitale Avantgarde". Den Kern eines Milieus über die Nutzung neuer Informations- und Kommunikationsmöglichkeiten zu definieren, bleibt vordergründig, an der Oberfläche und verwechselt *Funktion* mit *Grundorientierung*: Digitale Geräte bieten Funktionen, keine Grundorientierungen – und je nach lebensweltlicher Grundorientierung haben Technologien für die Menschen eines Milieus je andere Funktionen und Bedeutungen. Doch das Sinus-Institut geht nicht der Frage nach, welche Funktion und Bedeutung digitale Medien für Menschen eines Milieus haben. Daher geht die Beobachtung unter, dass es viele Expeditive gibt, die nicht „digital unterwegs" sind. Gerade neue Informations- und Kommunikationsmittel verbreiten sich mit immer größerer Geschwindigkeit. So haben viele aus der Bürgerlichen Mitte (insb. aus dem Statusorientierten Submilieu) das iPad – als Statussymbol – entdeckt und gekauft, legen sich neueste Geräte oft schon kurz nach der Markteinführung zu – sind sie damit zu Expeditiven geworden? Wie unsinnig es ist und wie gravierend der Kategorienfehler, lässt sich durch einen Rückblick auf die 1950/60er oder auch die 1970/80er Jahre illustrieren: Als der Fernseher bzw. der Videorecorder in die Gesellschaft eingeführt wurde, hat man jene Milieus, die diese Geräte zuerst kauften, im Kern auch nicht als „Fernseh-Avantgarde" oder „Video-Avantgarde" beschrieben.

- **Der Milieuindikator**

  Der Milieuindikator, der über viele Jahre aus mindestens 40 Items bestand, wurde mit dem neuen Milieumodell von 2010 auf unter 30 Items reduziert (aktuell in der TdW 2011 sind es 29 Items)[105]. Das macht das Instrument zwar leichter einsetzbar (weil weniger Befragungszeit beansprucht wird und damit Erhebungskosten günstiger werden), aber auch unpräzise. Wer in einer Gesellschaft, die sich immer weiter und mit zunehmender Geschwindigkeit verändert, ausdifferenziert, pluralisiert und komplexer wird, die Lebensauffassungen und Lebensweisen wirklichkeitsnah abbilden will, der müsste den Aufwand in die Messung eher steigern und nicht um mehr als ein Viertel reduzieren. Bei Sinus hingegen ist das Messinstrument abgespeckt und vergröbert.[106]

- **Falsche Positionierung in der sozialen Lage:** Für erhebliche Irritation sorgt der Blick auf die soziale Lage. Dazu wurde die bevölkerungsrepräsentative Markt-Media-Studie „Typologie der Wünsche 2011" ausgewertet, in der die „Sinus-Milieus 2011" integriert sind. In der statistischen Auswertung der sozialen Lage für jedes Milieu fällt auf, dass die Hauptdimensi-

---

105 Auskunft IMUK.
106 Zum Vergleich: Das DELTA-Milieumodell beruht auf über 55 Items, die auf einer vierstufigen Skala abgefragt werden, sowie einer Reihe von soziodemografischen Merkmalen (Haushaltsnettoeinkommen, Schulbildung, Berufsausbildung, Berufsposition u. a.).

onen der sozialen Lage (Bildung, Einkommen, Berufsposition) in jedem Milieu sehr breit streuen; dass die Milieus in der grafischen Positionierung nicht das adäquat abbilden, was die statistische Milieustruktur ergibt.

Im Folgenden sind zur Illustration die Verteilungen für die Altersgruppe der 30- bis 65-Jährigen dargestellt.[107] Einige Beispiel für irritierende Auffälligkeiten:

- Von den „Konservativ-Etablierten" aus diesem angeblichen Leitmilieu haben 33 % einen Hauptschulabschluss, 38 % einen Realschulabschluss – aber nur 19 % das Abitur und 5 % die Fachhochschulreife. Mehr als zwei Drittel dieses Milieus kommen also nicht über die Realschule hinaus. So sind auch nur 10 % leitende Angestellte bzw. höhere Beamte und 8,9 % Selbständige; in höheren beruflichen Positionen sind nach Sinus-Daten nur 19 % – aber 58 % sind mittlere und einfache Angestellte und weitere 16 % Facharbeiter. Ebenso breit bis in die Unterschicht ist das Einkommen verteilt: 24 % haben ein Haushaltsnettoeinkommen von unter 2000 Euro, knapp 10 % sogar unter 1000 Euro; doch nur 18 % (also weniger als ein Fünftel) ein Haushaltsnettoeinkommen über 4000 Euro – und das, obwohl die Altersgruppe sich mitten in der Erwerbsphase befindet, also nicht mehr beim Berufseinstieg ist, sondern schon einige Karriereleitern erklommen haben sollte. Aufgrund dieser sozialen Lage ist das Milieu offensichtlich sozialhierarchisch falsch positioniert und/oder soziokulturell inadäquat beschrieben.
- In der Gruppe „Prekäres Milieu" haben 45 % einen höheren Schulabschluss als die Hauptschule. Nun kann man trotz guter Bildung in eine dauerhaft prekäre Lebenslage geraten. Aber die ökonomische Situation in diesem Milieu ist alles andere als am Rande des Existenzminimums: 38 % sind Angestellte und Beamte, weitere 25 % sind Facharbeiter oder Meister. 34 % haben ein Haushaltsnettoeinkommen über 2000 Euro. Auch dieses Milieu ist in Bezug auf die materiellen Ressourcen sehr heterogen und sozioökonomisch in der Milieukarte falsch positioniert.
- Im sogenannten „Liberal-intellektuellen Milieu", in der Grafik positioniert an der Spitze der Gesellschaft in der Oberschicht und oberen Mittelschicht, haben 19 % im Alter zwischen 30 und 65 Jahren maximal einen Hauptschulabschluss – das Attribut *„intellektuell"* erzeugt beim Leser andere Assoziationen. Eine Allgemeine Hochschulreife haben hingegen nur 27 %, weitere 9,8 % eine Fachhochschulreife. Auch der Blick auf die aktuelle Berufsposition lässt nicht erkennen, dass die Mehrheit des Milieus in jener sozialhierarchischen Lagerung ist, die die Sinus-Grafik suggeriert: 57 % sind einfache oder mittlere Angestellte und Beamte, weitere 11 % Facharbeiter und 6 % Arbeiter. Können mangelnde Bildungsressourcen durch materielle Ressourcen (teilweise) kompensiert werden, so dass die gehobene Positionierung in der Grafik gerechtfertig wäre? Diese Hoffnung erfüllt sich

---

[107] Datenbasis ist die Typologie der Wünsche (TdW) 2011. Dazu wurde die Gesamtstichprobe von 20 129 Fällen, repräsentativ für die Bevölkerung ab 14 Jahren, herangezogen. Die Berechnungen der sozialen Lage für die Alterskohorte der 30- bis 65-Jährigen haben eine valide empirische Basis von 12 610 Fällen. Grund für die Konzentrierung auf die Altersgruppe der 30- bis 65-Jährigen ist, dass kontrolliert werden soll, dass bei breiter Streuung der sozialen Lage die Phasen der Ausbildung, des Berufseinstiegs sowie der Nacherwerbsphase nicht als ursächliche Erklärung für Irritationen der milieuspezifischen Sozialstruktur herangezogen werden können.

ebenfalls nicht: Das Einkommensspektrum zeigt eine große Spreizung in der Gruppe: 19% haben ein Haushaltsnettoeinkommen unter 2000 Euro; 35% zwischen 2000 und 3000 Euro – aber nur 22% über 4000 Euro. Über 3000 Euro monatliches Haushaltsnettoeinkommen kommt mit 46% nicht einmal die Hälfte des Milieus. Die grafische Positionierung sowie die inhaltliche Beschreibung des Milieus bringen die statistische Sozialstruktur nicht adäquat zum Ausdruck.

– Am höchsten positioniert ist das **„Milieu der Performer"**: Doch auch hier liegt bei 18% (einem Fünftel des Milieus!) das Haushaltsnettoeinkommen unter 2000 Euro, weitere 33% zwischen 2000 und 3000 Euro: Mehr als 50% des Milieus haben also ein Einkommen unter 3000 Euro; doch nur 24% ein Einkommen über 4000 Euro – und dennoch liegt es in der sozialen Lage ganz oben?

– 11,8% der **Hedonisten** haben eine Einkommen über 4000 Euro – das sind fast so viele wie bei den Konservativ-Etablierten. Der Anteil der Hochschulabsolventen im Milieu der Hedonisten ist höher als in der Bürgerlichen Mitte. Die Positionierung des Milieus in der Sinus-Grafik assoziiert etwas anderes.

Höchster allgemeiner Schulabschluss (in Sinus-Milieus 2011)

	Konservativ-etabliertes Milieu	Liberal-intellektuelles Milieu	Milieu der Performer	Expeditives Milieu	Bürgerliche Mitte	Adaptiv-pragmatisches Milieu	Sozialökologisches Milieu	Traditionelles Milieu	Prekäres Milieu	Hedonistisches Milieu
	%	%	%	%	%	%	%	%	%	%
Kein allgemeiner Schulabschluss	0,3	0,5	0,2	0,9	0,8	0,7	0,3	0,4	6,4	1,8
Hauptschul-/Volksschulabschluss	33,1	21,0	18,7	21,3	38,1	26,4	29,7	61,5	55,5	32,7
Polytechnische Oberschule der DDR	4,1	6,6	8,2	3,9	15,3	10,6	7,5	8,5	20,1	10,3
Realschulabschluss	38,2	35,1	35,0	33,7	28,1	35,8	31,8	22,4	13,2	36,6
Fachhochschulreife	4,8	9,8	7,3	12,1	4,7	7,6	5,3	1,7	1,5	6,6
Allgemeine Hochschulreife	19,6	27,0	30,5	28,1	13,1	18,8	25,4	5,6	3,4	12,0

Quelle: TdW 2011; Basis: Bevölkerung zwischen 30 und 65 Jahren; 12 610 Fälle. Berechnung Institut für Medien- und Konsumentenforschung IMUK (Urheber der TdW)

Beruf (in Sinus-Milieus 2011)

	Konservativ-etabliertes Milieu	Liberal-intellektuelles Milieu	Milieu der Performer	Expeditives Milieu	Bürgerliche Mitte	Adaptiv-pragmatisches Milieu	Sozialökologisches Milieu	Traditionelles Milieu	Prekäres Milieu	Hedonistisches Milieu
	%	%	%	%	%	%	%	%	%	%
Große Selbständige/freie Berufe	1,7	3,4	3,8	4,8	0,9	0,8	4,8	0,3	0,4	3,1
Kleine und mittlere Selbständige, Landwirte	7,2	13,7	12,7	9,1	6,0	8,3	5,8	3,1	3,0	7,2
Leitende Angestellte und höhere Beamte	10,2	11,3	12,6	5,9	5,3	4,0	6,5	2,0	0,6	3,7
Sonstige Angestellte und Beamte	58,6	57,5	55,5	59,5	57,3	65,3	62,7	56,4	38,5	55,7
Facharbeiter/Meister	16,3	7,8	11,5	10,7	19,3	13,0	12,3	18,5	24,7	17,0
Sonstige Arbeiter	4,9	6,2	3,4	8,7	10,2	8,5	7,7	17,8	31,0	11,8
Nie berufstätig gewesen	1,0	0,2	0,5	1,3	1,0	0,1	0,2	2,0	1,8	1,5
Vorübergehend arbeitslos	2,7	4,0	2,2	7,1	5,8	8,1	7,6	7,7	29,9	8,9

Quelle: TdW 2011; Basis: Bevölkerung zwischen 30 und 65 Jahren; 12 610 Fälle. Berechnung Institut für Medien- und Konsumentenforschung IMUK (Urheber der TdW)

Haushaltsnettoeinkommen (in Sinus-Milieus 2011)

	Konservativ-etabliertes Milieu	Liberal-intellektuelles Milieu	Milieu der Performer	Expeditives Milieu	Bürgerliche Mitte	Adaptiv-pragmatisches Milieu	Sozial-ökologisches Milieu	Traditionelles Milieu	Prekäres Milieu	Hedonistisches Milieu
	%	%	%	%	%	%	%	%	%	%
unter 750 Euro	0,5	0,4	0,5	4,2	1,3	1,0	3,6	3,4	13,2	3,5
750 – unter 1000 Euro	1,0	0,8	1,1	2,5	1,9	1,8	4,1	3,7	9,9	3,4
1000 – unter 1500 Euro	1,2	2,9	2,5	3,6	4,0	3,6	3,3	8,8	9,9	5,3
1500 – unter 1000 Euro	5,8	3,8	3,8	6,5	6,5	6,5	5,5	9,5	9,8	5,9
1000 – unter 1500 Euro	5,6	4,3	4,0	6,7	7,0	8,3	8,3	11,8	11,4	7,2
1500 – unter 2000 Euro	9,7	7,2	5,6	6,0	10,7	8,3	11,2	15,3	12,1	8,4
2000 – unter 2500 Euro	8,8	8,8	5,7	11,4	8,5	6,1	9,6	10,1	7,8	8,5
2500 – unter 2000 Euro	13,1	7,3	10,1	11,1	12,1	11,5	11,9	14,2	9,1	10,2
2000 – unter 3000 Euro	17,5	18,5	17,4	14,2	15,8	16,6	12,3	9,9	7,7	16,9
3000 – unter 3000 Euro	10,4	12,2	14,5	10,7	10,7	12,6	10,1	5,2	5,3	11,4
3000 – unter 4000 Euro	8,8	11,5	11,2	9,1	9,3	10,7	6,5	4,1	1,7	7,6
4000 – unter 4000 Euro	6,9	9,3	8,0	6,9	6,2	6,5	4,9	1,9	1,0	5,2
4000 – unter 5000 Euro	5,1	6,0	6,8	3,5	3,5	2,7	3,7	0,8	0,8	2,8
5000 Euro und mehr	5,5	6,9	8,7	3,7	2,5	3,7	4,8	1,2	0,2	3,8

Quelle: TdW 2011; Basis: Bevölkerung zwischen 30 und 65 Jahren; 12 610 Fälle. Berechnung Institut für Medien- und Konsumentenforschung IMUK (Urheber der TdW)

Die von Sinus in einer Repräsentativbefragung berechneten Milieus weisen ein äußerst heterogenes Spektrum in der sozialen Lage auf. Jedes der Milieus erstreckt sich in der sozioökonomischen Schichtung von ganz unten bis ganz oben. Die in der Milieugrafik suggerierte klare Positionierung eines Milieus entspricht also nicht der von Sinus selbst gemessenen Wirklichkeit, sondern ist eine verzerrende Stilisierung. Das materielle, soziale und kulturelle Kapital innerhalb dessen, was Sinus als „Milieu" bezeichnet, ist so ungleich verteilt, dass es lebensweltlich sehr unwahrscheinlich ist, dass Menschen mit ähnlicher Einstellung aus der Oberschicht und Unterschicht einen ähnlichen Lebensstil haben. Bei einem (kleineren) Teil eines Sinus-Milieus entsprechen die mentalen Einstellungen den objektiven Ressourcen; bei einem anderen (meist größeren) Teil eines Milieus gibt es eine große Kluft zwischen den objektiven Ressourcen und den Einstellungen, so dass diese nur Sehnsüchte und Projektionen sind. Damit aber zerfällt jedes Milieu zumindest in zwei Teilgruppen: 1.) Jene, bei der die objektive Lage und die subjektive Orientierung kongruent sind; 2.) jene, bei der objektive Lage und subjektive Orientierung diametral auseinanderklaffen. Weil der Einfluss der Variablen zur objektiven sozialen und materiellen Lage im Sinus-Modell offenbar äußerst gering ist, kann man in diesem Fall eigentlich nicht mehr von „Milieu" sprechen, sondern nur noch von Einstellungsmustern. Im Unterschied zu früheren Modellen ist das aktuelle Modell von Sinus nicht mehr und nicht weniger als eine schichten- und milieuübergreifende Einstellungstypologie. Dieses lässt sich auch durch den Verweis auf sehr große Fallzahlen nicht kompensieren.[108]

Diese schweren methodischen Mängel im aktuellen Sinus-Modell diskreditieren nicht den Milieuansatz an sich, sondern nur eine spezifische konkrete Umsetzung. Soziale Milieus als Gesellschaftsmodell sind angesichts der zunehmenden Individualisierung und Pluralisierung eine notwendige und unumkehrbare Erweiterung des Konzepts sozialer Schichten.

So wie es innerhalb eines Milieus eine Streuung der Werte- und Lebensstile über ein begrenztes Spektrum in der Milieulandschaft gibt, so ist auch die soziale Lage eines Milieus nicht auf eine bestimmte Ausprägung (von Bildung, Einkommensgruppe, Berufsposition) beschränkt, sondern erstreckt sich über ein Intervall. Das bedeutet, dass es auch außerhalb der grafischen Positionierung einige davon abweichende Fälle gibt. Aber das sind Ausnahmen, meist auf biografische Entwicklungen (in der Phase der Ausbildung und des beruflichen Einstiegs sind die Einkommen nicht so hoch wie in späteren Phasen des Erwerbslebens) und auf biografische Brüche (Arbeitslosigkeit, Krankheit, Trennung vom Partner u. a.) zurückzuführen. Wie breit das soziodemografische Spektrum sein darf, um plausibel noch von der lebensweltlichen Konsistenz eines Milieus zu sprechen, lässt sich a priori nicht dezidiert festlegen. Aber als Faustformel einer Untergrenze kann gelten, dass mindestens 50 Prozent, im Normalfall 80 Prozent der Menschen eines Milieus einen gemeinsamen ähnlichen soziodemografischen Schwerpunkt haben sollten. Beim aktuellen Sinus-Modell sind es weniger als 40 Prozent.

Das hat erhebliche Konsequenzen für die inhaltlichen Implikationen: Wenn die in einem sogenannten „Sinus-Milieu" gemessenen Einstellungen, Lebensstile und Lebensziele nur mentale Muster ohne objektive (materielle, soziale, kulturelle) Ressourcen darstellen, dann lassen sich daraus a) keine realitätsbezogenen Handlungsmotivationen ableiten und sind b) keine aus Einstellungen und Absichtsbekundungen ableitbaren Handlungsweisen zu erwarten. Weil die objektiven Möglichkeiten unterhalb oder oberhalb der Einstellungen und Lebensmaximen der Menschen eines Milieus liegen, werden deren Möglichkeiten (z. B. zur Eigenverantwortung, zur Übernahme von Verantwortung für andere; für Umstellungen im Lebensstil z. B. im Bereich Gesundheit; für Konsum) überschätzt oder unterschätzt.

Die grafische Ähnlichkeit zwischen dem DELTA-Milieumodell und dem Sinus-Modell täuscht. Die Achse der Grundorientierung ist ähnlich, die Milieus sind ähnlich positioniert und die Milieunamen sind teilweise identisch,[109] doch soziokulturell in Bezug auf die Lebensauffassung und Lebensweise sowie soziostrukturell in Bezug auf die soziale Lage beschreiben DELTA und Sinus die Wirklichkeit je anders. Nach Auffassung des Autors, der über viele Jahre im Sinus-Institut die Sozialforschung geleitet hat, liegt das daran, dass Sinus seit 2010 nur

---

108 Die sozioökonomische Heterogenität eines Milieus hat vermutlich Konsequenzen für darauf aufbauende Tools, wie etwa die mikrogeografische Verortung im Raum.

109 Die Milieu-Kurzbezeichnungen stammen vom Autor dieser Untersuchung: bspw. „Expeditive", Sozial-ökologisches Milieu. Allerdings beschreiben DELTA und Sinus diese Namensgleichen im Detail je etwas anders.

noch Einstellungstypen misst (unter dem Etikett „Milieu"), während DELTA wirklich Milieus misst, weil in die DELTA-Milieus in gleicher Gewichtung kulturelle, soziale und materielle Faktoren eingehen (bzw. Werte, Lebensstil, soziale Lage).

Fazit: Die sogenannten und markenrechtlich geschützten „Sinus-Milieus" sind kein Milieumodell im sozialwissenschaftlichen Sinn mehr, sondern eine schlichte Einstellungstypologie. Beide Modelle von Sinus und DELTA haben ihre Gültigkeit, ihre Berechtigung und ihren Nutzen. Aber das Sinus-Modell ist kein Gesellschaftsmodell mehr.

10 Literatur

Barthes, Roland: Elemente der Semiologie. Frankfurt/Main 1981.

Barthes, Roland: Mythen des Alltags. Frankfurt/Main 1964.

Barz, Heiner/Tippelt, Rudolph (Hg.): Weiterbildung und soziale Milieus in Deutschland. Band 1: Praxishandbuch Milieumarketing; Band 2: Adressaten- und Milieuforschung zu Weiterbildungsverhalten und -interessen. Bielefeld 2004.

Barz, Heiner: Erwachsenenbildung und soziale Milieus. Theorie und Empirie sozialer Differenzierung für die Weiterbildungspraxis. (Habilitationsschrift im Fach Erziehungswissenschaft an der Albert-Ludwigs-Universität) Freiburg 1999 (gekürzte Publikation in: Barz, Heiner: Weiterbildung und soziale Milieus. Neuwied 1999).

Baudrillard, Jean: Die Agonie des Realen. Berlin 1978.

Beck, Ulrich: Jenseits von Klasse und Stand? In: Kreckel, R. (Hg.): Soziale Ungleichheiten. Sonderband 2 der Sozialen Welt. Göttingen 1983. S. 35–74.

Beck, Ulrich: Risikogesellschaft. Auf dem Weg in eine andere Moderne. Frankfurt/Main 1986.

Berger, Arthur Asa: Signs in Contemporary Culture: An Introduction to Semiotics, 2nd edition, Sheffield Publishing Company 1999.

Bieger, Eckhard/Fischer, Wolfgang/Mügge, Jutta/Nass, Elmar: Pastoral im Sinus-Land. Impulse aus der Praxis/für die Praxis. Berlin, Münster 2008.

Bohnsack, Ralf: Rekonstruktive Sozialforschung. Einführung in qualitative Methoden. (6. Aufl.). Opladen 2007.

Bolte, Karl Martin: Strukturtypen sozialer Ungleichheit. Soziale Ungleichheit in der Bundesrepublik Deutschland im historischen Vergleich. In: Berger, P. A./Hradil, S. (Hg.): Lebenslagen, Lebensläufe, Lebensstile. Sonderband 7 der Sozialen Welt. Göttingen 1990. S. 27–50.

Bolz, Norbert: Theorie der neuen Medien. München 1990.

Bourdieu, Pierre: Die feinen Unterschiede. Frankfurt/Main 1982 (französische Erstauflage 1979).

Brand, Karl-Werner/Fischer, Corinna/Hofmann, Michael: Lebensstile, Umweltmentalitäten und Umweltverhalten in Ostdeutschland. Münchner Projektgruppe für Sozialforschung e. V.; im Auftrag des UFZ-Umweltforschungszentrum Leipzig-Halle GmbH; Sektion Ökonomie, Soziologie und Recht, Nr. 11/2003.

Brand, Karl-Werner: Lebensstile und Umweltmentalitäten. Ein kulturelles Kontextmodell zur Analyse von Umwelthandeln im Alltag. In: Hofmann, M./Maase, K./Warneken, B. J. (Hg.): Ökostile. Zur kulturellen Vielfalt umweltbezogenen Handelns. Von: Arbeitskreis Volkskunde und Kulturwissenschaften, Band 6, Marburg 1999. S. 19–43.

Brand, Karl-Werner: Nachhaltig leben! Zur Problematik der Veränderung von Lebensstilen. In: Rink, D. (Hg.): Lebensstile und Nachhaltigkeit. Konzepte, Befunde und Potentiale. Opladen 2002. S. 183–204.

Bruckner, Pascal / Finkielkraut, Alain: Das Abenteuer gleich um die Ecke. München, Wien 1981.

Claessens, Dieter: Familie und Wertesystem. Eine Studie zur „zweiten, soziokulturellen" Geburt des Menschen. Berlin 1962.

Clarke, John: „Stil" Jugendkultur als Widerstand. Frankfurt/Main 1979.

Coleman, James S.: Foundations of Social Theory. Cambridge, MA 1990 (deutsch: Grundlagen der Sozialtheorie, 3 Bände. München 1991-1994).

Corbin, Juliet / Strauss, Anselm L.: Grounded Theory Research: Procedures, Canons, and Evaluative Criteria. In: Zeitschrift für Soziologie 19, 1990. S. 418-427.

Denzin, Norman K. / Lincoln, Yvonna S.: Introduction: Entering the Field of Qualitative Research. In: dies. (Hg.): Handbook of Qualitative Research. London 1994. S. 1-18.

Denzin, Norman K.: Symbolic Interactionism. In: Flick U. / von Kardorff E. / Steinke I. (Hg.): Qualitative Forschung – Ein Handbuch. Reinbek 2000. S. 136-150.

Denzin, Norman K.: The Research Act. Chicago 1970.

Denzin, Norman K.: The Research Act. (3. Aufl.). Englewood Cliffs, NJ 1989.

Di Fabio, Udo: Offener Diskurs und geschlossene Systeme. Das Verhältnis von Individuum und Gesellschaft in argumentations- und systemtheoretischer Perspektive. Berlin 1991.

Eberle, Thomas S.: Sinnkonstitution in Alltag und Wissenschaft. Der Beitrag der Phänomenologie an die Methodologie der Sozialwissenschaften. Bern 1984.

Ebertz, Michael N. / Hunstig, Hans-Georg: Hinaus ins Weite: Gehversuche einer milieusensiblen Kirche. Würzburg 2008.

Ebertz, Michael N.: Anschlüsse gesucht. Ergebnisse einer neuen Milieu-Studie zu den Katholiken in Deutschland. In: Herder-Korrespondenz 60; 4, 2006. S. 173-177.

Ebertz, Michael N.: Für eine milieusensible Kommunikationsstrategie. In: Communicatio Socialis. Internationale Zeitschrift für Kommunikation in Religion, Kirche und Gesellschaft 39. 2006. S. 253-261.

Ebertz, Michael N.: Was sind soziale Milieus? In: Lebendige Seelsorge 4, 2006. S. 258-264.

Eco, Umberto: A Theory of Semiotics, Indiana University Press 1976.

Fielding, Nigel G. / Fielding, Jane L.: Linking Data. Beverly Hills 1986.

Fischer, Corinna / Hofmann, Michael: Umwelterfahrungen und Kapitalismuskritik in ostdeutschen Milieus. In: Rink, D. (Hg.): Lebensstile und Nachhaltigkeit. Konzepte, Befunde und Potentiale. Opladen 2002. S. 130-155.

Flaig, Berthold Bodo / Meyer, Thomas / Ueltzhöffer, Jörg: Alltagsästhetik und politische Kultur. Zur ästhetischen Dimension politischer Bildung und politischer Kommunikation. Bonn 1993.

Flick, Uwe: Triangulation. Eine Einführung. Wiesbaden 2004.

Gabriel, Oscar W. / Neuss, Beate / Rüther, Günther: Eliten in Deutschland. Bedeutung, Macht, Verantwortung. Bonn 2006.

Geiger, Thomas: Die soziale Schichtung des deutschen Volkes. Stuttgart 1932.

Geißler, Rainer: Die Sozialstruktur Deutschlands. Bonn 2002.

Glaser, Barney G. / Strauss, Anselm L.: Die Entdeckung gegenstandsbezogener Theorie. Eine Grundstrategie qualitativer Sozialforschung. In: Hopf, Ch. / Weingarten, E. (Hg.): Qualitative Sozialforschung. Stuttgart 1979. S. 91-111.

Glaser, Barney G./Strauss, Anselm L.: The discovery of grounded theory. Chicago 1967.
Glaser, Barney G.: Basics of Grounded Theory Analysis. Mill Valley, CA. 1992.
Gushorst, Klaus-Peter/Vogelsang, Gregor: Die neue Elite: Deutschlands Weg zurück an die Spitze. Weinheim 2006.
Hammersley, Martyn/Atkinson, Paul: Ethnography – Principles in Practise. London 1983.
Hartmann, Peter H.: Lebensstilforschung. Darstellung, Kritik und Weiterentwicklung. Opladen 1999.
Hawkes, Terence: Structuralism and Semiotics, University of California Press 1977.
Heinze, Thomas: Qualitative Sozialforschung. Band 1. Opladen 1987.
Hirsch, Joachim/Roth, Roland: Das neue Gesicht des Kapitalismus. Vom Fordismus zum Post-Fordismus. Hamburg 1986.
Hirsch, Joachim: Der nationale Wettbewerbsstaat. Staat, Demokratie und Politik im globalen Kapitalismus. Berlin, Amsterdam 1995.
Hitzler, Ronald/Honer, Anne (Hg.): Sozialwissenschaftliche Hermeneutik. Opladen 1997.
Hoffmann-Riem, Christa: Die Sozialforschung einer interpretativen Soziologie – Der Datengewinn. In: Kölner Zeitschrift für Soziologie und Sozialpsychologie. 32. 1980. S. 339–372.
Honer, Anne: Einige Probleme lebensweltlicher Ethnographie. Zur Methodologie und Methodik einer interpretativen Sozialforschung. In: Zeitschrift für Soziologie, 18, Heft 4, 1989. S. 297–312.
Honer, Anne: Lebensweltliche Ethnographie. Ein explorativ-interpretativer Forschungsansatz am Beispiel von Heimwerker-Wissen. Wiesbaden 1993.
Hopf, Christel: Die Pseudo-Exploration – Überlegungen zur Technik qualitativer Interviews in der Sozialforschung. In: Zeitschrift für Soziologie. 7, Heft 2, 1978. S. 97–115.
Hradil, Stefan: Alte Begriffe und neue Strukturen. Die Milieu-, Subkultur- und Lebensstilforschung der 80er Jahre. In: ders. (Hg.): Zwischen Bewusstsein und Sein. Opladen 1992. S. 15–56.
Hradil, Stefan: Soziale Milieus – eine praxisorientierte Forschungsperspektive. In: Aus Politik und Zeitgeschichte, APuZ 44–45, 2006. S. 3–10.
Hradil, Stefan: Soziale Ungleichheit in Deutschland. Opladen 1999.
Huber, Hans Dieter: Bild Beobachter Milieu. Entwurf einer allgemeinen Bildwissenschaft. Ostfildern-Ruit 2004.
Hunsicker, Stefan: Soziale Milieus und Ressourcenverbrauch. Zur Umsetzungsproblematik des Leitbildes einer nachhaltigen Entwicklung in der Erlebnisgesellschaft. Berlin 2005.
Inglehart, Ronald: Kultureller Umbruch. Wertewandel in der westlichen Welt. Frankfurt/Main 1989.
Inglehart, Ronald: Post-Materialism in an environment of insecurity. In: American Political Science Review 75, 1981. S. 880–900.
Inglehart, Ronald: The silent revolution in Europe: Changing values and political styles among western publics. Princeton 1977.
Inglehart, Ronald: The silent revolution in Europe: Intergenerational change in postindustrial societies. In: American Political Science Review 65, 1971. S. 991–1017.

Kieser, Alfred / Ebers, Mark (Hg.): Organisationstheorien. Stuttgart 2006.

Klages, Helmut: Die gegenwärtige Situation der Wert- und Wertewandelforschung – Probleme und Perspektiven. In: Klages, H. / Hippler, H. J. / Herbert, W. (Hg.): Werte und Wandel. Ergebnisse und Methoden einer Forschungstradition. Frankfurt / Main 1992. S. 5–39.

Klages, Helmut: Traditionsbruch als Herausforderung. Perspektiven der Wertewandelsgesellschaft. Frankfurt / Main 1993.

Klages, Helmut: Wertedynamik. Über die Wandelbarkeit des Selbstverständlichen. Zürich 1988.

Klages, Helmut: Wertorientierungen im Wandel. Rückblick, Gegenwartsdiagnosen, Prognosen. Frankfurt / Main 1984.

Kleinhückelkotten, Silke: Die Suffizienzstrategie und ihre Resonanzfähigkeit in den sozialen Milieus in Deutschland. In: Rink, D. (Hg.): Lebensstile und Nachhaltigkeit. Konzepte, Befunde und Potentiale. Opladen 2002. S. 229–246.

Kleinhückelkotten, Silke: Suffizienz und Lebensstile. Ansätze für eine milieuorientierte Nachhaltigkeitskommunikation. Berlin 2005.

Kleining, Gerhard: Soziale Klassen, soziale Schichten, soziale Mobilität. In: Roth, L. (Hg.): Pädagogik. Handbuch für Studium und Praxis. München 1991. S. 204–209.

Klocke, Andreas: Sozialer Wandel, Sozialstruktur und Lebensstile in der Bundesrepublik Deutschland. Frankfurt / Main 1993.

Knorr-Cetina, Karin: Die Fabrikation von Erkenntnis. Frankfurt / Main 1984.

Kohli, Martin: Die Institutionalisierung des Lebenslaufs. Historische Befunde und theoretische Argumente. In: Kölner Zeitschrift für Soziologie und Sozialpsychologie 37, 1985. S. 1–29.

Kohli, Martin: Gesellschaftszeit und Lebenszeit. Der Lebenslauf im Strukturwandel der Moderne. In: Berger, J. (Hg.): Die Moderne – Kontinuität und Zäsuren. Soziale Welt, Sonderband 4. Göttingen 1986. S. 183–208.

Kohli, Martin: Normalbiographie und Individualität: Zur Institutionellen Dynamik des gegenwärtigen Lebenslaufregimes. In: Brose, H. G. / Hildenbrand, B. (Hg.): Vom Ende des Individuums zur Individualität ohne Ende. Opladen 1988. S. 33–54.

König, Hans-Dieter: Tiefenhermeneutik als Methode kultursoziologischer Forschung. In: Hitzler, R. / Honer, A. (Hg.): Sozialwissenschaftliche Hermeneutik. Opladen 1997. S. 213–244.

Kuhn, Thomas S.: The Structure of Scientific Revolutions. Chicago 1962.

Lakatos, Imre: Philosophische Schriften, 2 Bände. Band 1: Die Methodologie der wissenschaftlichen Forschungsprogramme. Erstmals ersch. 1977; Cambridge 1982.

Lamnek, Siegfried: Qualitative Sozialforschung. Band 1. München 1988.

Lantermann, Ernst-Dieter / Reusswig, Fritz (Hg.): Typenbildung in der sozialwissenschaftlichen Umweltforschung. Opladen 2001. S. 17–38.

Lepsius, M. Rainer: Parteiensystem und Sozialstruktur: Zum Problem der Demokratisierung der deutschen Gesellschaft. In: Abel, W. / Borchardt, K. / Kellenbenz, H. / Zorn, W. (Hg.): Wirtschaft, Geschichte und Wirtschaftsgeschichte. Festschrift zum 65. Geburtstag von Friedrich Lütge. Stuttgart 1966. S. 371–393.

10. Literatur

Lüders, Christian / Meuser, Michael: Deutungsmusteranalyse. In: Hitzler, Ronald / Honer, Anne (Hg.): Sozialwissenschaftliche Hermeneutik. Opladen 1997. S. 57–80.

Lüders, Christian: Deutungsmusteranalyse. Annäherung an ein risikoreiches Konzept. In: Garz, D. / Kraimer, K. (Hg.): Qualitativ-empirische Sozialforschung. Opladen 1991. S. 377–408.

Lüders, Christian: Rahmen-Analyse und der Umgang mit Wissen. Ein Versuch, das Konzept der Rahmenanalyse von E. Goffman für die sozialwissenschaftliche Textanalyse nutzbar zu machen. In: Schöer, N. (Hg.): Interpretative Sozialforschung. Opladen 1994. S. 107–127.

Lüdtke, Hans: Expressive Ungleichheit. Opladen 1989.

Lüdtke, Hans: Lebensstile als Dimension handlungsproduzierter Ungleichheit. In: Berger, P. A. / Hradil, S. (Hg.): Lebenslagen, Lebensstile, Lebensläufe. Sonderband 7 der Sozialen Welt. Göttingen 1990. S. 433–454.

Luhmann, Niklas: Gesellschaftsstruktur und Semantik. Studien zur Wissenssoziologie der modernen Gesellschaft. Band 3. Frankfurt / Main 1989.

Luhmann, Niklas: Soziale Systeme. Grundriß einer allgemeinen Theorie. Frankfurt / Main 1984.

Maeder, Christoph / Brosziewski, Achim: Ethnographische Semantik: Ein Weg zum Verstehen von Zugehörigkeit. In: Hitzler, R. / Honer, A. (Hg.): Sozialwissenschaftliche Hermeneutik. Opladen 1997. S. 335–362.

Mannheim, Karl: Wissenssoziologie. Berlin, Neuwied 1964.

Merkle, Tanja / Wippermann, Carsten: Eltern unter Druck. Selbstverständnisse, Befindlichkeiten und Bedürfnisse von Eltern in verschiedenen Lebenswelten. Stuttgart 2008.

Meyer, Thomas: Die Inszenierung des Scheins. Voraussetzungen und Folgen symbolischer Politik. Frankfurt / Main 1992.

Meyer-Hentschel, Hanne / Meyer-Hentschel, Gundolf (Hg.): Jahrbuch Seniorenmarketing 2008/2009. Management in Forschung und Praxis. Frankfurt / Main 2008.

Müller, Dagmar / Hofmann, Michael / Rink, Dieter: Diachrone Analysen von Lebensweisen in den neuen Bundesländern: Zum historischen und transformationsbedingten Wandel der sozialen Milieus in Ostdeutschland. In: Hradil, S. / Pankoke, E. (Hg.): Aufstieg für alle? Opladen 1997. S. 237–319.

Müller, Hans-Peter: Lebensstile. Ein neues Paradigma der Differenzierungs- und Ungleichheitsforschung? In: Kölner Zeitschrift für Soziologie und Sozialpsychologie 41, 1989. S. –71.

Müller, Hans-Peter: Sozialstruktur und Lebensstile. Der neuere theoretische Diskurs über soziale Ungleichheit. Frankfurt / Main 1992.

Müller-Doohm, Stefan: Bildinterpretation als struktural-hermeneutische Symbolanalyse. In: Hitzler, R. / Honer, A. (Hg.): Sozialwissenschaftliche Hermeneutik. Opladen 1997. S. 81–108.

Müller-Doohm, Stefan: Visuelles Verstehen. Konzepte kultursoziologischer Bildhermeneutik. In: Jung, T. / Müller-Doohm, S. (Hg.): „Wirklichkeit" im Deutungsprozess. Frankfurt / Main 1993. S. –457.

Naegele, Gerhard (Hg.): Soziale Lebenslaufpolitik. Wiesbaden 2010.

Naegele, Gerhard: Soziale Lebenslaufpolitik – Grundlagen, Analysen und Konzepte. In: ders.: Soziale Lebenslaufpolitik. Wiesbaden 2010. S. 27–85.

Ott, Gunnar: Entwicklung und Test einer integrativen Typologie der Lebensführung. In: Zeitschrift für Soziologie 34, Heft 6, 2005. S. 442–467.

Popper, Karl, R.: Logik der Forschung. Tübingen 1971.

Postman, Neil: Wir amüsieren uns zu Tode. Frankfurt/Main 1985.

Preisendörfer, Peter: Organisationssoziologie. Grundlagen, Theorien und Problemstellungen. Wiesbaden 2008.

Quine, Willard van Orman: Theorien und Dinge. Frankfurt/Main 2001.

Reusswig, Fritz/Gerlinger, Katrin/Edenhofer, Ottmar: Lebensstile und globaler Energieverbrauch – Analyse und Strategieansätze zu einer nachhaltigen Energiestruktur. Expertise der Gesellschaft für Sozio-ökonomische Forschung (GSF), Potsdam, für den Wissenschaftlichen Beirat der Bundesregierung Globale Umweltveränderungen (WBGU); für das Hauptgutachten des WBGU 2003 „Welt im Wandel: Energiewende zur Nachhaltigkeit". Berlin, Heidelberg, New York 2003.

Reusswig, Fritz: Lebensstile und Ökologie. Gesellschaftliche Pluralisierung und alltagsökologische Entwicklung unter besonderer Berücksichtigung des Energiebereichs. Frankfurt/Main 1994.

Rink, Dieter: Historische versus Moderne Milieus. Die Rezeption des Milieukonzepts von M. Rainer Lepsius in der deutschen Geschichtsschreibung und Soziologie. In: Sociologia Internationalis. Internationale Zeitschrift für Soziologie, Kommunikations- und Kulturforschung 37, Heft 2, 1999. S. 245–276.

Rink, Dieter: Lebensweise, Lebensstile und Lebensführung. Soziologische Konzepte zur Untersuchung von nachhaltigem Leben. In: ders. (Hg.): Lebensstile und Nachhaltigkeit. Konzepte, Befunde und Potentiale. Opladen 2002. S. 27–56.

Rosenthal, Gabriele: Erlebte und erzählte Lebensgeschichte. Frankfurt/Main 1995.

Schröer. Norbert: Wissenssoziologische Hermeneutik. In: Hitzler, R./Honer, A. (Hg.): Sozialwissenschaftliche Hermeneutik. Opladen 1997. S. 109–132.

Schulze, Gerhard: Die Erlebnisgesellschaft. Kultursoziologie der Gegenwart. Frankfurt/Main 1992.

Schütz, Alfred/Luckmann, Thomas: Strukturen der Lebenswelt. Band 1, Darmstadt 1975.

Schütz, Alfred/Luckmann, Thomas: Strukturen der Lebenswelt. Band 2, Frankfurt/Main 1984.

Schütz, Alfred: Das Problem der Rationalität in der sozialen Welt. In: Gesammelte Werke II. Den Haag 1972. S. 22–50.

Schütze, Fritz: Biographieforschung und narratives Interview. In: Neue Praxis 3, 1983. S. 283–293.

Schütze, Fritz: Die Technik des narrativen Interviews in Interaktionsfeldstudien – dargestellt an einem Projekt zur Erforschung von kommunalen Machtstrukturen. (Arbeitsberichte und Forschungsmaterialien 1, Universität Bielefeld, Fakultät für Soziologie). Bielefeld 1977.

Schütze, Fritz: Kognitive Figuren des autobiographischen Stegreiferzählens [1]. In: Kohli, M. / Robert, G. (Hg.): Biographie und soziale Wirklichkeit: Neue Beiträge und Forschungsperspektiven. Stuttgart 1984. S. 78–117.

Schwarz, Nina: Umweltinnovationen und Lebensstile. Eine raumbezogene, empirisch fundierte Multi-Agenten-Simulation. Marburg 2007.

Silverman, David: Qualitative Methodology and Sociology. Aldershot 1985.

Simmel, Georg: Die Gross-Städte und das Geistesleben. In: ders.: Das Individuum und die Freiheit, Frankfurt/Main 1903. S. 192–204.

Simmel, Georg: Philosophie des Geldes. Leipzig 1900.

Sing, Dorit: Gesellschaftliche Exklusionsprozesse beim Übergang in den Ruhestand. Frankfurt/Main 2003.

Soeffner, Hans-Georg (Hg.): Kultur und Alltag. Sonderband 6 der Sozialen Welt. Göttingen 1988.

Soeffner, Hans-Georg/Hitzler, Ronald: Qualitatives Vorgehen – „Interpretation". In: Enzyklopädie der Psychologie. Methodische Grundlagen der Psychologie. Göttingen 1994. S. 98–136.

Soeffner, Hans-Georg: Auslegung des Alltags – Der Alltag der Auslegung. Zur wissenssoziologischen Konzeption einer sozialwissenschaftlichen Hermeneutik. Frankfurt/Main 1989.

Soeffner, Hans-Georg: Verstehende Soziologie – Soziologie des Verstehens. In: Matthes, J. (Hg.): Lebenswelt und soziale Probleme. Verhandlungen des 20. Deutschen Soziologentags zu Bremen. Frankfurt/Main 1981. S. 329–331.

Strauss, Anselm L./Corbin, Juliet (Hg.): Grounded Theory in Practice. Thousand Oaks, CA 1979.

Strauss, Anselm L./Corbin, Juliet: Grundlagen qualitativer Sozialforschung. Weinheim 1996.

Strauss, Anselm L.: Grundlagen qualitativer Sozialforschung. München 1994.

Strübing, Jörg: Grounded Theory. Zur sozialtheoretischen und epistemologischen Fundierung des Verfahrens der empirisch begründeten Theoriebildung. Wiesbaden 2004.

Tippelt, Rudolph/Reich, Jutta/von Hippel, Anja/Barz, Heiner/Baum, Dajana: Weiterbildung und soziale Milieus in Deutschland. Band 3: Milieumarketing implementieren. Bielefeld 2008.

Veblen, Thorstein: Theorie der feinen Leute. Eine ökonomische Untersuchung der Institutionen. Frankfurt/Main 1986 (amerikanische Erstauflage 1899).

Vester, Heinz-Günter: Soziologie der Postmoderne. München 1993.

Vester, Michael/von Oertzen, Peter/Geiling, Heiko/Hermann, Thomas/Müller, Dagmar: Soziale Milieus im gesellschaftlichen Strukturwandel. Zwischen Integration und Ausgrenzung. Frankfurt/Main 2001.

Welsch, Wolfgang: Ästhetisches Denken. Stuttgart 1990.

Welsch, Wolfgang: Grenzgänge der Ästhetik. Stuttgart 1996.

Willis, Paul E.: Profane Culture. London 1978.

Willis, Paul E.: Spaß am Widerstand. Gegenkultur in der Arbeiterschule. Frankfurt/Main 1979.

Wippermann, Carsten / Calmbach, Marc: Wie ticken Jugendliche? Sinus-Milieustudie U27: Lebenswelten von katholischen Jugendlichen und jungen Erwachsenen. Grundorientierung, Vergemeinschaftung, Engagement, Einstellung zu Religion und Kirche vor dem Hintergrund der Sinus-Milieus. Aachen 2008.

Wippermann, Carsten / Flaig, B. Bodo: Migranten-Milieus: Qualitative Untersuchung der Lebenswelten von Menschen mit Migrationshintergrund in Deutschland. Multi-Client-Studie im Auftrag von: Bundesministerium für Familie, Senioren, Frauen und Jugend; Der Ministerpräsident des Landes Nordrhein-Westfalen (Abteilung Kultur); Malteser Werke gGmbH, Bundesverband für Wohneigentum und Stadtentwicklung e. V. vhw, SWR Südwestrundfunk, Medienforschung / Programmstrategie; Statistisches Amt / Schulreferat der Stadt München. Heidelberg 2007.

Wippermann, Carsten / Kleinhückelkotten, Silke: Kommunikation für eine nachhaltige Waldwirtschaft in Deutschland. In: Technische Landwirtschaftliche Universität in Prag. Fakultät für Forstwirtschaft und Umwelt (Hg.): 39. Forstpolitikertreffen 18.–20. April 2007. Sammelband. S. 33–38.

Wippermann, Carsten / Kleinhückelkotten, Silke u. a.: Kommunikation zu Agro-Biodiversität. Voraussetzungen für und Anforderungen an eine integrierte Kommunikationsstrategie zu biologischer Vielfalt und genetischen Ressourcen in der Land-, Forst-, Fischerei- und Ernährungswirtschaft (einschließlich Gartenbau). Forschungsprojekt für das BMVEL. Bonn, Heidelberg, Hannover 2005.

Wippermann, Carsten / Magalhaes, Isabel de: Religiöse und kirchliche Orientierungen in den Sinus-Milieus 2005. Eine Studie für die Deutsche Bischofskonferenz, beauftragt von MDG und KSA. Heidelberg 2005.

Wippermann, Carsten: Auf der Suche nach Thrill und Geborgenheit. Lebenswelten rechtsradikaler Jugendlicher und neue pädagogische Konzepte (zusammen mit Zarcos-Lamolda, A. / Krafeld, F. J.). Opladen 2002.

Wippermann, Carsten: Das soziokulturelle Umfeld des Deutschen Roten Kreuzes heute und morgen. In: Rössler, G. / Wildenauer, Ch. (Hg.): Menschlichkeit im Sozialmarkt. Die Grundsätze des Roten Kreuzes. Wiesbaden 2007.

Wippermann, Carsten: Werte und Visionen in der Gesellschaft: Sozialwissenschaftliche Untersuchung zur Akzeptanz paradigmatischer Wirtschafts- und Sozialmodelle vor dem Hintergrund der Sinus-Milieus. Untersuchung im Rahmen eines umfassenden Forschungsprogramms der Bertelsmann-Stiftung „Zukunftsfähiges Wirtschafts- und Sozialmodell für Deutschland". Gütersloh, Heidelberg. Unveröffentlichtes Manuskript 2007.

Wippermann, Katja / Wippermann, Carsten: Unterschiede zwischen Bio-Käufern und Bio-Nichtkäufern in den für den Biomarkt wichtigsten Sinus-Milieus. Aschaffenburg 2006.

Der Autor

Carsten Wippermann

Professor für Soziologie an der KSFH Benediktbeuern seit 2010. Studium der Soziologie, Philosophie, Theologie und Volkswirtschaft an der Universität Bamberg und an der Jesuiten-Hochschule Sankt Georgen in Frankfurt/Main. 2000 bis 2010: Direktor der Sozialforschung im Institut Sinus Sociovision in Heidelberg. Gründer und geschäftsführender Gesellschafter des DELTA-Instituts für Sozial- und Ökologieforschung GmbH.